JN013095

自治体DX推進とオープンデータの活用

編著

木村 泰知

著

本田 正美
河村 和徳
高丸 圭一
内田 ゆず

乙武 北斗
吐合 大祐
遠藤 勇哉

日本経済評論社

はじめに

　新型コロナウイルス感染症の拡大・長期化は、日常の活動を対面から遠隔へ変化させ、オンライン化を加速させている。オンライン化が進むなかで、従来のデータ活用方法の問題点も浮き彫りとなり、政府、および、自治体は DX（Digital Transformation）を急いで進める必要に迫られている。

　2021 年 9 月発足のデジタル庁は、デジタル社会形成における 10 原則を掲げている[1]。10 原則からは、政府や自治体におけるデータ共通基盤を構築しつつ、情報公開を進めることにより、民間利用を推進させ、AI 技術を有効に活用したいという思いが伝わってくる。この思いは、オープンデータの取り組みにおける問題意識や考え方と通じるところがある。自治体が整備・公開しているオープンデータは、経時的な変遷、全国規模の横断などの観点で分析することによって、新たな価値を創出することが期待されている。さらに、自治体のデータは、従来の人口統計、地理空間情報、バス運行情報のような数値データの利用に留まらず、飛躍的な発展をとげている「画像」「音声」「言語」などの AI 分野における技術の活用が望まれている。

　このように、自治体が整備・公開している地域の公共データは、データの公開を広く推進し、ICT や AI 技術を利活用することで、さまざまなことが実現可能になるという利点（光の側面）がある。一方で、データ公開におけるセキュリティ等の技術的課題や個人情報保護などから、思うように利活用が進まないという問題（影の側面）が指摘されている。

　このような光の側面にある利点を実現させ、影の側面の障壁を取り除くためには、情報技術関連の問題の解決に加えて、自治体における人的リソースの問題、データ公開に関する法律の問題などが複雑に絡み合っている問題を解決する必要があり、複数の分野にまたがる境界領域の研究をすることになる。そこで、筆者らは、政策学、法律学、情報工学を専門とす

---

[1]　デジタル庁の Web サイト https://www.digital.go.jp/policies/priority-policy-program

る研究者によるチーム、いわゆる、文理融合の研究チームをつくることで、自治体におけるデータ公開に関する問題について議論を行ってきた。研究チームでは、地方自治体が積極的に情報を住民に提供し、住民が主体的にさまざまな情報をもとに自らの意思を形成して政治・行政・まちづくり等に参加し地方自治体と協働する世界へ近づくために、どのようなことが問題となり、どのように解決する方法があるのか、を念頭におき、研究を進めてきた。

本書は、地方自治体における「情報公開・オープンデータの推進と情報セキュリティの保護とが交錯している部分」に焦点を当て、法律学、政策学、情報工学の3つの切り口から問題解決を試みた研究成果の報告である。本書の内容が、現実のデジタル社会の推進に寄与につながるのであれば幸いである。

本書の構成

本書の構成は、下記の通りである。

第1章から第4章までは、政治・行政を専門とするチームが地方自治体におけるオープンデータの取り組みの実態に迫る章である。第1章は、福井県鯖江市における取り組みなど先駆的な取り組みに焦点を当て、筆者が実施した23自治体に対する、オープンデータ政策の政策過程に係る実態調査の結果を軸に議論を行う。第2章では、オープンデータの持つ情報保障という側面に焦点を当て、オープンデータの活用が障がい者に対する差別解消や新型コロナウイルス感染対策、自然災害対策にも有意義であることを指摘する。第3章は、本研究プロジェクトで実施した「民主制下における情報公開・オープンデータ化と情報セキュリティとの交錯に関する研究」全国市区町村アンケート調査の集計結果を紹介する。

第4章と第5章は、地方議会会議録をコーパス化する意義とそれを整備する上での課題などを論じた章である。第4章は法学・政治学的見地から、地方政治コーパス構築の意義や活用法などについて論じる。第5章は、情

報工学的な見地から地方議会会議録を活用できる形に整備する手順や、名寄せに係る課題などについて指摘する。

第6章から9章では、これまでなされてきた地方議会会議録検索システム開発やそれについて検討・考察を行う。第6章では、分析に用いるために構築した地方議会会議録横断検索システム「ぎ〜みる」について、その開発経緯やその機能について説明する。第7章では、地方議会会議録の整文の過程を解説するとともに、地方議会会議録を用いた学術研究を紹介する。また第8章では、地方議会会議録を用いた議会活動の分析・可視化について論じ、TF・IDF指標を用いた具体的な分析を試みる。さらに、第9章では地方議会会議録を中心とした最新のAI技術の活用手法について説明する。

第10章は、オープンデータとして利用できる選挙公報をもとに実証研究を行ったものであり、第11章は政治心理学の観点から政府やマスメディアの情報発信を考える章になっている。

各章の議論が、新たな学際研究の萌芽になれば幸いである。

【謝辞】

ここで、いままでお世話になった方々に感謝申し上げることにしたい。

とりわけ、明治大学 公共政策大学院ガバナンス研究科 教授 湯淺墾道氏には、本書全体に関わる研究テーマ、研究の進め方について、アドバイスを頂いた。また本書全体に関する研究推進にあたっては、研究の報告会において、Toyota Technological Institute at Chicago 学長の古井貞熙氏、慶應義塾大学環境情報学部教授 手塚悟氏、理化学研究所 革新知能統合研究センター 中川裕志氏から、貴重なコメントを頂いた。研究を進めるにあたって、公益財団法人 セコム科学技術振興財団 事務局 髙木真一氏のサポートはありがたかった。研究基盤となる QA Lab-PoliInfo の推進については、北海道大学 大学院情報科学研究院 教授 荒木健治氏、理化学研究所 革新知能統合研究センター 関根聡氏、東北大学 大学院情報科学研究科 教授 乾健太郎氏、国立情報学研究所 情報社会相関研究系 教授 神門

典子氏、横浜国立大学 大学院環境情報研究院 教授 森辰則氏、カーネギーメロン大学 三田村照子氏に、アドバイスを頂いた。QA Lab-PoliInfo の企画・運営については、オーガナイザーである北海道大学 情報科学研究院 教授 吉岡真治氏、豊橋技術科学大学 情報・知能工学系 准教授 秋葉友良氏、名古屋大学 情報基盤センター 准教授 小川泰弘氏、茨城大学 理工学研究科 准教授 佐々木稔氏、国立情報学研究所 石下円香氏、BESNA 研究所 渋木英潔氏、阪本浩太郎氏、日立製作所 横手健一氏、株式会社 日本総合研究所 門脇一真氏に協力していただいた。更に、株式会社 VOTE FOR 代表取締役 市ノ澤充氏には助言だけではなく、情報発信の場もいただいた。加えて、日本経済評論社の柿﨑均氏には、本書の構成と編集に関して、ご尽力いただいた。

　本書を出版できることに喜びを感じるとともに、この場を借りて深く御礼申し上げる。

　なお、本書は、セコム科学技術振興財団 特定領域研究助成をはじめ日本学術振興会 科学研究費助成事業などの数多くの研究助成金による成果でもある。筆者らは、研究助成の支援を受けたことにより、大規模な調査、研究会や国際会議での報告、査読付き論文への投稿などの研究成果をだしている。それらの研究成果が本書の内容でもある。余談になるが、研究助成金を頂いたことにより、研究チームとして、定期的にミーティングを開催できたことが重要な役割を担っている。定期的なミーティングを開催することにより、採択された研究テーマ以外に、新しい研究テーマや発表会の企画などのアイデアが生まれ、本書を出版することにもつながった。本書の内容には、10 年前から取り組んできた研究成果も含まれている。本書に関連のある研究助成は本書に関わる研究助成の一覧に記載し、感謝の意を表したい。

著者を代表して　木村　泰知

〈本書に関わる研究助成の一覧〉

・民主制下における地方自治体の情報公開・オープンデータと情報セキュリティとの交錯に関する研究
（セコム科学技術振興財団：特定領域研究助成　2019 年 1 月 – 2021 年 12 月　代表者：木村泰知・小樽商科大学）

・地方議会における非構造化データと構造化データの有機的な連結に関する研究
（日本学術振興会：科学研究費助成事業 基盤研究（B）　2021 年 4 月 – 2025 年 3 月 代表者：木村泰知・小樽商科大学）

・政治的ジェンダーバイアスの包括的研究
（日本学術振興会：科学研究費助成事業 基盤研究（A）　2020 年 4 月 – 2025 年 3 月 代表者：尾野嘉邦・早稲田大学）

・現代日本語オノマトペの語義とコロケーションに基づくオノマトペ実用辞書の構築
（日本学術振興会：科学研究費助成事業 基盤研究（C）　2021 年 4 月 – 2024 年 3 月 代表者：内田ゆず・北海学園大学）

・国会会議録コーパスと地方議会会議録コーパスを横断した言語的分析
（日本学術振興会：科学研究費助成事業 基盤研究（C）　2020 年 4 月 – 2023 年 3 月 代表者：高丸圭一・宇都宮共和大学）

・市議会議事録テキストデータを活用した地方政府意思決定過程の研究
（日本学術振興会：科学研究費助成事業 基盤研究（C）　2020 年 4 月 – 2023 年 3 月 代表者：川浦昭彦・同志社大学）

・新自由主義的思潮の浸透に関する実証的研究

（日本学術振興会：科学研究費助成事業 基盤研究（B） 2019 年 4 月 – 2023 年 3 月 代表者：廣瀬弘毅・福井県立大学）

・地方議会による「会議録方言学」の研究

（日本学術振興会：科学研究費助成事業 基盤研究（C） 2018 年 4 月 – 2021 年 3 月 代表者：二階堂整・福岡女学院大学）

・オノマトペ語義の体系化を目指した文脈情報付きオノマトペデータベースの構築

（日本学術振興会：科学研究費助成事業 若手研究（B） 2017 年 4 月 – 2021 年 3 月 代表者：内田ゆず・北海学園大学）

・地方議会会議録を核とした発言地域情報付きテキストコーパスの定量分析

（日本学術振興会：科学研究費助成事業 基盤研究（C） 2017 年 4 月 – 2020 年 3 月 代表者：高丸圭一・宇都宮共和大学）

・議会議事録を活用した地方自治体における意思決定過程の研究

（日本学術振興会：科学研究費助成事業 基盤研究（C） 2017 年 4 月 – 2020 年 3 月 代表者：川浦昭彦・同志社大学）

・議論の背景・過程・結果を関連づける地方政治コーパスの構築とその学際的応用

（日本学術振興会：科学研究費助成事業 基盤研究（B） 2016 年 4 月 – 2020 年 3 月 代表者：木村泰知・小樽商科大学）

・公共用語の地域差・時代差に関する社会言語学的総合研究

（日本学術振興会：科学研究費助成事業 基盤研究（B） 2016 年 4 月 – 2020 年 3 月 代表者：井上史雄・東京外国語大学）

・学際的応用を考慮した地方議会議録コーパスの言語学的研究

（日本学術振興会：科学研究費助成事業 基盤研究（C） 2014 年 4 月 – 2017 年 3 月 代表者：高丸圭一・宇都宮共和大学）

・公共用語の地域差に関する社会言語学的総合研究

（日本学術振興会：科学研究費助成事業 基盤研究（C） 2013 年 4 月 – 2017 年 3 月 代表者：井上史雄・東京外国語大学）

・地方議会議員と住民の協働支援のためのデータ放送の利活用に関する基礎研究

（放送文化基金 2012 年 4 月 – 2013 年 3 月 代表者：木村泰知・小樽商科大学）

・地方議会会議録コーパスの構築とその学際的応用研究

（日本学術振興会 科学研究費助成事業 基盤研究（B）2010 年 4 月 – 2014 年 3 月 代表者：木村泰知・小樽商科大学）

・北海道における地方議員と住民間の協働支援システムの研究開発

（総務省 戦略的情報通信研究開発推進制度（SCOPE）地域 ICT 2008 年 4 月 – 2010 年 3 月 代表者：木村泰知・小樽商科大学）

目次

第1章

地方自治体における
オープンデータの政策過程

本田正美

1　オープンデータ政策の発現と展開

　日本の地方自治体におけるオープンデータの取り組みは、2010 年の福井県鯖江市に始まる。

　2010 年 12 月、鯖江市に拠点を置く株式会社 jig.jp の福野泰介社長と W3C サイトマネージャー（日本総責任者）の一色正男氏が鯖江市の牧野百男市長を訪問し、そこでオープンデータに取り組むことを提案した。これは、同年の W3C 世界会議に福野氏が参加した際、Web の生みの親であるティム・バーナーズ・リー氏がオープンデータについて語っているのを見て、日本でも取り組むべきと考えての提案であった。[1]

　この時点で牧野市長はオープンデータについて知見を有しているわけではなかったが、その場で取り組むことを即決した。そして、牧野市長は、秘書課長の牧田泰一氏にオープンデータに取り組むことを指示した。牧田氏は 2011 年 4 月から情報統計課長として、2012 年 4 月からは情報統括監として、2016 年 4 月からは情報政策監として、鯖江市役所におけるオープンデータの推進の中心的な役割を担っていくことになる。[2]

---

1)　ティム・バーナーズ・リー氏は、オープンデータの公開レベルを定める「5 つ星スキーム」を提唱した。
2)　鯖江市におけるオープンデータの取り組みの経緯については、牧田・藤原（2018）を参照した。

図表 1.1　2013 年 4 月当時の鯖江市 Web サイト「データシティ鯖江」

出典：鯖江市³⁾

　鯖江市は、オープンデータに取り組むにあたって「データシティ鯖江
（図表 1.1）」を掲げ、データの公開と活用を推進していくこととなった。
　鯖江市からオープンデータとして公開されたデータに、鯖江市の公衆ト
イレのデータがある。これは最初に公開されたデータでもあるが、これ自
体が福野氏から牧田氏に対して公開することを提案されたデータであった。
鯖江市からデータが公開されたことを受けて、オープンデータとして公開
されたデータを利用するアプリケーションが福野氏によって開発された
（図表 1.2）。それが公共トイレを検索するアプリであり、現在地から公共
のトイレまでのルートを提示するというものであった。
　このアプリは、2011 年の「Linked Open Data チャレンジ Japan 2011」
において、「公共 LOD 賞」を受賞し、注目を集めることになった。⁴⁾

3)　https://www.city.sabae.fukui.jp/pageview.html?id=11552（※ 2021 年 8 月現在はア
　　クセス不能）
4)　Linked Open Data チャレンジについては、同イベントの Web サイトで各種情報を

図表 1.2　データシティ鯖江における「アプリケーション」

Linked Open Data チャレンジ Japan は、以降毎年開催されているが、2011 年段階では、地方自治体をはじめとして行政においてオープンデータに取り組むような状況ではなかった。そのため、「公共 LOD 賞」以外の各賞ではデータの公開や利用に関して先駆的な取り組みを行う主体が表彰されていた。

　2021 年現在の鯖江市の Web サイト上でも、福野氏が開発した「鯖江市内トイレ情報、検索、ルート」が最上位で紹介されている。

　得た。https://2020.lodc.jp/（参照 2021-09-05）は 2020 年度の URL であるが、ここから過去の情報へもアクセス可能である。
5)　https://www.city.sabae.fukui.jp/about_city/opendata/data_list/xml-app.html（参照 2021-09-05）

2012 年の「公共 LOD 賞」は、日本で二番目にオープンデータに着手した福島県会津若松市が「公共施設マップ」・「毎月 1 歳毎年齢別人口」・「毎月大字別人口」の各データを公開したことにより贈賞されている。

　2011 年から 2012 年にかけて、鯖江市や会津若松市のような先駆的な自治体においてオープンデータに取り組むという動きが起きていた。そのような動きがある中で、日本政府は 2012 年 7 月に「電子行政オープンデータ戦略」を策定することになる。

　電子行政オープンデータ戦略は、2010 年 5 月策定の「新たな情報通信技術戦略」と 2011 年 3 月策定の「電子行政推進に関する基本方針」に則るかたちで策定された。

　電子行政オープンデータ戦略では、「これまでのオープンガバメントの取組」と「東日本大震災復旧・復興への取組と教訓」、「海外の動向と我が国の現状」と「技術・サービスの変化」が「これまでの取組・現状」として記されている。

　「これまでのオープンガバメントの取組」については、「新たな情報通信技術戦略」において以下のような目標が掲げられていたことがあげられている。

「新たな情報通信技術戦略」　Ⅱ．3 つの柱と目標　1．国民本位の電子行政の実現

　2013 年までに、個人情報の保護に配慮した上で、2 次利用可能な形で行政情報を公開し、原則としてすべてインターネットで容易に入手することを可能にし、国民がオープンガバメントを実感できるようにする。

　「新たな情報通信技術戦略」では、上記のように、オープンデータではなく、「オープンガバメント」と表記されていたが、「2 次利用可能な形で行政情報を公開」「インターネットで容易に入手することを可能」とあり、ここで言うところの「オープンガバメントの実感」は行政の保有するデータの公開と利用へと結びつけられることになる。それは、電子行政オープンデータ戦略における「東日本大震災復旧・復興への取組と教訓」での以

下の記述からも示唆されることである。

<u>「電子行政オープンデータ戦略」 第2 これまでの取組・現状　2．東日本大震災復旧・復興への取組と教訓</u>

　企業等が行政の保有する避難所の情報、地図データ等を利用して震災関連情報を広く周知しようとしても、データが PDF、JPEG 等で提供されており、機械判読できず人手で再入力する必要があるなど、二次利用が困難なケースや、行政機関ごとにフォーマットが異なり、情報の収集や整理に多くの時間が必要とされるケースが発生するなど、様々な課題も指摘された。

　電子行政オープンデータ戦略では、オープンデータについての定義付けは行っていないが、以下を「基本原則」としている。

<u>「電子行政オープンデータ戦略」 第3 基本的な方向性　1．基本原則</u>
①政府自ら積極的に公共データを公開すること
②機械判読可能な形式で公開すること
③営利目的、非営利目的を問わず活用を促進すること
④取組可能な公共データから速やかに公開等の具体的な取組に着手し、成果を確実に蓄積していくこと

　この基本原則は、その一部が2017年5月に決定されることになる「オープンデータ基本指針」においても継承され、オープンデータの定義の中に組み込まれることになる[6]。

<u>「オープンデータ基本指針」 2．オープンデータの定義</u>
　国、地方公共団体及び事業者が保有する官民データのうち、国民誰もがインターネット等を通じて容易に利用（加工、編集、再配布等）できるよ

---

6)　オープンデータ基本指針におけるオープンデータの定義に関する文章中には、複数の注が振られているが、本稿では引用に際して注は省いてある。

う、次のいずれの項目にも該当する形で公開されたデータをオープンデー
タと定義する。
①営利目的、非営利目的を問わず二次利用可能なルールが適用されたもの
②機械判読に適したもの
③無償で利用できるもの

　とりわけ、自治体における取り組みは、日本政府もその重要性を認識し
ており、以下の記述のように鯖江市の取り組みへの言及が見られるところ
である。

「電子行政オープンデータ戦略」　第2　これまでの取組・現状　3．海外
の動向と我が国の現状　(2)　我が国の現状
　我が国においては、東日本大震災における対応のほか、総務省、独立行
政法人統計センター、独立行政法人情報通信研究機構、企業等により構成
される「クラウドテストベッドコンソーシアム」における統計情報の機械
判読可能な提供方法等に関する検討や、福井県鯖江市における避難所、
AED、トイレ等の位置情報を用いた民間による避難マップの作成等の試
みが行われているが、事例としてはまだ限定的である。

　特に、以下にあるように、自治体は「国民に身近な公共データを保有し
ている」ため、その公開はオープンデータに係るメリットを実感すること
につながる。そこで、電子行政オープンデータ戦略を起点に、政府をあげ
てのオープンデータの推進とともに自治体の取り組みの支援もなされるこ
とになる[7]。

「電子行政オープンデータ戦略」第3　基本的な方向性　3．民間、地方

---

7)　その支援策のひとつに、「オープンデータ伝道師」の派遣がある。オープンデータ
　伝道師には、鯖江市に福野氏やこの後の記述で登場する「チャレンジ3兄弟」の運
　営に関わる者などが選ばれている。希望する自治体はオープンデータ伝道師の派遣
　などを要請することが可能で、その費用を国が負担する。

公共団体等との連携

　創意工夫を活かした様々な方法で公共データの活用を促進する観点から、民間、地方公共団体等と十分に連携するものとする。民間、地方公共団体等にあっては、具体的な活用ニーズについて政府に対し積極的に提案することにより、政府におけるニーズ把握に協力することが期待される。また、地方公共団体は、国民に身近な公共データを保有していることから、そうしたデータの提供を主体的かつ積極的に進めることにより、国民がオープンデータに係るメリットを実感する機会を提供することが期待されるとともに、自らの業務の効率化、高度化を図っていくことが必要である。

　鯖江市や会津若松市に続くように、2012 年の電子行政オープンデータ戦略の策定と前後して、オープンデータに取り組む自治体が見られるようになった。石川県金沢市や千葉県流山市がその代表例である。

　2012 年 12 月には、「横浜オープンデータソリューション発展委員会」が立ち上がり、2013 年 2 月に日本で初めて開催された「インターナショナルオープンデータデイ 2013」に横浜市役所の職員をはじめとした関係者が参加した。[8]

　この「インターナショナルオープンデータデイ」は毎年 2 月または 3 月に世界的に実施されているイベントである。日本でも 2013 年以来、毎年全国各地でイベントが開催され、そこには地方自治体の政策担当者をはじめ、オープンデータに関わる事業者や研究者などが参加している。このイベントを契機に公開が進んだデータもあり、イベント実施がオープンデータの推進を後押しした側面もある。[9]

　同様にオープンデータに関わるイベントということでは、「アーバンデータチャレンジ（図表 1.3）」や「チャレンジ!! オープンガバナンス」が

---

8)　横浜市におけるオープンデータ政策の展開については、関口（2017）を参照した。
9)　東京オープンデータデイにおけるアイデアソンを契機に開発され、その後もサービス運用が続けられている「マイ広報紙」は自治体の広報紙の記事データを利用している。このマイ広報紙の取り組みにより、自治体広報紙のオープンデータ化が進んだ。このことについては、本田（2017h）において詳しく論じている。

図表 1.3　アーバンデータチャレンジ

出典：Urban Data Challenge[10]

ある。

　アーバンデータチャレンジは、東京大学空間情報科学研究センター「次世代社会基盤情報・寄付研究部門」と「一般社団法人社会基盤情報流通推進協議会」が主催している。地方自治体を中心として公共データを活用したデータ活用型コミュニティづくりを行うとともに、一般参加を伴う作品コンテストを毎年開催している。

　また、「チャレンジ!! オープンガバナンス」は東京大学の奥村裕一客員教授が中心になって実施されている取り組みである。これは、地方自治体から課題を募った上で、その課題解決の方法に関する提案についてコンテストを行うというものである。

　これら二つに Linked Open Data チャレンジ Japan を加えて、三つのイベントは「チャレンジ３兄弟」と呼ばれている。これらのイベントを介して、地方自治体と事業者、研究者やエンジニアなどが緩やかに結びつけら

10）https://urbandata-challenge.jp/（参照 2021-09-05）

れ、その結びつきから新たなオープンデータの公開や利用が促進されるという循環が生まれている[11]。

　地方自治体の結びつきということでは、2013年4月に、武雄市・奈良市・福岡市・千葉市の4市が中心となって「ビッグデータ・オープンデータ活用推進協議会」が設立された。早期にオープンデータに着手した鯖江市や会津若松市、金沢市などの事例、あるいは横浜市や福岡市、千葉市などの事例は先進事例として後続の地方自治体に参照され、2010年代の中葉までの地方自治体におけるオープンデータ政策を牽引していくことになる。

　2013年6月には、政府の新たな情報通信戦略となる「世界最先端IT国家創造宣言」が決定された。この中でも、「オープンデータ・ビッグデータの活用の推進」が掲げられ、具体的な施策として、2013年度中に各府省庁が公開するデータの案内・横断的検索を可能とするデータカタログサイトの試行版を立ち上げるとされた。そうして開設されたのが「DATA.GO.JP」であり、これはその後に本格運用され、2021年8月時点で27,000を超えるデータセットの情報が公開されている[12]。

2　オープンデータ着手の契機

　2011年に鯖江市において最初にオープンデータが公開され、以降、全国の地方自治体においてオープンデータに取り組むような状況へと事態は進展していく。

　では、自治体におけるオープンデータ政策はいかなる契機によって開始されることになったのか。このことにつき、2011年から2016年にかけて

11）行政、事業者、研究者、エンジニアの緩やかな連携によるオープンデータの推進については、本田（2017a）において、その動態を論じた。

12）https://www.data.go.jp/data/dataset（参照 2021-09-05）において、データセットの一覧が確認可能である。なお、このカタログサイトは、当時のオバマ大統領によるオープンデータガバメントの取り組みの一環として 2009 年にアメリカ連邦政府によって開設されたサイト「data.gov」を参考にしている。

オープンデータの取り組みに着手した 23 自治体を事例に、オープンデータ政策が新規に開始されるに至った契機をはじめとしてオープンデータに関わる地方自治体における政策過程について、実態調査を行った[13]。

　調査の対象は、政府担当者による公表資料に基づき[14]、2013 年 3 月時点から以降六つの時点でオープンデータに取り組み済みとして例示された 4 自治体ずつ計 24 自治体を選んだ（図表 1.4）[15]。調査協力を得られなかった自治体があるため、計 23 自治体の結果を分析している。

　調査では、地方自治体のオープンデータ政策担当者に対してインタビューを行った。インタビューでは、オープンデータの政策過程に関わる質問を行い、そのうちのひとつに「オープンデータの着手の契機」に関する項目がある（図表 1.5）。

　調査の結果、初期にオープンデータに着手した地方自治体では、「外部からの提案」が要因としてあげられた。以降の地方自治体では、「首長の発意」や「職員の発案」、「自治体間の連携を通して」といった要因があげられるようになった。そして、2015 年 6 月時点以降に着手した地方自治体では、「国の動向を見て」という要因があげられるようになる。

　なお、2015 年 2 月には「地方公共団体オープンデータ推進ガイドライン」が政府から公表され、同年 6 月には「新たなオープンデータの展開に向けて」が決定されるなど、この 2015 年は政府から地方自治体の取り組みを後押しする取り組みが重点的になされた年となっている。国の動向を見て、オープンデータに着手する地方自治体が増えるのがこの時期であるとも言

13）この実態調査は RISTEX プロジェクト「政策過程におけるエビデンス記述・解釈に関する調査研究」の一環として実施したもので、結果の概要は本田・梶川（2018）で公表済である。その結果の一部を利用して本文を記述している。

14）内閣官房 IT 戦略室の山路氏による資料である山路（2016）に依拠した。なお、この資料と同内容のものが歴代の政府担当者により作成され、政府の各種会議でも提供されているが、この山路（2016）と前後して、オープンデータに着手した具体的な自治体名の記載が見られなくなる。2016 年と前後して、先駆的な地方自治体の取り組みから全国の地方自治体での取り組みの波及へと政府担当者の関心が移っていることがうかがわれる。

15）図表中の「取組団体数」は、その時点でオープンデータに取り組んでいた自治体の数である。

図表 1.4　オープンデータの政策過程に関する調査対象自治体

2013 年 3 月時点取組済自治体　取組団体数：4	2015 年 6 月時点取組済自治体　取組団体数：154
福井県鯖江市	青森県弘前市
福島県会津若松市	宮城県石巻市
千葉県流山市	東京都千代田区
石川県金沢市	愛知県小牧市

2014 年 3 月時点取組済自治体　取組団体数：30	2016 年 3 月時点取組済自治体　取組団体数：205
千葉県千葉市	北海道旭川市
静岡県	神奈川県平塚市
神奈川県横浜市	兵庫県尼崎市
福岡県福岡市	香川県高松市

2015 年 2 月時点取組済自治体　取組団体数：103	2016 年 9 月時点取組済自治体　取組団体数：233
神奈川県藤沢市	青森県八戸市
埼玉県さいたま市　（協力得られず）	宮城県
東京都品川区	群馬県
長野県須坂市	鹿児島県鹿児島市

えるだろう。

　冒頭で論じたように、鯖江市では、2010 年当時の牧野市長に対して外部からの提案があったことにより、オープンデータの着手に至っている。その他に、初期の着手自治体では、「外部からの提案」が大きな要因になっていることがわかる。2011 年の電子行政オープンデータ戦略の策定など国としての政策推進の動きもあり、首長の発意や職員の発案でオープンデータの着手に至る事例もあれば、国の動向を見て政策開始に至る事例も見られるようになる。先に鯖江市におけるオープンデータの契機を紹介した際に、データの利用者となる福野氏から提案のあったデータが公開され、そのデータの利用がなされたことも述べた。これは、地方自治体側がオープンデータを公開しようとする際に、その時点でデータの利用者あるいはデータの利用方法を具体的に想定していたことを意味する。つまり、「使

図表 1.5　オープンデータ着手の契機

2013 年 3 月時点取組済自治体
外部からの提案　3 件
首長の発意　1 件

2015 年 6 月時点取組済自治体
外部からの提案　1 件
職員の発案　1 件
議会質問　1 件
計画の策定により　1 件

2014 年 3 月時点取組済自治体
首長の発意　件
職員の発案　1 件
国の動向を見て　1 件
自治体間の連携を通して　1 件

2016 年 3 月時点取組済自治体
職員の発案　2 件
国の動向を見て　1 件
県からの要請　1 件

2015 年 2 月時点取組済自治体
外部からの提案　1 件
議会質問　1 件
自治体間の連携を通して　1 件

2016 年 9 月時点取組済自治体
国の動向を見て　3 件
議会質問　1 件

う人がいる」「使う方法がある」という明確な理由があるために、データの公開に至ったということである。

　この鯖江市の事例のように、オープンデータに着手する際に、データの利用者やデータの利用方法の想定があったのか否かもインタビュー調査で確認作業を行った（図表1.6）。

　調査結果を見ると、「アプリ開発」が大半の時点で大半の想定としてあげられているが、一方で「未想定」や「利用者が決めること」と地方自治体の担当者側で利用想定を行っていない事例も見受けられる。その他には、「庁内の業務改善」のためにデータを利用することが想定されていたこともわかる。

　この調査は 2016 年時点までにオープンデータに着手した地方自治体を対象にしている。調査結果からは、少なくとも 2016 年時点では、利用想

図表 1.6　オープンデータ着手にあたっての利用想定

2013 年 3 月時点取組済自治体	2015 年 6 月時点取組済自治体
アプリ開発　2 件	未想定　2 件
利用者が決めること　1 件	アプリ開発　1 件
未想定　1 件	庁内の業務改善　1 件

2014 年 3 月時点取組済自治体	2016 年 3 月時点取組済自治体
利用者が決めること　2 件	アプリ開発　2 件
アプリ開発　2 件	庁内の業務改善　1 件
	未想定　1 件

2015 年 2 月時点取組済自治体	2016 年 9 月時点取組済自治体
庁内の業務改善　2 件	アプリ開発　3 件
利用者が決める　1 件	未想定　1 件

定は行わずに、「まずはオープンデータを公開してみる」という姿勢で地方自治体がオープンデータに取り組んでいたことが示唆される。その後、より多くの地方自治体がオープンデータに着手することになり、公開したオープンデータの利用の有無に関わらず、とにかく「周辺の自治体が取り組んでいるので、取り組まざるを得ない」という理由でオープンデータに着手する地方自治体も見られるようになっているものと考えられる。

　次に、実際にオープンデータを公開後に、その利用状況を把握しているのか否か調査で確認した。その結果をまとめたのが図表 1.7 である。

　「未実施」という回答が多く、利用状況を把握しているとしても「利用者から連絡あり」ということで、地方自治体の担当者が能動的に利用状況の把握に努めた結果ではない。このことからも、オープンデータに取り組む際に、その利用方法への関心は強くなく、オープンデータに着手する際には「まずはオープンデータを公開してみる」という姿勢が先行していたことが示唆される。

　オープンデータ自体は自由な利用を可能とするものであり、どのような

図表 1.7　オープンデータの利用状況把握

2013年3月時点取組済自治体
未実施　2件
利用者から連絡あり　2件

2015年6月時点取組済自治体
未実施　2件
実施　1件
利用者から連絡あり　1件

2014年3月時点取組済自治体
未実施　2件
利用者から連絡あり　1件
民間組織経由で把握　1件

2016年3月時点取組済自治体
実施　2件
未実施　2件

2015年2月時点取組済自治体
未実施　2件
無回答　1件

2016年9月時点取組済自治体
利用者から連絡あり　2件
実施　1件
未実施　1件

利用がなされているのか地方自治体が関知するところではないというのは、オープンデータの原則に則った姿勢でもあるが、新規の政策を実施するときに、その成果を把握することがないというのは政策評価の観点からは必ずしも好ましいことではない。

　次に、オープンデータに着手するにあたって、外部の専門的知見の活用について質問した（図表1.8）。改めて鯖江市の事例を引くと、オープンデータに着手する際には、外部から専門的な知見を有する主体からの情報提供があった。つまり、福野氏は企業経営者として、とりわけデータの活用に関しての知見を有しており、同行した一色氏は大学教員でもあり、研究者としての知見を有していた。このような外部の専門的知見がオープンデータの着手時に活用されていたのであろう。

　「研究者」という回答は2013年3月時点から2015年2月時点まで共通して見られた。ただ、時間を経ると、その知見の利用は活発ではなくなり、そもそも外部の知見は「未活用」という事例も多くなる。特徴的な回答として、福野氏の株式会社jig.jpの協力を得たという回答も複数見受けられた。

　その他、「Linked Open Data Initiative」や「Code for コミュニティ」、「Open Knowledge Japan」といった民間の団体をあげる回答が見受けら

図表 1.8　オープンデータ着手にあたって利用した外部の専門的知見

2013 年 3 月時点取組済自治体
研究者　2 件
Linked Open Data Initiative　1 件
Code for コミュニティ　1 件

2015 年 6 月時点取組済自治体
企業　1 件
有識者　1 件
セミナー参加　1 件
未活用　1 件

2014 年 3 月時点取組済自治体
研究者　3 件
Open Knowledge Japan　2 件
企業　1 件
外郭団体の研究所　1 件

2016 年 3 月時点取組済自治体
未活用　4 件

2015 年 2 月時点取組済自治体
研究者　2 件
株式会社 jig.jp　1 件
社団法人　1 件

2016 年 9 月時点取組済自治体
未活用　3 件
研究者　1 件
株式会社 jig.jp　1 件
Code for コミュニティ　1 件

れた。いずれもデータの公開や活用を民間の立場で推進する団体であり、特に「Code for コミュニティ」は、「Code for Japan」の他に、「Code for Kanazawa」などの各地のブリゲードと呼ばれる組織が各地域の地方自治体のオープンデータの取り組みに協力している。

　地方自治体におけるオープンデータの取り組みは外部の知見も一定程度利用しながら進められたものであると言えるが、地方自治体の組織と業務の関係を見たときに、オープンデータの推進を担う情報政策系の部署とオープンデータとして公開することになるデータを保有している原課という 2 つの部署が政策アクターとして登場することに注意を払う必要がある。原課の理解が得られなければ、オープンデータの公開は進んでいかないのである[16]。

---

[16] 道府県におけるオープンデータの庁内理解の必要性と困難性は、本田・中野（2019）で詳細を論じた。

加えて、オープンデータは新規の政策となり、地方自治体の既存の制度との整合性をいかに取るのかも課題となる。

3　情報公開制度との関係性

　オープンデータは組織が保有するデータを外部に公開するという取り組みである。ここで組織としたのは、オープンデータの取り組みは公共機関に限定されないからである。ということは、公共機関におけるオープンデータの取り組みには、公共機関特有の課題がある可能性があるということになる。

　その課題のひとつとして、前節の末でも述べたように地方自治体に既存の制度との整合性をいかに取るのかということがある。とりわけオープンデータ政策との競合関係が想定されるのが情報公開制度である[17]。

　公共機関から外部に情報（文書）を公開する政策としてすでに情報公開制度が存在していた。具体的には、自治体レベルでは1980年代以降に情報公開に関する条例の制定が進み、1自治体を除いてすべての自治体で条例制定済となっている（総務省自治行政局行政経営支援室 2018）。国レベルでも2001年に情報公開法が施行されている。国と地方で、情報公開制度がすでに20年を超えて運用されていることになる。

　情報公開制度は、情報開示請求を受けて、公共機関の保有する主に文書が公開されるという仕組みである。加えて、開示請求を待たずに情報提供を行うことも制度には組み込まれており、これは「情報提供」と呼ばれている（図表1.9）。公共機関が定期的に刊行する報告書から繰り返し開示請求がなされて全部開示とされるような文書まで、特に開示請求がなくても常時閲覧可能な状態にしておくことが可能な情報を情報提供というかたちで公開している（本田 2020a）。実際には、役所の一階などに置かれる情報

17）オープンデータと情報公開制度の関係性については、Innovation Nipponプロジェクト（2015）において、その相克がオープンデータの推進の阻害要因になり得ると指摘されている。

図表 1.9　情報公開制度の概要

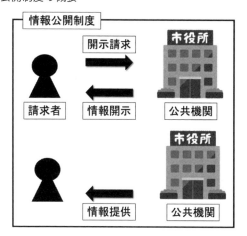

出典：筆者作成

コーナーなどに、刊行物や文書ファイルが開架され、誰でも閲覧が可能な状態にされている。また、公共機関の Web サイト上でも、それら情報提供が可能な文書などが公開されることもある。

　既存の制度として情報公開制度があり、その制度の中で情報提供が行われてきた。そして、情報公開制度における情報開示や情報提供では、紙に印刷された文書が手交されるのが一般的ではあるが、一部の事例では電子データでの手交もなされている（Innovation Nippon プロジェクト 2015）。そのような制度上の前提がある中でオープンデータの取り組みがなされているということである。

　そこで、情報提供とオープンデータの実施について、その関係性の有無について分析することとした。情報提供を積極的に行っていた地方自治体はオープンデータにも積極的であるのか否かがここでの問いである。

　条件を揃えるために、都道府県ではそのすべてがオープンデータに着手済であることに着目し、分析対象を都道府県とする。都道府県は情報公開制度も完備しており、この点においても条件は同一である。

　情報提供とオープンデータの実施の関係性につき 47 都道府県について

分析を行った結果は、すでに本田（2020b）で示した。[18] この分析では、都道府県におけるオープンデータの公開数と情報提供の形態の関係性を確認することとした。ここで、オープンデータの公開数について、都道府県を二つのグループに分類できる。ひとつは、「データセット数」を公開している団体である。もうひとつは、「データの通し番号」を公開している団体である。

それぞれのグループにつき、その数の一覧を示したのが以下の図表 1.10 都道府県のオープンデータ公開数である。データセット数公開団体が 26 団体、データの通し番号公開団体が 21 団体あり、特に地域的な偏りなどは見られない。

次に、都道府県における情報提供の形態を確認する。同じ「情報提供」という名称であっても、実際に行われている事柄に微妙な差異が見られることから、その形態を分類した（図表 1.11）。

この形態は二つに分けられる。第一は、刊行物の公開といった情報の提供を指す場合である（「第一系統」と称する）。第二は、複数回の開示請求があった情報について予め請求を待たずに情報提供を行うことを指す場合である（「第二系統」と称する）。

都道府県の Web サイトにアクセスし、当該団体における情報公開制度に関する説明を確認すると、情報提供については第一系統のみ説明があったのが 21 団体、第二系統のみ説明があったのが 4 団体であった。両系統の説明があったのが 9 団体であった。13 の団体では、Web サイト中で情報提供に関する説明を見出すことができなかった。[19]

情報提供の形態別にオープンデータの公開数との関係性を示すと、図表

---

18) 分析結果は 2020 年 4 月 10 日時点のものである。公開されるオープンデータの数が一気に増加することは例外的であって、この分析結果については、一定程度時間が経過した後でも妥当するものであると考える。

19) Web サイト上で情報提供に関する説明がなされていないことが直ちに情報提供を行っていないことを意味しない。同様に、第一および第二の各系統のみの説明しかないことをもって、当該団体では一方の系統の情報提供しか実施していないことも意味しない。ただし、本稿では、オープンデータの取り組みと Web サイト上での情報発信に親和性があると考え、Web 上での表記を基に分析を行っている。

図表 1.10　都道府県のオープンデータ公開数

データセット数公開団体

団体名	セット数	団体名	セット数
北海道	1018	鳥取県	194
青森県	1196	島根県	91
茨城県	2111	岡山県	55
栃木県	539	山口県	167
埼玉県	569	徳島県	1277
東京都	2096	香川県	187
富山県	1127	愛媛県	2025
山梨県	13198	福岡県	542
岐阜県	461	佐賀県	145
静岡県	2307	長崎県	161
愛知県	2335	大分県	142
京都府	437	宮崎県	472
兵庫県	265	鹿児島県	602

データの通し番号公開団体

団体名	通番号数	団体名	通番号数
岩手県	112	長野県	35
宮城県	126	三重県	90
秋田県	132	滋賀県	209
山形県	221	大阪府	67
福島県	116	奈良県	101
群馬県	90	和歌山県	96
千葉県	277	広島県	73
神奈川県	127	高知県	90
新潟県	50	熊本県	14
石川県	75	沖縄県	255
福井県	203		

（出所：本田（2020b）より再掲）

図表 1.11　都道府県における情報提供の類型

類型	団体名
第一系統	北海道、埼玉県、新潟県、石川県、山梨県、長野県、岐阜県、静岡県、三重県、滋賀県、兵庫県、島根県、岡山県、香川県、愛媛県、高知県、福岡県、佐賀県、長崎県、熊本県、沖縄県
第二系統	岩手県、栃木県、鳥取県、広島県
両方	群馬県、千葉県、東京都、神奈川県、京都府、大阪府、奈良県、徳島県、鹿児島県

図表 1.12　情報提供とオープンデータの数の関係性

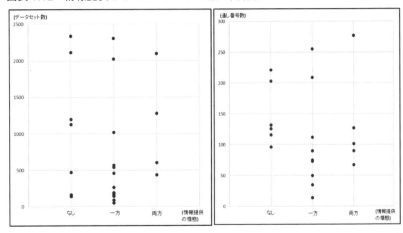

出典：本田（2020b）

1.12 のようになる[20]。

　それぞれ、縦軸をオープンデータの数、横軸を情報提供の形態とした。情報提供の形態については、第一系統と第二系統を「一方」に集約し、いずれの説明も見出せなかった事例は「なし」とし、それぞれの事例について図表中にプロットしている。

　データセット数と通し番号数いずれの場合でも、情報提供の形態に関わらず、その数の大小に二極化が起きていることが見て取れる。熱心にオープンデータを公開する団体と少なめに公開する団体の二極化が起きているとも言える。このことから、都道府県を対象に分析を行った結果、既存の制度である情報提供が後続のオープンデータの取り組みに大きな影響を及ぼしているわけではないことが示唆された。つまり、情報提供が積極的に行われている団体ほどオープンデータとして公開されているデータ（データセット）の数が多いわけではないということである。あるいは、既存の情報提供が阻害要因となって、オープンデータの取り組みが進んでいかないというわけでもないということである。

20）山梨県だけデータセット数が極めて多かったため、外れ値として除外してある。

情報提供を積極的に行っていた都道府県ほど、後続の政策となるオープンデータに積極的に取り組んでいるわけではないとなると、当該組織において情報提供が行われているという素地が後のデータ公開の促進には必ずしもつながっていないことを意味する。裏を返せば、既存の制度に関わらず、オープンデータに着手し、それを進展させることも想定されるということである。

4　官民データ活用推進基本法の影響

　前節では、都道府県を対象に、オープンデータと既存制度である情報公開制度（情報提供）との関係性について論じた。

　都道府県については、2016年12月に施行された官民データ活用推進基本法により、官民データ活用推進に関わる計画の策定が義務付けられている。同法は官民をあげたデータ活用の推進を企図するものであるが、国と都道府県に対して、官民データ活用推進に関わる計画の策定を義務付けることで、その取り組みの促進を図ることとしている。この計画策定の法的義務化により、都道府県でのオープンデータの取り組みが進行し、2018年3月には全都道府県でオープンデータに着手済みとなった（内閣官房IT総合戦略室2019）。

　本章の2節では、2016年9月時点でオープンデータに取り組み済みの地方自治体を対象に行ったインタビュー調査の結果を論じたが、2016年は官民データ活用推進基本法が施行された年であり、これ以降は同法の影響によって地方自治体におけるオープンデータの政策過程にも何らかの変化が見られた可能性がある。そこで、同法で官民データ活用推進計画の策定が義務化された地方自治体である都道府県につき、その影響の如何を確認することとする。

　官民データ活用推進計画自体は、オープンデータに限定された計画ではない。その他にもデータの利活用に関わる事柄について定められている。そこで、都道府県が策定した官民データ活用推進計画における「オープン

データ」の出現箇所を特定した上で、オープンデータに関わる指標の設定状況を確認することとした。

　確認の結果、指標としては、「自治体の取り組み」「データ数」「利用事例」の三つがあることが確認された。これをまとめると、以下の図表1.13のようになった[21]。

　ここから示唆されるように、都道府県が基礎自治体に対してオープンデータの取り組みを後押しするという経路も存在する。先に示したオープンデータ着手の要因についての調査結果の中に「県からの要請」という回答があったことからも、都道府県が基礎自治体の取り組みを後押しするという経路も大いにあり得るものである。

　政府は、2020年度中に地方のオープンデータ取組率100%を目標として、各種の支援策も講じてきた[22]。しかしながら、2021年8月時点で、その目標は達成されていない。「国の動向」を見てオープンデータに着手する自治体がある一方で、国の支援を利用することもなく、オープンデータの着手にも至らない自治体も一定数存在していることになる。都道府県における官民データ活用推進計画の策定が契機となって、各都道府県内のオープンデータ未着手自治体においても、その取り組みが促されることを期待したい。

　改めて、2016年12月に、官民データ活用推進基本法が施行された。同法で都道府県に対して策定が義務付けられた官民データ活用推進計画は、各都道府県において組織をあげたデータ公開やデータ活用を促すことを企図して策定される。

　そこで、図表1.13を見ると、オープンデータに関する指標のうち、データ数を目標値として定めている団体は22あった。都道府県としてデータの公開については目標値を設定していることになる。対して、データ利用

21）この調査分析の結果は、本田（2021b）において公表した。本稿は、その記述の一部を利用している。

22）前出の2016年の「地方公共団体オープンデータ推進ガイドライン」をはじめとした各種文書の公開、地方公共団体向けオープンデータパッケージの提供、オープンデータ伝道師の派遣など、その支援策は多岐にわたる。それら支援策は、政府CIOポータルで確認可能である。https://cio.go.jp/policy-opendata（参照 2021-09-05）

図表 1.13　都道府県官民データ活用推進計画におけるオープンデータの位置付け

	策定改定年	自治体の取り組み	データ数	利用事例
北海道	2021 年 3 月	道内全市町村における オープンデータの推進	機械判読可能なデータ形式でのオープンデータの拡充	
青森県	2019 年 3 月	オープンデータ公開市町村数		オープンデータを利活用したアプリケーションやサービスの開発件数
岩手県	2019 年 3 月		加工しやすいデータ形式でのオープンデータ公開項目数	
宮城県	2019 年 3 月	オープンデータ公開市町村数		
秋田県	2019 年 4 月		公開したオープンデータ数	
山形県	2019 年 3 月		オープンデータセット数の拡大	
福島県	2019 年 4 月			
茨城県	2018 年 11 月			
栃木県	2019 年 3 月		掲載データ種類	
群馬県	2020 年 12 月			
埼玉県	2021 年 3 月			
千葉県	2019 年 9 月			
東京都	2017 年 12 月		既存データは 13 の重点分野の約 4 万件について、平成 32 年度までにオープンデータ化	
神奈川県	2019 年 7 月	県内の「オープンデータ取組市町村」数	公開テーマ（データセット）数	
新潟県	2020 年度			
富山県	2020 年 3 月		県がオープンデータとして公開しているデータの数	
石川県	2020 年 3 月		オープンデータ件数	

	策定改定年	自治体の取り組み	データ数	利用事例
福井県	2021 年 3 月		オープンデータ件数	
山梨県	2021 年 3 月		国の推奨データセットに対応したデータ件数	
長野県	2020 年 7 月			
岐阜県	2019 年 10 月		公開するデータセット数	
静岡県	2018 年 3 月		オープンデータ化した公共データ項目数	
愛知県	2020 年 3 月	県内市町村におけるオープンデータ取組率	推奨データセットに係るデータセット項目数	データへのアクセス数／オープンデータ活用イベント後援数
三重県	2020 年 6 月			
滋賀県	2018 年 3 月			
京都府	2020 年 3 月			
大阪府	2020 年 3 月			
兵庫県	2019 年 4 月			
奈良県	2019 年 3 月		県の公開データセット数／オープンデータ出力機能を持つ情報システムの数	
和歌山県	2020 年 3 月	オープンデータに取組む県内市町村数	コンピュータ処理が容易な形式のオープンデータ公開ファイル数	
鳥取県	2021 年 3 月			
島根県	2018 年 3 月			
岡山県	2020 年 3 月			
広島県	2021 年 3 月			
山口県	2020 年 3 月		オープンデータ数	オープンデータ活用事例数
徳島県	2020 年 12 月			
香川県	2021 年 3 月	オープンデータに取り組む市町の数		県が提供するオープンデータの利用件数

	策定改定年	自治体の取り組み	データ数	利用事例
愛媛県	2021 年 3 月			
高知県	2020 年 3 月	オープンデータの取組団体数	推奨データセットの公開件数／オープンデータの公開件数	
福岡県	2019 年 3 月	オープンデータサイトの開設・運用を行う県内市町村の割合	公開されたデータ数	オープンデータを用いた新たなアプリケーションやサービスの開発数
佐賀県	2021 年 3 月	オープンデータに取り組む市町の数	データ公開数	
長崎県	2021 年 3 月			
熊本県	2019 年 3 月		県保有データのオープン化数	
大分県	2019 年 2 月	オープンデータ取り組み済みの市町村割合が 100%		データを活用したサービスやアプリケーションの数を累計 5 件
宮崎県	2021 年 3 月	オープンデータを公開する市町村数	新規掲載データ数	
鹿児島県	2020 年 3 月	オープンデータを公開している市町村数		
沖縄県	2019 年 3 月			

出典：本田（2021b）掲載の表に、新規情報を追加

の側面を見ると、「利用事例」について何らかの指標を設定している事例は 6 団体に留まった。公開したオープンデータの利用までを見据えた取り組みが求められるところ、都道府県の官民データ活用推進計画上では、データの利用への目配りが十分ではないことがわかる。

　3 節で論じたように、既存制度としての情報公開制度と新規政策となるオープンデータは連動していない。そのような状況下で、法律に基づく計画の策定が組織内に何らかの直接的な影響を及ぼすのか否か。以下では、10 県に対して実施したインタビュー調査の結果をもとに議論を進める。

　インタビュー調査は各県の情報公開担当部署に対して行ったものであり、

官民データ活用推進計画の策定が情報公開担当部署に及ぼす影響の有無を中心に質問を行った[23]。対象は、大分県・兵庫県・宮崎県・富山県・山梨県・徳島県・岡山県・福岡県・山形県・熊本県である。

　調査の結果、対象となったすべての県において、官民データ活用推進計画の策定はそれが直ちに情報公開担当部署に対してデータ公開に関わり何らかの関与を促すというような影響は及ぼしていないことが明らかとなった。オープンデータは主に情報政策担当部署が所管しており、情報公開担当部署はオープンデータ担当者からの求めがない限り、官民データ活用推進計画のような全庁的な計画があったとしてもオープンデータに何らかのかたちで関わることはないということである。

　地方自治体の情報公開担当部署には情報公開の取り組みの蓄積があり、前述のように情報提供も行っていることから、組織外部との情報のやりとりについての知見を有している。しかしながら、情報公開制度の存在はオープンデータの着手に影響を及ぼしておらず、また官民データ活用推進計画が策定されても、それをもって近接する取り組みとして情報公開とオープンデータの連動が図られるようなことにもつながっていないと言える。

　なお、市区町村にあっては、官民データ活用推進計画の策定は努力義務とされている。それゆえに、官民データ活用推進計画の策定自体が必ずしも進んでいる状況にはないと考えられるが、官民データ活用推進計画の策定がオープンデータの着手を促す可能性もある。そこで、オープンデータ着手済の市区町村に着目して、オープンデータの着手と官民データ活用推進計画策定の時間的な前後関係を確認することとした[24]。

23）全47都道府県を対象としてインタビュー調査を実施する予定であったが、調査開始後に新型コロナウイルス感染症の感染拡大があり、官民データ活用推進計画に関わり先駆的な取り組みを行っていると目される10県へのインタビュー実施を終えたところで調査終了することになった。10県に行ったインタビュー調査の結果、その内容は理論的飽和に達していると考えられたため、ここではその内容を基に議論を進めることで問題はないと考えている。この調査結果は、本田（2020c）で一部発表済である。

24）その結果は、本田（2021c）で公表済みであり、これを引用する。

2021年3月時点でオープンデータ着手済みの自治体は1018団体ある（内閣官房情報通信技術（IT）総合戦略室 2021）。そのうち、官民データ活用推進計画が策定されていたのは157団体であった。計画策定済みの団体数は明らかに少ないと言える。

　オープンデータ着手済みの時点と計画策定の時点の前後関係を確認すると、オープンデータの着手が先行した事例は計画策定済157団体中126団体あった。データ活用に関する計画を策定し、その計画に基づいてオープンデータに着手するという事例もないわけではないが、それは少数であって、計画策定の有無に関わらずオープンデータの取り組みが先行しているというのが実態であると言える。

　官民データ活用推進基本法は、国や都道府県、市区町村におけるデータの公開や活用を推進することを企図した法律であり、これが契機となってオープンデータの着手に至る事例もある。しかし、大勢は同法の有無には大きく影響されずにオープンデータに着手し、そして推進が図られていることになる。

　ごく初期にオープンデータに着手した地方自治体は外部からの提案を受けての取り組みであり、時間が進むと国の動向を見て着手に至る自治体が増え始める。その着手にあたっては、情報公開制度のような既存の政策の影響を受けるわけではなく、官民データ活用推進計画の策定のような契機もオープンデータの着手に大きな影響を及ぼしているわけでもないようである。

　すでに全都道府県および過半数を超える基礎自治体でオープンデータに着手済みになっている。逆に、それは700程度の基礎自治体ではオープンデータに未着手であることを意味しており、それらの基礎自治体における取り組みをいかに後押しするのかが課題となっているということでもある。加えて、着手済みであっても、着手以降にデータ（データセット）の追加公開が進んでいかないという課題もある。

　それらの課題を克服してオープンデータを推進する方法として考えられることは、オープンデータの利用事例を明確化し、利用事例および利用者の存在を自治体に見えるようにすることである。オープンデータに着手す

ること自体が行政内部の事務効率の向上につながる可能性も指摘されている（吉田ら 2016）。ただ、そのような効率の向上は行政組織としてはその成果が見えにくい。ごく初期のオープンデータ着手事例において外部からの提案が契機になったことからも示唆されるように、利用事例や利用者の明示的な存在こそ、オープンデータの着手や推進の駆動因となりうる。利用事例や利用者の存在を理由に、オープンデータ政策を担当する部署はデータを保有する原課の理解を得ることも可能となる（本田・梶川 2018）。利用事例や利用者が明確になれば、手間がかかってもデータを公開しようという動きにもつながっていく。

　加えて、このとき、オープンデータの取り組みが地方自治体にあって必ず取り組むべき政策であるような理由付けも求められる。本書では、地方議会に関わるデータの利活用の方法を検討しており、次章以降でその詳細が示されるが、そのようにデータの利用例や利用者を明確化し、なおかつ制度上オープンデータの実施が必須となるような理由付けを行っていく必要があると考える。

参考文献

Innovation Nippon プロジェクト：地方自治体における情報公開制度とオープンデータ〜利用価値の高い公共データを誰もが自由に使えるようにする〜，Innovation Nippon 2015 年度報告書 (2015).

関口昌幸：横浜市のオープンデータの取組みについて，都市とガバナンス，(28) pp.52-59 (2017).

総務省自治行政局行政経営支援室：情報公開条例等の制定・運用状況に関する調査 (2018).

内閣官房情報通信技術（IT）総合戦略室：地方のオープンデータの取組状況について (2019).

内閣官房情報通信技術（IT）総合戦略室：地方公共団体におけるオープンデータの取組状況（令和 3 年 3 月 12 日時点）(2021).

本田正美：地域において発露するデータとアクターズネットワークの相互作用，地域デザイン学会誌，(9)，pp.59-174 (2017a).

本田正美：「マイ広報紙」の浸透に見るオープンデータの取り組みの広がり、情報知識学会誌，27 (2)，pp.144-149 (2017b).

本田正美：都道府県における情報公開と情報提供，日本地域政策学会 2020 年度全国研究大会予稿（2020a）．

本田正美：都道府県における情報提供とオープンデータの関係性，情報プロフェッショナルシンポジウム予稿集，pp.65-70（2020b）．

本田正美：都道府県官民データ活用推進計画策定と情報公開制度の関係，情報知識学会誌，30（2），pp.163-167（2020c）．

本田正美：オープンデータの商用利用の可能性，経営情報学会全国研究発表大会要旨集，2020 年全国研究発表大会，pp.109-112（2021a）．

本田正美：都道府県の官民データ活用推進計画におけるオープンデータの位置付け，情報プロフェッショナルシンポジウム予稿集，pp.37-41（2021b）．

本田正美：官民データ活用推進基本法の施行と自治体におけるオープンデータ推進の関係，情報知識学会誌，31（2），pp.211-223（2021c）．

本田正美・梶川裕矢：自治体におけるオープンデータ推進の政策過程，情報文化学研究，(8)，pp. 1-9（2018）．

本田正美・中野邦彦：道府県のオープンデータ推進に関わる政策コミュニケーション，情報コミュニケーション学会第 16 回全国大会論文集，pp.26-27（2019）．

牧田泰一・藤原匡晃：官民一体のオープンデータ利活用の取り組み：先進県・福井、データシティ鯖江，情報管理，60（11），pp.798-808（2018）．

山路栄作：政府におけるオープンデータの推進について，2016 TRON Symposium 発表資料（2016）．

吉田暁生・野田哲夫・本田正美：地方自治体におけるオープンデータの活用の効果と課題，山陰研究，(9)，pp.97-109（2016）．

第2章

情報保障とオープンデータ

本田正美

1 情報保障に関する政策展開

　情報保障とは、何らかの事由により情報の取得に困難が生じる者に対して、代替手段を講じることによって情報を提供し、情報の取得を保障することを意味する。

　公共分野における情報保障は主に障害者を対象とするものであるが、公共分野では情報の提供に漏れが許されず、あらゆる人に対する情報保障をいかに担保するのかが特に課題となる。

　CiNii Articles において、「情報保障」をキーワードとして論文検索を行うと、最古のものとして野村（1990）が検出される。同様のキーワードで1900 年以降を範囲指定して、Google Scholar において検索を行うと、宮井（1986）および菅原（1988）が検出される。それらのうち、宮井（1986）は会計学の研究の中で「情報保障」という用語が出現するものである。対して、菅原（1988）と野村（1990）は聴覚障害を持つ学生に対しての「情報保障」について論じるものである。

　1990 年代以降は、聴覚障害を持つ学生に限定されず、学習を行う上で情報の取得に困難がある学生に対する情報保障の方法に関する研究論文が蓄積されており、「情報保障、教育」をキーワードに CiNii Articles で検索を行うと、200 件以上が検出される。たとえば、教育機関における情報保障をいかに実現するのかが検討されている（大原 2019）。さらに、2020

年の新型コロナウイルス感染症の感染拡大に伴い、教育機関でもオンラインでの授業実施が広まる中でも、教育分野での情報保障は重要な課題となり、その取り組みに関する研究もなされている（中島ら 2020）。

　情報の取得に困難が生じるのは教育の場面に限定されない。その他の場面として、たとえば、テレビ放送があげられる。主に聴覚障害者や高齢者の情報の取得を保障するために、テレビ放送において字幕放送が行われるようになっている（今井ら 2011）。

　情報保障が行われている場面としては、学術研究団体によるイベント実施時があげられる。その例として、情報処理学会が全国大会時に情報保障の実施を行っている。

　情報の取得に困難の生じるような場面があるときに、特に対応が求められるのが公共分野である。公共分野において、主に公共機関から提供される情報はあらゆる人々に漏れなく伝達される必要があり、一部の人にその情報が伝達されないこと自体が大きな問題となるからである。実際に、公共分野においては情報の取得の保障のための施策が展開されてきたところである（本田 2018）。その具体例として、公職選挙時における情報の提供につき、その情報保障のあり方が論じられている（大倉 2018）。

　地方自治体においては、情報保障に関するガイドラインを策定する動きがある。その代表例が千葉県である。千葉県は、2009 年に「障害のある人に対する情報保障のためのガイドライン」を策定し、2017 年には改定も行っている。

　情報保障に関わる法制度としては、1970 年に制定された障害者基本法がある。同法は、2004 年と 2011 年に改正がなされているが、その第三条の三で以下にように規定している。

　障害者基本法第三条の三
　全て障害者は、可能な限り、言語（手話を含む。）その他の意思疎通のための手段についての選択の機会が確保されるとともに、情報の取得又は利用のための手段についての選択の機会の拡大が図られること。

この条文の後段にあるように、「情報の取得又は利用のための手段」について、「選択の機会の拡大が図られること」が目指されており、これが情報保障を行うことの法律上の根拠となる。なお、障害者基本法第三条の三の主語は「全て障害者は」となっている。そのため、障害者基本法に基づき情報保障を進めるとなると、それはあくまでも対象を障害者に限定することになる。

　2016 年には、障害者差別解消法が施行されている。2017 年の千葉県におけるガイドラインの改定も同法の施行を背景としてのものであるが、国をあげて情報保障に関わる取り組みが志向されるところである。同法の第一条では、法律の目的を以下のように謳っている。

障害者差別解消法　第一条
この法律は、障害者基本法（昭和四十五年法律第八十四号）の基本的な理念にのっとり、全ての障害者が、障害者でない者と等しく、基本的人権を享有する個人としてその尊厳が重んぜられ、その尊厳にふさわしい生活を保障される権利を有することを踏まえ、障害を理由とする差別の解消の推進に関する基本的な事項、行政機関等及び事業者における障害を理由とする差別を解消するための措置等を定めることにより、障害を理由とする差別の解消を推進し、もって全ての国民が、障害の有無によって分け隔てられることなく、相互に人格と個性を尊重し合いながら共生する社会の実現に資することを目的とする。

　ここで注目したいのは、「行政機関等及び事業者における障害を理由とする差別を解消するための措置等を定める」という部分である。この「措置等」には、情報保障のための取り組みも含まれると考えられる。

　政府にあっては、障害者差別解消法第六条第 1 項で「障害を理由とする差別の解消の推進に関する基本方針」の策定が義務付けられた。策定された基本方針は 2015 年 2 月 24 日に閣議決定されている。中央府省は、その基本方針に即して個別に対応要領を定めている。その一覧は、内閣府 Web サイトに掲載されている。

図表 2.1　合理的配慮にあたり得る意思疎通の配慮の具体例

（合理的配慮に当たり得る意思疎通の配慮の具体例）
○　筆談、読み上げ、手話、点字、拡大文字などのコミュニケーション手段を用いる。
○　会議資料等について、点字、拡大文字等で作成する際に、各々の媒体間でページ番号
　　等が異なりうることに留意して使用する。
○　視覚障害のある委員に会議資料等を事前送付する際、読み上げソフトに対応できるよ
　　う電子データ（テキスト形式）で提供する。
○　意思疎通が不得意な障害者に対し、絵カード等を活用して意思を確認する。
○　駐車場などで通常、口頭で行う案内を、紙にメモをして渡す。
○　書類記入の依頼時に、記入方法等を本人の目の前で示したり、わかりやすい記述で伝
　　達したりする。本人の依頼がある場合には、代読といった配慮を行う。
○　比喩表現等が苦手な障害者に対し、比喩や暗喩、二重否定表現などを用いずに具体的
　　に説明する。
○　障害者から申し出があった際に、ゆっくり、丁寧に、繰り返し説明し、内容が理解さ
　　れたことを確認しながら応対する。また、なじみのない外来語は避ける、漢数字は用い
　　ない、時刻は 24 時間表記ではなく午前・午後で表記するなどの配慮を念頭に置いたメモ
　　を、必要に応じて適時に渡す。
○　会議の進行に当たり、資料を見ながら説明を聞くことが困難な視覚又は聴覚に障害の
　　ある委員や知的障害を持つ委員に対し、ゆっくり、丁寧な進行を心がけるなどの配慮を
　　行う。
○　会議の進行に当たっては、職員等が委員の障害の特性に合ったサポートを行う等、可
　　能な範囲での配慮を行う。

出典：厚生労働省における障害を理由とする差別の解消の推進に関する対応要領(p.7)

　たとえば、厚生労働省は 2015 年 11 月 27 日付で「厚生労働省における
障害を理由とする差別の解消の推進に関する対応要領」を定めている（図
表2.1）。この要領の別紙には、「第 6　合理的配慮の具体例」があり、その
中に「合理的配慮にあたり得る意思疎通の配慮の具体例」が示されている。
　図表2.1 に示した「合理的配慮にあたり得る意思疎通の配慮の具体例」
においては、意思疎通を行う場面別での配慮について具体的な事項が掲げ
られていることがわかる。二番目以降については、情報の提供のあり方に
ついて具体的な方法を示すものであり、情報保障を行う具体的な方法を示
したものであるとも言える。中央府省においてもさまざまな場面で情報の

図表 2.2　第 53 回障害者政策委員会　厚生労働省提出資料

障害保健福祉分野での新型コロナウイルス感染症への対応

(2) 通所サービスに替わる代替サービスの提供
○　電話等によるコミュニケーションの継続と、通常のサービスと同額のサービス報酬の支払い
事業所が電話等により相談支援等を行うことは、家庭の孤立化防止等の観点から重要。このため、居宅への訪問、電話等でできる限りの支援の提供を行ったと市町村が認める場合は、通常と同額の報酬算定を可能としている。

○　人員配置基準等の弾力運用
一時的に人員や運営の基準を満たすことができない場合にも報酬を減額しない取扱いを可能としている。

(3) サービスの再開支援
事業所等が、サービスの利用を控えている方の利用再開支援のために、アセスメント等を実施。また、生産活動が停滞し減収となっている就労継続支援事業所に対し、その再起に向けて必要な費用等を支援。

3. 情報の発信等
(1) 特定定額給付金等の御案内
視覚障害者や発達障害者のための配慮(音声コード等の活用、わかりやすいリーフレットの作成など)を実施

(2) 遠隔手話サービスの導入支援
遠隔手話サービスの導入経費を支援し、感染リスクで手話通訳が同行できない場合の意思疎通支援体制を整備

(3) 心のケア支援
心身の不調を抱える方へ心のケアを実施するため、精神保健福祉センターや保健所等に対する財政支援を実施

(4)「#つなぐマスク」プロジェクト
障害者による布マスクの制作等についてSNSで情報発信

出典：厚生労働省（2020）

提供が行われ、その都度、上記のような意思疎通に関わる配慮がなされることになるのである。

　その具体的方法の中に、「読み上げソフトに対応できるよう電子データ（テキスト形式）で提供する」というものがある。電子的な手段が用いられることが想定されており、そこで利用されるデータの形式にも配慮がなされている。

　2020 年 12 月に、障害者差別解消法の見直しに向けての検討が行われた第 53 回障害者政策委員会において、厚生労働省が提出した資料には、障害保健福祉分野での新型コロナウイルス感染症への対応が記述されている。そのなかには、「基本方針」があり、それには「新型コロナウイルス感染症に関わる情報をわかりやすく障害者に伝えるなど、情報発信等に当たって十分に配意する。」（厚生労働省 2020）とされている。そして、「3. 情報の発信等」という項目があり、具体策として上記の四点が掲げられている

（図表 2.2)。

　これら 4 点にあるように、新型コロナウイルス感染症への対応という政策の中で、情報発信への配慮がなされるという立て付けになっている。これらは「厚生労働省における障害を理由とする差別の解消の推進に関する対応要領」に即した対応を具体化したものであると考えられる。中央府省が実施する各種の政策において、明示的に情報保障とされなくとも、情報保障に関わる取り組みがなされていることがうかがわれる。

2　情報保障の基盤としてのオープンデータ

　障害者差別解消法第十条は、地方自治体に対して、「障害を理由とする差別の解消の推進に関する基本方針」に基づいて「地方公共団体等職員対応要領」を定める努力義務を課している。あくまでも策定の努力義務であるため、要領を策定しないことも想定されるが、要領の策定をはじめとした取り組みを展開する自治体が存在する。

　なかでも、情報保障に関しては、先に紹介した千葉県による 2009 年の「障害のある人に対する情報保障のためのガイドライン」策定が代表的な取り組みとしてあげられる。このガイドラインは 2017 年に改定も行っている。千葉県は障害者施策について先駆的な地方自治体であり、全国の都道府県で最初に障害者差別解消に関する条例を 2007 年に制定している。

　千葉県による情報保障のためのガイドラインの策定は、内閣府 Web サイト「合理的配慮等具体例データ集」にも掲載されている事例である。この他に同様のガイドライン策定の事例があるのか同サイトで検索しても、そのような事例は見つけることができない。このことをもって、千葉県が唯一の事例であることを意味しない。Web 検索を行うと、仙台市「障害者への配慮と情報保障のためのガイドライン」・東京都港区「障害のある人に対する情報保障のためのガイドライン」・日進市「障害のある人を理解し、必要な情報を保障するためのガイドライン」などの策定事例を見つけることができる。この他にも策定事例がある可能性もあるが、1700 を

図表 2.3　千葉県「障害のある人に対する情報保障のためのガイドライン」

出典：千葉県「障害のある人に対する情報保障のためのガイドライン」

超える自治体がある中で、その策定事例はそう多くはない。

　情報保障のためのガイドラインの策定事例が発見できない事由として、姫路市に見られるように、障害者差別解消法およびその基本方針を受けて、職員対応ガイドラインを策定するという対応を取る自治体があることがあげられる。具体的に意思疎通をはかる場面で応答に当たる職員に対して、その対応ガイドラインを策定することにより、その中で情報保障にも言及するというかたちを採用しているのである。

　千葉県の「障害のある人に対する情報保障のためのガイドライン」の内容を確かめると、第 1 章「障害の特性に応じた配慮の基本」と第 2 章「場面ごとの配慮」から成る。ここにあるように、ガイドラインでは主に職員向けに、障害の特性や場面に応じた配慮を行うことを求めている。その第 2 章の目次は図表 2.3 の通りである。

　上記の引用からも示唆されるように、場面に応じて情報提供の方法について配慮することが表明されている。自治体においては住民に近接した公

共サービスの提供がなされており、職員と住民の間で意思疎通がはかられる場面は中央省庁との間よりも多い。その場面の多さに応じて、情報保障のための配慮を緻密に行う必要があると言える。

　ここで注目されるのは、千葉県が2017年にガイドラインの改定を行っていることである。この改定の際に、その理由があげられており、その中に以下のような項目がある。

　最近の社会情勢に対応
　・障害者基本法や障害者差別解消法の理念を取り込んでいます。
　・パソコンや電子メールの利用が普及してきたことを前提に記述しています。

　前段の障害者基本法や障害者差別解消法については、国が示した取り組みの方向につき県もそれに則るということである。後段の「パソコンや電子メールの利用が普及してきたこと」は情報のやりとりを行う際にICTを活用することが一般的となり、利用できる手段も多様になったことを意味する。それら多様な手段を利用することによって情報保障をはかろうとするということである。情報保障のためにICTの利活用をはかるのは政策実施を行う県の側であり、県が提供する手段を利用することで主に障害者の情報保障が担保される。

　情報保障に関する研究でも、スマートフォンを用いた聴覚障害者に対する情報保障のための情報システムを構築した木村ら（2017）や盲ろう者向け情報保障ツールについて検討した岡本ら（2019）、音声認識アプリを活用した情報保障支援のあり方を検討した二神ら（2018）などのように、ICTの利用に焦点を当てたものが少なくない。「配慮する」ということにつき、ICTを利用して実効性のある対応を取ることが検討されているのである。

　ただし、情報保障に関するガイドラインの策定状況を勘案すると、千葉県はあくまでも先駆的な事例と目されるのであって、情報保障に関する取り組みは地方自治体全体での取り組みとなっているわけではない。むしろ

地方自治体では、手話言語条例や情報コミュニケーション条例の制定に見られるように、公共コミュニケーションのあり方に関する条例制定とそれに基づく施策の実施が進んでいる（本田 2018）。情報保障に関する取り組みを、この動向に掉さすものとして捉えられるのであれば、情報保障に関する取り組み自体が自治体で浸透していると見なすこともできるだろう。一方で、情報保障に関して明確にガイドラインなどを策定しなければ実際の取り組みにつながらないと考えるのであれば、ガイドラインの策定は進んでいるとは言えず、自治体における情報保障に関する取り組みも進展していないと評価される。

　ここで改めて注目したいのは、厚生労働省（2020）における情報発信への配慮や千葉県のガイドラインにおける場面ごとの配慮という部分である。それらは情報のやりとりに困難が伴う障害者に対する情報保障の取り組みにかかわるものであるが、情報のやりとりに困難が伴うのは障害者に限定されない。事と次第によっては誰でも情報のやりとりに困難が生じることは、自然災害発生時などを想起すれば、十分に理解できることだろう。

　誰にとっても、あらゆる場面で、十分な情報のやりとりができる環境を整備することは、特に公共機関にあっては配慮すべき事柄である。現在の情報保障は障害者政策の一環として行われているものであるが、障害者のみならず、すべての人々の情報取得を保障する。そのための環境基盤を整備することが求められている。

　改めて、千葉県のガイドラインに「ウェブサイト・動画等の配慮」という項目がある（図表2.3）。これは視覚上の問題から、Webサイトにアクセスできても、その画面上の情報の取得に困難がある場合への配慮などを指している。これは情報アクセシビリティの問題として捉えられている。

　東京都千代田区は、一部指定したものを除き、ホームページ上で公開されているコンテンツについて自由な二次利用を認めている（図表2.4）。

　千代田区でも個別にデータセットをオープンデータとして公開することが行われているが、それと合わせて、ホームページ上のコンテンツについても包括的にオープンデータとして位置付けられている。この千代田区の取り組みから、前述の情報保障にまつわる施策との関係でオープンデータ

図表 2.4　千代田区ホームページのデータの二次利用

を位置付けることを考えたい。

　たとえば、地方自治体の Web サイト上での情報提供について、その情報保障が求められるとき、その読み上げの機能などを準備することにより、それが担保される。そして、読み上げ機能を提供する際には、Web ページのメタデータが使用される。もし Web ページのメタデータがオープンデータとして公開されていれば、それを利用するアプリケーションが開発可能となり、そのアプリケーションによって読み上げ機能が提供されるといったことも想定される。逆に利用に制限がかかると、自治体が提供する機能があれば別だが、情報保障がおぼつかなくなる。

　情報保障とは、「何らかの事由により情報の取得に困難が生じる者に対

して、代替手段を講じることによって情報を提供し、情報の取得を保障することを意味する」と本章の冒頭で書いたが、中段以降の「代替手段による情報提供」および「情報取得の保障」に焦点を当てれば、地方自治体においては、Web サイト上では必要な情報だけではなく、そのデータも提供することで代替手段を講じ、これをもって情報の取得を保障することになると言えるだろう。ここに、オープンデータの取り組みを情報保障政策の中に定位することができるのである。

　実際に、地方自治体の Web サイトには、あらゆる人々が必要とする情報が掲載されている。さらには、自然災害の発生時などは、唯一の信頼できる情報取得の経路になることもある。Web サイトに掲載されている情報だけでなく、関連するデータが必要とされる時もある。その顕著な事例として、新型コロナウイルス感染症の感染拡大の局面で、地方自治体が公表する陽性判明者数や病床数といったデータがホームページ上で公表され、それが利用されたことがあげられる。新型コロナウイルス感染症に関するデータが公表されたことにより、それを利用して感染状況を可視化したり、データ分析を行ったりするアプリケーションやシステムが開発されたのである（町田・奥村 2020）。

　2020 年 6 月時点で、47 都道府県のすべてから新型コロナウイルス感染症に関わる各種のデータが公開されていたが、そのうちオープンデータであることを明示してデータ公開していたのは 20 団体に留まった（本田 2020a）。都道府県の Web サイト上で公開されているデータについて、それを使用したからと言って、それが直ちに何らかの問題を生じさせることにはならないが、少なくともオープンデータであるとの表記がない以上、その自由な二次利用が担保されていないことになる。この点について、前出の千代田区のような対応を取っていれば、データセットが掲載されているページに明示的にオープンデータであるか否かを記載していなかったとしても、そのデータセットの自由な利用が妨げられることもない。

　改めて、オープンデータの取り組みは情報保障の一環となるのであり、さらには、感染症の感染拡大といった緊急の場面では、その対策のための備えともなることが示唆される。もちろん、情報保障が必要とされるのは、

地方自治体の Web サイトを介した情報の提供の場面に限定されない。自治体と住民の接点があるところでは常に情報保障が求められる契機があり、その接点においては情報のやりとりは存在するため、そこではデータのやりとりが伴うこともある。情報の取得のための代替手段を講じるために、二次利用可能なかたちでのデータの公開を進めるということが求められていると言えよう。

3　新型コロナウイルス感染症に関わるオープンデータの利用と情報保障

2019 年末に中国から広がったとされる新型コロナウイルス感染症の感染拡大は 2020 年に日本にも大きな影響を与えるところとなり、2020 年 1 月 27 日には新型コロナウイルスによる感染症が指定感染症に指定された。以後、日本国内での感染者が多数確認され、特に東京都を中心とした都市部で感染の広がりを何度も見せている。本稿執筆時の 2021 年 8 月時点でも、その収束は見通せていない。

厚生労働省および東京都をはじめとした全国の一部の地方自治体は、新型コロナウイルス感染症に関わり陽性確認者数や検査数などのデータをオープンデータとして公開している。

東京都は、2020 年 3 月に、オープンデータを活用する新型コロナウイルス感染症対策サイト（図表 2.5）を立ち上げた。その開発を担ったのは、Code for Japan である。

同サイトでは、「検査陽性者の状況」や「報告日別による陽性者数の推移」、「モニタリング項目」などについてグラフを用いて感染症に関する現況が可視化されている。オープンデータが利用されているのは、それらグラフを描画する際においてである。

この新型コロナウイルス感染症対策サイトに関わるソースコードが GitHub で公開され、誰でも自由に利用可能とされている（図表 2.6）。

東京都が公開したソースコードを利用して、同様の新型コロナウイルス感染症対策サイトが全国各地で構築されている。その事例については、

図表 2.5　東京都 新型コロナウイルス感染症対策サイト

出典：東京都新型コロナウイルス感染症対策サイト

StopCovid19 全国版（図表 2.7）において一覧を確認することが出来る。

　地域詳細一覧を確認すると、2020 年 4 月 22 日時点で 82 件の登録があった。その後、この数は 85 件まで増えることになるが（同年 7 月）、一方で、そのサイトの「状態」を見ると、「閉鎖」となっているものも見受けられる。各都道府県で最低でも 1 件は開設事例があり、全都道府県について東京都と同様の対策サイトが存在していることになる。なかには、群馬県や神奈川県、石川県や大阪府のように、当該府県の公式の対策サイトを、東京都の公開したソースコードを利用して開設した事例もある。

　都道府県の数である 17 を上回る数の登録があるのは、ひとつの県で複

図表 2.6 tokyo-metropolitan-gov /covid19

出典：https://github.com/tokyo-metropolitan-gov/covid19（参照 2021-09-05）

図表 2.7 StopCovid19 全国版の地域詳細一覧

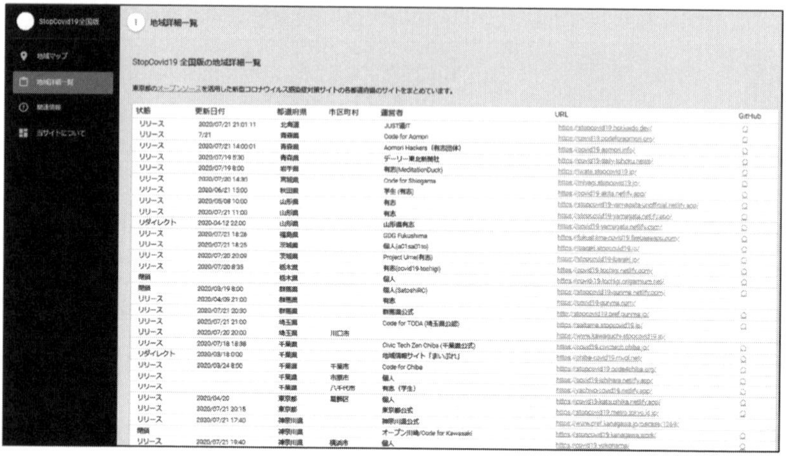

出典：https://stopcovid19.code4japan.org/tables/area-tables（参照 2021-09-05）

図表 2.8　対策サイトの運営者情報

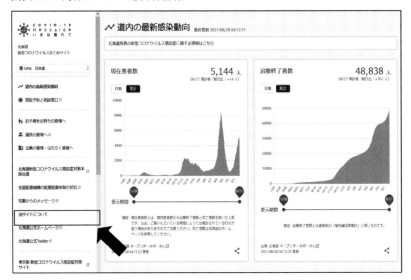

出典：https://stopcovid19.hokkaido.dev/（参照 2021-09-05）

数の対策サイトが開設されている事例があるからである。また、日本全国
版と台湾版、サンフランシスコ版もあり、それらが全体の数を押し上げて
いる。

　各サイトについては、地域詳細一覧において、「状態」・「更新日付」・「都
道府県」・「市区町村」・「運営者」・「URL」・「GitHub」が公開されている。

　「運営者」は各対策サイトの運営者であり、東京都が公開したソース
コードを利用して開設された対策サイトを運営している主体ということに
なる。ここで、運営者に関する情報を再確認するために、各サイトにアク
セスし、サイト左のサイドバーにある「当サイトについて」を見ると、そ
の詳細を知ることができる（図表2.8）。サイトのデザインは基本的に同一
であり、いずれの地域の対策サイトにアクセスしても、同様の情報を得る
ことができる。

　運営者と開設者が異なり、運営者はソースコードを実際に利用してサイ
ト開設を行ったわけではないという事例がある可能性もある。しかし、確

図表 2.9　サイト運営者の属性

主体	有志	Code for X	個人	学生	公式	マスメディア	企業
件数	32	20	12	7	6	3	1

認した限りは、明示的に運営者と開設者を分けている事例はなかった。

　東京都が公開したソースコードを利用して新型コロナウイルス感染症対策サイトが立ち上げられた82事例につき、その運営者を確認することで、公共機関が公開したソースコードの利用状況を明らかにすることができる。[1]

　集計にあたっては、地域詳細一覧の「運営者」の表記に従ったが、「当サイトについて」において詳細が開示されている場合にはその詳細な情報を採用した。

　図表2.9から、一番多かったのは、「有志」で32件であった。「有志」と表記されるだけで、その詳細が不明な事例もあれば、さまざまな主体が関与していることから「有志」と表記している事例もあった。

　次に多かったのが「Code for X」の20件であった。「X」の部分には各地域の地名が入る。各地域で活動している Code for X が中心となってサイトが運営されているのがこの事例である。もともと東京都版は Code for Japan が開発しており、各地域にある Code for X がその地域のサイト立ち上げに関わることは自然な流れと言える。

　「個人」が12件であった。一人で運営されていることが明らかな場合、この「個人」とした。よって、表示が「個人名（有志）」となっている場合には、「個人」として集計した。

　続いて、「学生」が7件であった。「有志」や「個人」の場合でも、それが学生であることが明記されている場合には、「学生」として集計した。

　「公式」が6件あった。ここには東京都も含まれる。東京都以外の5件は、東京都が公開したソースコードを利用して他の道府県が新型コロナウイルス感染症対策サイトを開設した事例ということになるが、初めから行政が

---

1)　この事例分析の結果は、本田（2020b）として発表済みであり、本稿の記述もそれによっている。

主体となって開発された事例と有志などが開発したサイトを後に公式のものとした事例がある。

「マスメディア」が3件あった。青森県のデーリー東北新聞社が運営している事例をはじめとして、マスメディア関連企業が関わった事例がこれである。

最後に「企業」が1件あった。これは具体的な企業名が明示され、なおかつ当該企業一社のみの名称が提示されている事例である。

以上、東京都が公開したソースコードを利用して新型コロナウイルス感染症対策サイトが立ち上げられた82事例について、その運営者の属性を明らかにした。

東京都が公開したソースコードの利用者は、「有志」が一番多かった。その構成の詳細は必ずしも明らかではないが、さまざまな主体が関わることによってサイト構築と運営がなされているということである。これは、ソースコードを公共機関が公開したとして、その利用者が容易に判別できるわけではないことを示唆している。これは、公共機関がオープンデータやソースコードを公開しても、その利用実態が把握しにくいことの一因になっていることの現れかもしれない。加えて、「個人」での利用も一定数あったことも、利用者の存在が容易に捕捉できない、あるいは予想できないことを裏付けているものと考えられる。

一方で、「Code for X」による利用も多く見受けられた。「Code for X」は各地域で活動している主体である。その存在を公共機関が認識しているか否かは別として、その存在自体は明確である。[2] 当該地域において「Code for X」が立ち上がっている場合には、ソースコードを公開した際には、その利用が図られる可能性があるということである。

当該地域との関係性ということについては、「学生」による利用も同様のことが指摘できる。つまり、当該地域の社会課題に関心を払い、かつ公開されたソースコードを利用して開発を行う能力がある学生が当該地域に

---

2) Code for Japan の Web サイトに「ブリゲード」のページがあり、ここで各地の「Code for X」を確認することができる。https://www.code4japan.org/brigade（参照 2021-09-05）

存在すれば、ソースコードの利用が図られる可能性がある。

　加えて、「公式」での利用のように、ある公共機関がソースコードを公開すると、それを別の公共機関が利用する可能性もある。つまり、ソースコードの公開は、民間での活用だけではなく、公共機関同士での活用も視野に入れられるということである。公共機関での利用が視野に入れられるということは、日本にある自治体の数だけ利用の想定される主体が明確に存在していることを示唆している。

　最後に、「マスメディア」や「企業」によるソースコードの利用は少数であった。今回取り上げた新型コロナウイルス感染症対策サイトの性格上、民間企業が公共機関の公開したソースコードを積極的に利用するということにはならないのかもしれないが、少なくとも公共機関がソースコードを公開すれば、民間企業もそれを利用することがあるということは確かめられた。

　新型コロナウイルス感染症対策サイトは、東京都がそのソースコードを公開し、各都道府県が感染症に関わる各種データを公開したことにより、それらを利用することで成り立っている。そして、全都道府県において同様のサイトが立ち上がっていることにより、日本全国で新型コロナウイルス感染症に関わる情報の取得について差が生じない状況が整えられている。

　都道府県が公開しているデータは必ずしもオープンデータと明示されていないものの、少なくともデータ公開はなされており、このデータ公開が基盤となって対策サイトの構築と運用が可能となっている。新型コロナウイルス感染症に関わる情報取得につき、その情報保障の基盤として（オープン）データが位置付けられるということである。

　そして、対策サイト運営者の属性から明らかなように、オープンデータが公開されることで、それを利用する主体はさまざまに想定され得る。特に地域の課題に結びつけてデータを利用する際には、「Code for X」のように地域で活動する主体の存在が大きな要因となる。

　前章でオープンデータの政策過程について論じた際にも、その種の地域の主体が重要な役割を果たしていることを示唆したが、情報保障という観点からも、その種の地域で活動する主体の重要性が浮かび上がるのである。

4　災害時におけるオープンデータ利用と情報保障

　感染症の感染拡大はそれほど頻繁に起こることではないが、日本では毎年のように大規模な自然災害が発生している。記憶に新しいところでは、2021 年 7 月 3 日に、静岡県熱海市伊豆山地区において、大規模な土砂災害が発生した。

　この土砂災害について、土石流の起点付近に厚さ 10 メートルを越える盛り土があり、流出した土の量が約 5 万 4 千立方メートルに上ると静岡県は発表した。この計算を行ったのが有志グループ「静岡点群サポートチーム」であった。[3]

　静岡点群サポートチームは、静岡県交通基盤部建設支援局建設技術企画課建設 ICT 推進班の杉本直也班長が中心となり、産学官から専門家が集まって結成された。静岡点群サポートチームは、災害発生直後に現場をドローンで撮影した映像や SNS 上の画像などを元に被害範囲を特定した上で、災害発生前から静岡県が公開していた熱海市内 3 次元点群データも用いて、災害発生地域の 3 次元モデルを作成し、盛り土の存在とその土の量を推計した。[4] その推計結果が県の公表でも利用されたということになる。

　静岡県庁の Web サイトには、「熱海市（伊豆山地区）土砂災害関連情報」の特設ページが開設され、そこでは「土砂災害関連資料」として関連するデータが公開されている。ここには、熱海市内 3 次元点群データの公開先へのリンクも掲載されている（図表 2.10　静岡県「熱海市（伊豆山地区）土砂災害関連情報」）。

　ここに掲載されているのは、災害前から取得・公開されていたデータと災害発生後に取得・公開したデータである。つまり、静岡県では、災害発

---

3)　篠健一郎, 熱海の「盛り土」すぐ指摘できた理由　5 年前から進むバーチャル静岡, withnews. https://withnews.jp/article/f0210807001qq000000000000000W00j10701q q000023422A（参照 2021-09-05）

4)　奥山晃平, 熱海土石流から数日で「バーチャル被災地」公表、新しい災害対応が根付く予感, 日経 XTECH. https://xtech.nikkei.com/atcl/nxt/column/18/00138/071500843/（参照 2021-09-05）

図表 2.10　静岡県「熱海市（伊豆山地区）土砂災害関連情報」

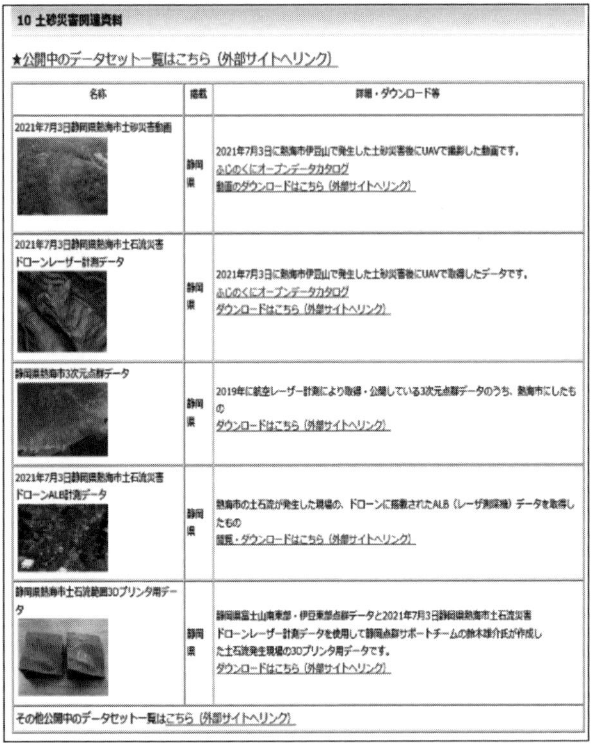

10 土砂災害関連資料

★公開中のデータセット一覧はこちら（外部サイトへリンク）

名称	掲載	詳細・ダウンロード等
2021年7月3日静岡県熱海市土砂災害動画	静岡県	2021年7月3日に熱海市伊豆山で発生した土砂災害後にUAVで撮影した動画です。 ふじのくにオープンデータカタログ 動画のダウンロードはこちら（外部サイトへリンク）
2021年7月3日静岡県熱海市土石流災害 ドローンレーザー計測データ	静岡県	2021年7月3日に熱海市伊豆山で発生した土砂災害後にUAVで取得したデータです。 ふじのくにオープンデータカタログ ダウンロードはこちら（外部サイトへリンク）
静岡県熱海市3次元点群データ	静岡県	2019年に航空レーザー計測により取得・公開している3次元点群データのうち、熱海市にしたもの ダウンロードはこちら（外部サイトへリンク）
2021年7月3日静岡県熱海市土石流災害 ドローンALB計測データ	静岡県	熱海市の土石流が発生した現場の、ドローンに搭載されたALB（レーザ測深機）データを取得したもの 閲覧・ダウンロードはこちら（外部サイトへリンク）
静岡県熱海市土石流範囲3Dプリンタ用データ	静岡県	静岡県富士山南東部・伊豆東部点群データと2021年7月3日静岡県熱海市土石流災害 ドローンレーザー計測データを使用して静岡点群サポートチームの鈴木雄介氏が作成した土石流発生現場の3Dプリンタ用データです。 ダウンロードはこちら（外部サイトへリンク）
その他公開中のデータセット一覧はこちら（外部サイトへリンク）		

出典：静岡県[5]

生前から、災害発生時に利用可能なデータが取得・公開されていたということである。

土砂災害発生を契機に、静岡点群サポートチームにより直ちにオープンデータを活用して、社会的課題の解決へ向けた動きが見られるところになったが、それに続くように、静岡県が公開しているオープンデータの利活用事例が登場するところとなった。たとえば、株式会社インフォマティクスは、静岡県が公表した土石流災害現場のオープンデータを用いて3Dモ

5） https://www.pref.shizuoka.jp.cache.yimg.jp/kinkyu/r3_atami_dosyasaigai.html（参照 2021-09-05）

デルと地図との重ね合わせ表示を成功させたと発表している[6]。

　3次元点群データについて、静岡県は全国に先駆けて、そのオープンデータとしての公開を進めてきたという経緯がある（瀬戸 2021）。具体的には、2017年から「Shizuoka Point Cloud DB」（https://pointcloud.pref.shizuoka.jp/）の運用を開始している。このサイトでは、静岡県において行われた道路やトンネルなど公共事業で取得された3次元点群データや地方自治体が作成・蓄積した3次元点群データがオープンデータとして公開されている[7]。

　静岡県が公開する3次元点群データについては、事業者からの引き合いもあり、2019年4月には静岡県と東急電鉄が「3次元点群データの利活用に関する協定」を締結している（図表2.11）[8]。官民を問わずに、オープンデータとして公開したデータについては、その利用にあたって利用許諾などを公開主体から得る必要はない。しかし、重複して同様のデータを取得して、それをオープンデータ化したりすることには無駄がある。実際に、静岡県と東急電鉄の協定にも、「静岡県は、県東部・伊豆半島の面的データ、県道の3次元点群データを、東急電鉄は、下田市街地の3次元点群データを取得します。」とあるように、データを取得する地域について役割分担をしている。

　公共機関しか取得しえないデータについて、それを可能な限りオープンデータとして公開することは推進すべき事柄であると考えられるが、これは一方で利用されるかどうか不明なデータをオープンデータとして公開することを無理強いすることにもなる。前章でも指摘したとおり、特段の利

---

6) 株式会社インフォマティクス「熱海市土石流災害現場の3次元点群データをWeb上で閲覧できる3D空間ソリューションを開発。動画から3Dモデルの生成も可能」https://prtimes.jp/main/html/rd/p/000000053.000034332.html（参照 2021-09-05）

7) 公共事業に関わるデータのみならず、静岡県のオープンデータ事業に協力するCode for Kakegawa から提供された掛川城の3D点群データも公開されている。https://code4kakegawa.org/713/（参照 2021-09-05）

8) 静岡県・東急電鉄「公民連携によるインフラ設備の防災力強化・産業振興を目指し静岡県と東急電鉄が3次元点群データの利活用に関する協定を締結」https://www.tokyu.co.jp/image/news/pdf/20190415-1.pdf（参照 2021-09-05）

図表 2.11　静岡県と東急電鉄の協定

平 成 3 1 年 4 月 1 5 日
静　岡　県
東 京 急 行 電 鉄 株 式 会 社

■協定の主な内容

（１）名　　　称　　３次元点群データ利活用に関する連携協定

（２）目　　　的
　　　静岡県及び東急電鉄が整備する３次元点群データを相互に利活用し、新たな価値の共創を目指すことで、地域の活性化、産業振興、経済発展及び相互の発展に寄与し、もって静岡県の魅力向上に資すること。

（３）連携・協力事項
　　（１）３次元点群データを整備すること
　　（２）３次元点群データの相互利用に関すること
　　（３）本協定に基づく産業振興や経済発展、地域の活性化に関すること
　　（４）本協定の目的を達成するために必要な事項に関すること

（４）今後の主な取り組み
　　データの取得【静岡県：東部・伊豆半島の面的データ、県道　東急電鉄：下田市街地】
　　３次元点群データのオープンデータ化【静岡県】
　　伊豆観光型 MaaS プロジェクトにおける自動運転の実証実験【静岡県、東急電鉄】
　　データを活用した伊豆急行の保守管理の省力化、防災力強化【東急電鉄】
　　本県をモデルとした観光誘客映像などのサービス事業の開発【東急電鉄】

橋梁工事で静岡県が取得した３次元点群データ例　　　　　伊豆急行線で取得した３次元点群データ例

出典：「公民連携によるインフラ設備の防災力強化・産業振興を目指し静岡県と東急電鉄が３次元点群データの利活用に関する協定を締結」（p.2）

用者の想定もない中で、オープンデータとして公開可能なデータをオープンデータとして公開するという自治体も少なくない。

　静岡県については、先駆的にオープンデータに取り組む県として知られ、県内自治体の取り組み支援にも力を入れてきた（庄司 2013）。その取り組みの中心人物と言えるのが本節冒頭で紹介した静岡点群サポートチームの中心となった静岡県庁の杉本氏である。日本の自治体におけるオープン

データの取り組みの初期とも言える 2013 年に開催された「オープンデータ・フォーラム 2013 in Gifu」において、杉本氏は「静岡県情報政策課」の肩書で、日本で最初にオープンデータに着手した福井県鯖江市の情報統括監の牧田泰一氏と一緒に登壇している[9]。このことからもうかがえるように、杉本氏はごく初期からオープンデータに関わる活動の中で注目されてきた人物であった。その後、所属は「建設技術企画課」に変わり、オープンデータ推進に直接関わるような部署におらずとも、オープンデータの公開や利活用に深く関与しているのである。

　ここで注目すべきは、静岡県庁の杉本氏がデータを保有する原課での業務経験とオープンデータ推進を担う情報政策課での業務経験を持ち合わせていたことである。自治体においてオープンデータを公開すると言うときに、その公開の部分の業務を担うのは主に情報政策課などの情報政策に関わる部署である（本田・梶川 2018）。一方で、公開されることになるデータを保有しているのは、情報政策課ではなく、各業務を担う原課である。ここに、オープンデータ推進を担う部署とオープンデータとして公開するデータを保有する部署の乖離という問題が生じる。この部署間のオープンデータに対する理解の差という問題ゆえに、利用価値の高いオープンデータの公開につながらなかった可能性がある。

　静岡県の杉本氏の例は、その問題を職員個人の能力で埋め合わせたと言えよう。どのようなデータを行政は取得・保有しているのか、原課での業務経験から理解するとともに、オープンデータ推進の意義やデータ活用事例を情報政策担当部署での業務経験で理解する。そして、自然災害などに代表されるような社会的な課題が生じ、その解決のためにデータの活用が可能であるというときに、オープンデータの公開主体である行政とデータの利活用に長けた事業者や研究者を架橋する。自治体がオープンデータに着手することで、当該地域において地域活動を担うアクターを顕在させることにつながる（本田 2017）。データの公開主体とデータ利用主体が結びつくことで地域課題の解決へ向けた動きが起こることを想定しての、かよ

9) CCL Blog「【お知らせ】オープンデータ・フォーラム＆ハッカソン in Gifu 開催」
http://opendatacafe.blogspot.com/2013/11/blog_post_14.html

うな指摘あるが、静岡県の事例では、まさに行政職員である杉本氏がその介在者となったということである。

　すでにオープンデータに着手した自治体の数は全国の過半数を超えているものの、その利活用が進んでいる状況にあるとは言い難い。少なくとも、政府が把握している利活用事例は「オープンデータ100」にまとめられているが、2021年5月時点で82事例しかない[10]。

　そのような中で貴重とも言えるさまざまな主体が関与することによるオープンデータ利活用の事例が静岡県において発現している。そこでは静岡県庁による重点的な取り組みと、それに呼応する行政以外の主体の存在がある。オープンデータが公開されるときに、それを利用する場面や利用者を想定しながら、データを積極的に公開していくことで、必要なときに必要な人がそれを利用するということが起き得るのではないだろうか。

　そして、この「必要なとき」というのが静岡県の事例のように自然災害発生時ということは大いに考え得る。自然災害発生時などでも必要な情報が取得できるよう、まさに情報保障の取り組みとしてオープンデータは位置付けられるところである。

　以降の章で、本書は地方議会に関するオープンデータについて論じていくことになるが、これは民主制下における情報保障の基盤として地方議会に関わるオープンデータの取り組みをいかに推進していくのかということを意味している。オープンデータの政策過程では、情報保障としてのオープンデータということは意識されていないが、ここまでに論じたように実際のオープンデータの利用場面を見れば、情報保障の基盤としてオープンデータが位置付けられることがわかる。地方議会に関しても、民主制下における情報保障の基盤としてオープンデータに取り組むという流れができることを期待したい。

　【付記】本章の第4節は、本田（2021c）に加筆修正を行ったものである。

---

10)「オープンデータ100」https://cio.go.jp/opendata100（参照 2021-09-05）

参考文献

今井亨・奥貴裕・小林彰夫：音声認識によるリアルタイム字幕放送の進展，情報処理学会研究報告，SLP-88-4，pp.1-6（2011）．

大倉沙江：障害がある有権者に対する選挙情報の保障をめぐる政策の現状と課題，情報通信学会誌，36（1），pp.23-30（2018）．

大原昌明・杉岡直人・長谷川典子・畠山明子：高等教育機関における障害学生の情報保障支援の課題（2），北星学園大学社会福祉学部北星論集，(56)，pp.125-151（2019）．

岡本健・大西淳児・関田巌：講演会の参加に適した盲ろう者向け情報保障ツールの基盤構築，情報処理学会第81回全国大会講演論文集，2019（1），pp.343-344（2019）．

厚生労働省：障害保健福祉分野での新型コロナウイルス感染症への対応，第53回障害者政策委員会厚生労働省提出資料（2020）．

木村勉・高橋小百合・神田和幸：スマートフォンを用いた聴覚障がい者向け情報保障システムの構築と評価，デジタルプラクティス，8（1），pp.73-83（2017）．

庄司昌彦：オープンデータ活用：8. 国内における活用環境整備，情報処理，54（12），pp.1244-1247（2013）．

菅原廣一：聴覚障害教育における言語メディアの諸問題，音声言語医学，29（3），pp.273-279（1988）．

瀬戸寿一：都市のデータ化と地理空間情報，電気学会誌，141（1），pp.23-26（2021）．

中島亜紀子・白澤麻弓・萩原彩子・磯田恭子・石野麻衣子・吉田未来・関戸美音・三好茂樹・河野純大：オンライン授業での合理的配慮に関する相談対応及びコンテンツ作成の取り組み，筑波技術大学テクノレポート，28（1），pp.1-6，(2020）．

野村みどり：大学におけるバリア・フリー環境 その2：聴覚障害学生のための情報保障サービス，日本建築学会研究報告集計画系，(60)，pp.97-100（1990）．

二神麗子・金澤貴之・神塚香朱美・中野聡子・神塚香朱美・中野聡子：音声認識アプリを活用したICTと人の協働による情報保障支援，群馬大学教育学部紀要，人文・社会科学編，67，pp.197-204（2018）．

本田正美：地域において発露するデータとアクターズネットワークの相互作用，地域デザイン学会誌，(9)，pp.59-174（2017）．

本田正美：情報・コミュニケーション条例の制定と公共コミュニケーション，公共コミュニケーション学会第4回事例交流・研究発表大会予稿集，pp.21-24（2018）．

本田正美：緊急事態発生時における都道府県でのオープンデータの公開のあり方，情報科学技術フォーラム講演論文集，19（4），pp213-214（2020a）．

本田正美：公共機関が公開したソースコードは誰が利用するのか－東京都による新型コロナウイルス感染症対策サイトに関するソースコードの公開を事例として－，研究報告情報システムと社会環境（IS），2020（4），pp.1-5（2020b）．

本田正美：情報保障にまつわる施策の現況と展開，第27回社会情報システム学シンポジウム予稿集（2021a）．

本田正美：情報保障施策の観点から見た自治体におけるオープンデータ，日本地域政策

学会第 20 回全国研究【熊本】大会予稿集，pp.68-69（2021b）.

本田正美：自治体が公開したオープンデータの活用促進の要因，情報文化学会第 29 回全国大会講演予稿集（2021c）.

本田正美・梶川裕矢：自治体におけるオープンデータ担当部署の決定過程，経営情報学会 全国研究発表大会要旨集 PACIS2018 主催記念特別全国研究発表大会，pp.131-134（2018）.

町田裕璃奈・奥村貴史：新型コロナウイルスパンデミック対策における情報技術のアジャイル開発―国内における動向と課題―，研究報告情報システムと社会環境(IS)，2020-IS-154（1），pp.1-7（2020）.

宮井久男：経営技術計算と会計の関連に関する一考察，沖縄短大論叢，2（1），pp.31-45（1986）.

山田肇：情報アクセシビリティをめぐる政策の動向，情報通信学会誌，36（1），pp.17-22（2018）.

第3章

全国市区町村アンケート調査の結果からみるオープンデータ推進の現状と課題

河村和徳

1 はじめに

近年は、オープンデータ推進の観点から、機械判読できる官民データが提供される方向で取り組みがなされており、国はそれを推奨している[1]。かつては資料改ざんの観点から、画像による情報提供が基本であった。しかし、これではAIに読み込ませてビジネスのシーズを探ったり、政策課題を発見したりすることが困難である。オープンデータ推進の時代は、行政などが抱えるデータを「ただ出せばよい」のではなく、「いかに利用してもらうか」という観点が求められることになる。

ただ、オープンデータ推進の旗振りを国が一生懸命行ったとしても、地方自治体の間にはオープンデータ推進についての温度差は存在する。そこで本研究プロジェクトにおいて我々は、近年のオープンデータ推進の動きの中で市区町村がどう取り組んでいるのか、自治体や地方議会の広報、選挙における情報提供など幅広い視点で「民主制下における情報公開・オープンデータ化と情報セキュリティとの交錯に関する研究」全国市区町村アンケート調査（以下、全国市区町村アンケート調査）を行った。第3章では、この調査の概要と得られた結果の一部について紹介し、続く第4章では、選挙に関する地方政治コーパス構築の観点からアンケート結果からみえるものを指摘する。

1) https://cio.go.jp/policy-opendata（参照 2020-03-20）

2　調査の概要

　我々が実施した全国市区町村アンケート調査は、2019 年 11 月から 2020年 1 月にかけ全市区町村に対して郵送で実施された悉皆調査である[2]。この調査の回収率は 48.7％であり、約半数の市区町村が回答した計算になる。

　ただし、このアンケート調査の結果を解釈は慎重に行う必要がある。なぜなら、回収率が市区では 58.2％（474 市区）であるのに対し、町では40.2％（299 町）、村では 36.6％（67 村）と偏りがあるからである[3]。後述するが、オープンデータの推進は、マンパワー的にも財源的にも余裕のある市区の方が積極的と考えられ、町村のなかには取り組みたくとも取り組めないところもあると聞く。そこで、ここでの図表は、回答した市区町村全体の集計結果だけではなく、「市・区」「町」「村」ごとの結果も併記することにする。

　質問項目は、自治体広報に関する質問が 6 問、オープンデータの取り組みに関する質問が 4 問、自治体の情報通信システムの現状に関する質問が3 問、災害時における情報発信に関する質問が 5 問、議会に関する質問が5 問、選挙に関する質問が 5 問、計 28 問となっている（図表 3.1）。このアンケートの調査票（PDF ファイル）および市区町村別の集計結果（Excelファイル）は、筆者のサイト（http://kawamurakazunori.net/data.html）内で公開している。

3　調査の結果

3.1　地方自治体における情報発信
　選挙民主主義の下において、選挙によって選ばれる政治家は、有権者の

---

2)　なお、この調査期間の直前に令和元年東日本台風の被害が発生しており、一部の被
　　災自治体は被災のため、未回答である。
3)　匿名の回答が 8 あった。

図表 3.1　質問項目

自治体広報に関する質問	
問 1	首長の定例会見が行われているか
問 2	自治体広報紙がサイト閲覧できるか
問 3	Web 掲載されている広報紙は文字検索できる PDF 形式か
問 4	自治体公式の Facebook 及び Twitter アカウントはあるか
問 5	首長は Facebook 及び Twitter の私的アカウントを有しているか
問 6	広報専従の職員を配置しているか
オープンデータの取り組みに関する質問	
問 7	オープンデータ政策に取り組んでいるか
問 8	オープンデータ政策を担当するのはどの課か
問 9	オープンデータ政策専従の職員を配置しているか
問 10	オープンデータポータルサイトはあるか
情報通信システムの現状に関する質問	
問 11	業務プロセスの標準化や AI 活用を検討する動きはあるか
問 12	自治体クラウドは導入されているか
問 13	無線通信を利用した情報システムの構築は可能か
災害時における情報発信に関する質問	
問 14	BCP や危機管理マニュアル等は準備されているか
問 15	コミュニティ FM はあるか
問 16	自治体出資のケーブルテレビ局はあるか
問 17	スマートフォン向け防災アプリを開発しているか
問 18	防災行政無線の個別受信機の住民配布を行っているか
議会に関する質問	
問 19	公文書・議事録での通称使用は可能か
問 20	テキスト処理できる形で議事録等をホームページに掲載しているか
問 21	議事録等に出席議員以外の登壇者リストが記載されているか
問 22	本会議の TV 中継・インターネット中継は行われているか
問 23	「議会の品位」に関連する明文化された条例・規程はあるか
選挙関連の情報開示に関する質問	
問 24	首長選挙・地方議員選挙の投票結果等をホームページ上で公開しているか
問 25	選挙公報をホームページ上で公開しているか
問 26	過去 5 年の間に、過去の立候補者からホームページ上の選挙結果から自身の氏名を消すよう要請されたことはあるか

問27	落選候補から自身の氏名を消すよう依頼があった際に、どのような対応を採る予定か
問28	選挙公報の視覚障害者対応を行っているか

代理人と位置づけられる。代理人である以上、雇い主たる有権者に対し、自治体の抱える課題や自らが進める政策課題を説明する責任がある。首長が定例記者会見を実施することや、広報紙を発行することなどが該当する。

図表3.2は、首長の定例記者会見の実施状況に対する回答結果である。人口が多く自治体内に記者クラブを抱えている市・区では、回答したほとんどのところで首長が定例の記者会見を行っていることが確認できる。一方、回答があった村で村長が定例記者会見を実施しているところはゼロであった。

自治体広報の発行についてはどうであろうか。インターネットが普及したこともあり、回答のあった市・区では99.8％のところが自治体のサイト上で広報紙を閲覧できるようにしてあり、回答があった村の93.9％でもサイト上で閲覧することができる。ただ、オープンデータの推進では、サイト上から提供されるデータは機械判読可能なデータであることが求められる。それにも関わらず、一部の市区町村では文字検索ができないPDF形式で広報を公開している。その実態が図表3.3からうかがえる。

近年、SNSの普及により、首長や地方議員がSNSを活用して住民との距離を近づけようと取り組みを重ねている。そうした動きの一方で、首長が職員に知らせないままSNS上で政策等を発信し、それを知った職員が後で慌てるトラブルも起こるようになってきている[4]。図表3.4と図表3.5は、自治体が首長のFacebookおよびTwitterの私的アカウントをどれだけ把握しているのか、質問した回答結果である。意外に多くの市町村が、首長の私的SNSアカウントを把握していない実態が確認できる。

嘘やデマ、事実に基づかない誤った情報や偽の情報、ディープフェイク（AIを利用してつくられた偽動画）などは、しばしば「フェイクニュース」として一括りにされる。社会にマイナスの影響を与えるフェイクニュース

---

4) 朝日新聞，2018年6月22日.

図表 3.2　首長の記者会見の実施状況

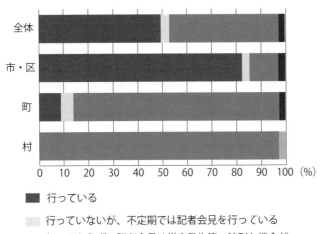

　　■　行っている

　　■　行っていないが、不定期では記者会見を行っている

　　■　行っておらず、記者会見は災害発生等、特別な機会が
　　　　ない限り行わない

　　■　その他

　　■　無回答

図表 3.3　サイト上の広報は文字検索が可能か

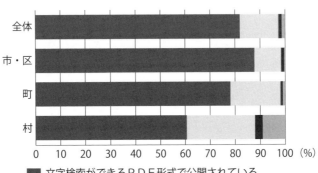

　■　文字検索ができるＰＤＦ形式で公開されている

　■　文字検索ができないＰＤＦ形式で公開されている

　■　サイト上で広報は公開していない

　■　その他

　■　無回答

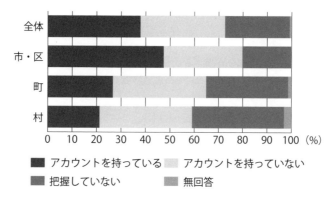

図表 3.4　自治体首長の Facebook の私的アカウントの把握

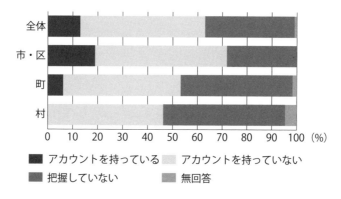

図表 3.5　自治体首長の Twitter の私的アカウントの把握

に対抗するには、個々のメディアリテラシーを高める一方で、フェイクニュースをつくらせない環境づくりも必要となる。また提供されている情報が正確であるか、ファクトチェックができる環境も整える必要があろう。ただし、ファクトチェックを行うためには、それを判断するための情報が必要である。行政から発信される公式情報はファクトチェックの 1 つの材料となりうるが、首長が私的アカウントで行政の公式情報と異なる情報を流すリスクもある（笹原 2018）。アンケート結果は、いくつかの自治体が、そのリスクを抱えていることを示している。

3.2　オープンデータの推進体制

　2020 年時点でのオープンデータの推進状況はどうなっているか。図表 3.6 は、オープンデータポータルサイトの有無を示した結果である。回答した自治体のうち、市・区では 6 割超、町では 5 割超がすでにポータルサイトをつくり、データにアクセスしやすい状況を生み出している。しかし、村では 3 割未満に留まっている。

　オープンデータポータルサイトが整備されていない自治体があるのは、そもそも推進体制が整っていないためという部分もある。一般的に、マンパワーや財政的な制約から、オープンデータを推進している自治体もあれば、推進できない自治体もある。

　ただ、どのような政策分野であっても、政策を遂行するための専従職員がいる自治体と兼業で留めている自治体では、力の入れ方が異なると判断できる。もちろん、前者の方がより力を入れている自治体と判断できる。図表 3.7 を見ると、市・区では約半数のところが専門の部署を設置して取り組んでいるのに対し、町で専門の部署を設置しているのは 2 割強、村では 2 割を切っている。また、図表 3.8 からわかるように、ほとんどの自治体がオープンデータ政策の専従職員を配置していない。

　ただ、その一方で、広報専従の職員を配置している自治体は少なくない（図表 3.9）。広報という情報発信の部分にはマンパワーを割いているが、

図表 3.6　オープンデータポータルサイトの有無

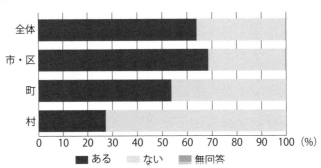

図表 3.7　オープンデータ推進体制の状況

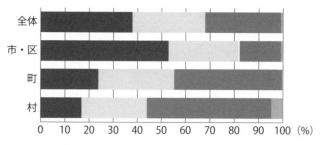

- ■ 専門の部署を設置して取り組んでいる
- ■ 検討の段階に留まっている
- ■ 取り組んでいない
- ■ 無回答

図表 3.8　オープンデータ推進に係る専従職員の配置状況

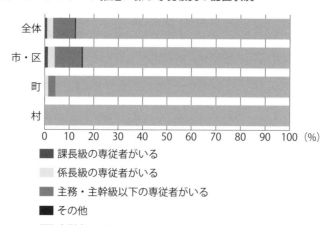

- ■ 課長級の専従者がいる
- ■ 係長級の専従者がいる
- ■ 主務・主幹級以下の専従者がいる
- ■ その他
- ■ 専従者はいない

その先にあるオープンデータまでは手が回らない実態がうかがえる。

　中長期的には、エビデンスに基づいた政策立案（EBPM, Evidence-based Policy Making）のトレンドは、行財政の効率化の観点から続いていくと思われるが、オープンデータに専従で携わる人員をどう増やすかは、中長

5)　https://www.cao.go.jp/others/kichou/ebpm/ebpm.html（参照 2020-04-15）

図表 3.9　自治体広報に係る専従職員の配置状況

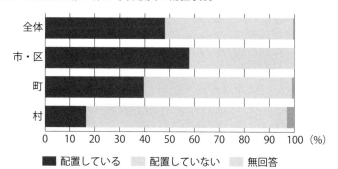

凡例: ■ 配置している　■ 配置していない　■ 無回答

期的な課題といえるだろう。

3.3　文書標準化に向けた自主的な取り組み

　現在、政府はデジタル庁の発足など、行政の DX（デジタルトランスフォーメーション）を進めている。新型コロナウイルスの感染拡大の過程で「行政のデジタル化」の遅れが顕在化したこともあり、2021 年 9 月に「デジタル社会の形成に関する司令塔」としてデジタル庁を設置し、その遅れの挽回に取り組んでいるところと言える。ただ、日本の行政における DX は、国だけでは不十分であり、地方自治体の自主的な取り組みも欠かせない。

　オープンデータ推進の先には「スマート自治体（システムや AI 等の技術を駆使して、効果的・効率的に行政サービスを提供する自治体」）（総務省地方自治体における業務プロセス・システムの標準化及び AI・ロボティクスの活用に関する研究会 2019）」の実現があると思われる。今回のアンケート調査から、業務プロセスの標準化や AI 活用、文章形式の標準化など、DX を先取りする取り組みを行っている自治体が確認できる（図表 3.10 および図表 3.11）。しかしながら、アンケート調査の結果を通じて明らかであるように、相対的に財源がなく、デジタル人材が確保しづらい町村は、DX を進めにくい環境がある。

　「データをオープンにして AI を使って活用する」と言うのであるならば、

図表 3.10　業務プロセスの標準化・AI 活用の動き

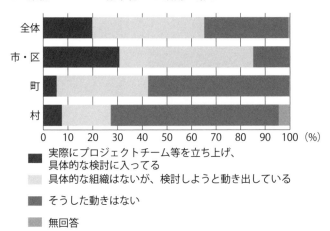

図表 3.11　文書形式の標準化

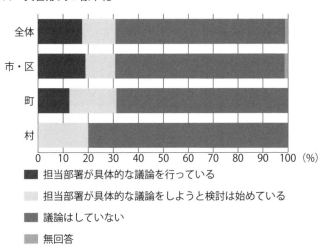

電子公文書のようなフォーマットの統一（標準化）に加えて、人事情報など付随する補足情報を加えておく必要がある（桧森ほか 2019）。行政の DX の進捗は、相対的に財源、マンパワーに劣る町村をどうサポートするかにかかっていると言ってよいだろう。

4　おわりに

　最後に、ここまで見てきた全国市区町村アンケート調査の結果から言えることを簡単にまとめることにしたい。

　ここまでの図表から、市区と町村との間に大きな溝があることが見てとれる。両者の差は、人的リソースや財源の差であることは間違いない。日本は、「個人情報の多くを地方が管理する中央集権の国」であり、「国と都道府県、市区町村は対等」という分権の流れによって、国が地方自治体をコントロールすることが難しくなっている（河村 2021）。データの活用という視点から考えると、日本は、国が一元的にデータを管理するシステムを構築できる国や、国と地方自治体が完全に役割を分担している国と比較して、非効率であることは間違いない。オープンデータ促進は国がある程度の強制力を発揮する一方で、それに対応できる人材の育成や財源的な担保を地方自治体に対して実施しないと難しいだろう。

　また、個人による情報発信が容易になり、公人と私人の区別が曖昧なまま情報が発信される時代になっているにも関わらず、自治体のなかには、首長の SNS の私的アカウントの把握さえできていないところもある。繰り返しとなるが、オープンデータ推進の時代は、行政などが抱えるデータを「ただ出せばよい」のではなく、「いかに利用してもらうか」という観点が求められるのである。加えて、「いかに管理するか」も問われている。

参考文献

河村和徳：電子投票と日本の選挙ガバナンス―デジタル社会の投票権保障，p.248，慶應義塾大学出版会，東京（2021）.

笹原和俊：フェイクニュースを科学する―拡散するデマ、陰謀論、プロパガンダのしくみ，p.192，化学同人，京都（2018）.

総務省地方自治体における業務プロセス・システムの標準化及び AI・ロボティクスの活用に関する研究会：地方自治体における業務プロセス・システムの標準化及び AI・ロボティクスの活用に関する研究会 報告書～「Society 5.0 時代の地方」を実現するスマート自治体への転換～（2019）. https://www.soumu.go.jp/main_content/000624146.pdf（参照 2020-04-15）

桧森拓真・木村泰知・坂地泰紀・荒木健治：地方議会会議録における発言文推定手法の性能評価，知能と情報（日本知能情報ファジィ学会誌），31（2），pp.645-652（2019）.

第4章

民主主義下における地方政治 コーパス構築の課題と可能性

河村和徳

1 はじめに

　地方議員にとって地方議会は、自らの立ち位置を明らかにする場であり、自らの取り組みを誇示する場でもある。また、彼に投票した有権者の負託に応えていることを可視化する場ともいえる（Mayhew 1974）。しかしながら、地方議会を「学芸会」「八百長」とみなす見方（あえて表現すれば、地方議会学芸会論）もある[1]。

　地方議会学芸会論者のなかには、「地方議会は学芸会であり、そのような状況にあるのは地方議員の個人的資質の低さに帰属する」と考える者もいるが、彼らの考え方は短絡的であり、妥当とはいえない。なぜなら、日本の議会制度は、時間的な制約がある会期制を採用しており、議会にとっても執行部にとっても時間を有効に使いたいというインセンティヴが制度的に存在するからである。また日本の地方自治で採用されている二元代表制は、強首長―弱議会になるようデザインされている[2]。さらに、日本の

---

1) 地方議会をこれらの言葉と結びつけた著名人の1人として、元鳥取県知事の片山善博を挙げることができる。片山は知事時代、日本の地方議会は台詞とシナリオが決まっている場合が多く、議会の前に根回しが済んでいるため、意外性や議論によって結論が変更する場合が少ないという認識から、前者の状況を「学芸会」、後者の状況を「八百長」と評した。読売新聞，2002年7月3日.

2) 「予算案と条例案を首長が提案できる」「地方自治法に定められている首長の権限が概括例示方式となっている一方　地方議会の権限は制限列挙方式となっている」

地方議員制度は個々の所有する政治的資源に強く依存する制度設計となっており、情報とマンパワーを抱える首長に対抗することは容易ではない。「地方議会を学芸会」と揶揄する者の心情はわからなくはないが、地方議会制度を評価するにあたっては、制度的な歪さを割り引いて評価する必要があると、筆者は考える[3]。

　学術的に見た場合、地方議会学芸会論は、エビデンスに基づいた議論とはいい難い面がある。首長経験者やルポライターの証言など、状況証拠に留まっている議論が多く、また一部の議員を見て議会全体を評価している印象もある。もし、地方議会学芸会論が事実であるならば、小林ら（2014）が指摘するように、選挙公約と議会活動の一致度を測定する必要があると筆者は考える。もし地方議会のやりとりの台本を誰かが書いているのであれば、選挙での主張と議会の質問はずれが生じる可能性が高いからである。

　仮に選挙公約と議会活動の一致度を測定しようというのであれば、有効となるのは、地方政治における文字情報を大量に格納した大規模地方政治コーパスの構築である。大規模地方政治コーパスがあれば、選挙公約と議会活動の一致度を測定することは極めて容易になる。それらを使えば、民意の負託を受けながら不十分な活動しかしていない地方議員の行動を「みえる化」することも容易になる。地方議会学芸会論の妥当性を検討できる材料の提供にもつながるであろうし、よりよい地方議員の選択を促すことにも活用できる。

　本章では、近年、試みられている地方政治コーパス構築の動きを説明し、構築に係る課題について、第3章で照会された全国市区町村調査を元に論じることにしたい。

「首長に専決処分の権限が与えられている」といった点が該当する（平野・河野 2003）。
3)　批判されるべき地方議員と筆者が考える者は、「任期中に一度も議場に登壇しない議員」「執行部に何を質問すべきか問い合わせて原稿を書いてもらうような議員」である。原稿を棒読みする議員であっても、自らの政治信念に即して自らが作成した原稿で質問を行っている議員は批判されるべきではない。

2 地方政治コーパス構築の意義

築山 (2011) は、政策位置の推定方法を過去の先行研究から 6 つに分類している。

(1) 議員・候補者本人に対する意識調査に基づく推計、
(2) 選挙公報などの内容分析を利用した推計、
(3) 法案の点呼投票などに基づく推計、
(4) 政策支出額から政策選好を指標化する方法、
(5) 専門家調査に基づく推計、
(6) 世論調査で見られる有権者の主観的に認知を用いる方法、

である。政治学の分野における選挙公約と議会活動の一致度を測定する際、一般的な手法は (1) と (3) の比較、ないし (2) と (3) の比較である。特に後者は、データ入手が相対的に容易であるので、研究コストを抑えられるという利点がある。

ただし、選挙公約と議会活動の一致度を検討するにあたっては、時間的変化を考慮する必要がある。選挙公約と議会活動の関係性を単純化すれば、図表 4.1 のようになる。(a) の部分を比較し、選挙公約と議会での質問内容の一致度が高ければ、地方議員が選挙公約に掲げた通りに議会活動を行っているとみなすことができる。しかしながら、河村・伊藤 (2017) が論じるように、図中 (b) の部分で乖離が確認できることがしばしばある。被災地からの復興のように非常時から平時への時間の経過 (その逆もある) とともに争点が変化していく場合、どうしても図中 (a) および (b) の一致度は平時の選挙と比べ低くなる。また、支持者から新たな請願を受けたり、所属する政党の方針が変更されたりする場合も、一致度は低くなることは十分予想される。また、時点ごとでの選挙の競争環境も影響すると考えられる。選挙戦を有利に戦うため、候補者は都度で発言を変える可能性があるからである。

図表 4.1　選挙公約と議会活動の関係性

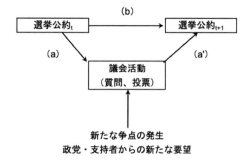

　繰り返しとなるが、図表 4.1 に示されている関係性を分析するために有用となるのは、選挙公約や地方議会議録などを統合した大規模地方政治コーパスの構築である。ただ、個別に発行された選挙公報や地方議会会議録を逐一収集しデータセットを構築することには、時間と労力が極めてかかる。たとえば、政治学者による地方議会の会議録の分析が、小規模で限定的にならざるをえないのは、データセットをつくるまでの労力が莫大で、分析のスタート地点に立つことが容易ではないからである（増田 2018）。加えて、谷口（2020）が指摘するように、ヒューマン・コーディングの労力や評価者間の信頼性確保のためにかけるエネルギーが膨大になるため、費用対効果が悪い。

　そうした中、自然言語処理の分野から、地方政治コーパス、とりわけ地方議会会議録コーパスを構築しようという動きがある。そして、限定的ではあるが、都道府県レベルでの地方議会会議録コーパスが構築され、一部公開されている（関連して、高丸・木村・渋木（2011）や木村ほか（2017a）を参照）。その成果を受け、地方政治における議論の過程と結果、およびその背景を関連づけて考えるため、地方議会会議録・条例・新聞記事を結びつけた大規模地方政治コーパスの構築プロジェクトも動いている（木村ほか 2017b）。

　自然言語処理の研究者が地方議会会議録コーパスの構築を試みることができるようになったのは、機械処理できる形で地方議会の会議録が Web

公開されるようなってきたからである。彼らは公開されている会議録の収集を自動化することで、少ないコストで大量のテキストデータを集めることができる。仮に大規模地方政治コーパスが構築されれば、機械学習を組み合わせるなどし、コーディングコストを低下させる可能性も出てくる。すでに、会議録コーパスの分野では、田中ほか（2017）が議題・議案表現の自動抽出の検討などの実験なども試みており、選挙公約分析の分野でも、マニフェストを用いたコンピュータによる自動コーディング実験がなされていたりする（上神・佐藤 2009）。

　選挙公約に沿った活動を政治家はしているのか、という問いは政治学的には古典的なものである。しかし、地方政治コーパス構築のコスト低減という新しい展開を受け、新しい取り組みが可能になりつつあるのである。もちろん、市区町村も含めた大規模地方政治コーパスを構築するには、

・対象が多い、
・システムが統一されていない、
・データが公開されていない、
・データが機械処理できない形で公開されている、
・名寄せコストが高い（通称使用などが統一されていない）、

という大きな壁を乗り越えなくてはならない（なお、これらについての議論は第5章以降を参照されたい）。

3　全国市区町村調査から見える市区町村政治コーパス構築の可能性

　すべての自治体でオープンデータが推進され、地方政治に係るデータがすべて機械判読できる形で提供される環境が整うことが理想である。しかしながら、現状を見る限り、オープンデータを推進している自治体もあればしていない自治体もあり、まちまちである。少なくとも、都道府県レベルでは地方議会会議録は Web 公開されており、選挙公報も、2018 年 3 月

に新潟県が選挙公報条例を制定した結果、条件付き[4]ではあるが Web 上で手に入ることができるようになった。そのため、都道府県政治コーパスの構築は進めることができるだろう。しかし、市区町村レベルで構築ができる環境であるのか、はっきりしない。

そこで、「どの程度の地方議会が会議録を Web 公開しているか」「通称使用の実態はどうなのか」「選挙公報を発行している自治体はどの程度あるのか」の三点について、第 3 章で紹介した全国市区町村調査を元に確認することにしたい。

3.1　調査結果から確認される現状

3.1.1　地方議会会議録の Web 公開の状況

Web 上で地方議会の会議録が公開されていなければ、地方議会コーパスを構築することはできない。また労力を考えると、それがテキスト処理できる形で公開されていることも必要である。

地方議会によって、会議録の公開の範囲が異なることも考えられる。本会議（定例会や臨時会）の会議録だけを公開している議会もあれば、全員協議会や常任委員会の会議録まで公開している議会もあろう。地方議会が発信する議会だより（議会広報紙）も Web 上でテキスト検索できる形で公開しているところもある。

図表 4.2 は、テキスト処理できる地方議会会議録等の公開状況を表で示したものである。地方議会の議会だよりは、回答した多くの地方自治体でテキスト処理できる形で公開されていることが確認できる[5]。本会議の会議録は、市・区ではほとんどのところでテキスト処理できる形で公開されているが、町そして村と規模が小さくなると公開していないところが多くなる傾向がある。常任委員会や全員協議会の会議録についても、同様の傾向が確認できる。

---

4)　選挙公報を Web 公開している自治体でも、選挙期間終了後に削除してしまうところもある。ただし、選挙終了後も民間のアーカイブサイトが収集した選挙公報を公開しているため、そちらから得ることができる。

5)　テキストが埋め込まれた PDF ファイル形式が主といってよい。

図表 4.2　テキスト処理できる地方議会会議録等の公開状況

	本会議 (定例会・臨時会)		全員協議会		常任委員会		議会だより (議会広報紙)	
	公開	非公開	公開	非公開	公開	非公開	公開	非公開
全体（%）	79.0	21.0	8.6	91.4	26.6	73.4	88.3	11.7
市・区（%）	93.6	6.4	13.9	86.1	44.3	55.7	89.9	10.1
町（%）	64.2	35.8	1.8	98.2	4.2	95.8	88.8	11.2
村（%）	36.4	63.6	1.8	98.2	0.0	100.0	83.6	16.4
Cramer's V	0.444		0.213		0.456		0.050	
prob.	0.000		0.000		0.000		0.370	
N	794		794		794		794	

　自治体の規模や財政環境が関連していると思われるため、常任委員会・全員協議会の会議録を公開しているところと非公開のところに有意差があるか、議員定数と財政力指数で t 検定を行ってみた（サンプルは市・区のみ）。その結果、「議員定数の多い自治体」「財政力がある自治体」の方が会議録を公開する傾向にあるということが統計的に確認された（0.5%水準で有意）。議員定数は当該自治体の規模を、財政力指数は当該自治体の財政の豊かさを示すものであるので、規模が大きく財政環境がよい自治体、すなわち都市的な自治体の方が会議録の公開は進んでいるということがデータ的にうかがえる。

3.1.2　議員活動時の通称使用状況

　選挙公報における主張と地方議会での発言をつなぐ鍵となるのは、氏名である。

　選挙管理委員会のホームページで公開されている投開票結果の立候補者名のうち、通称を届け出た者は通称で記載されるのが一般的である。一方、地方議会のホームページにある議員紹介や会議録などでは、議員の本名が用いられる場合が多い。ただし、近年は女性議員の旧姓使用を認める地方

議会が増えてきており、選挙の際は本名で立候補したが、議員活動は旧姓を使用しているという女性議員も存在する。

　選挙の際に本名で立候補し、議員活動も本名で活動していれば名寄せにおける自動判別は容易である。選挙時から通称で一貫している場合も同様である。しかし、一般的には、選挙結果は通称で記載され、会議録などの掲載される氏名は本名という議員は少なくないのではないだろうか。近年は、選挙の際に氏名の一部をひらがなにする候補が多くなっているように見受けられるし、前述したように女性の旧姓使用を認める方向に改革を進めている地方議会が多い。そのため、両者の乖離は逆に進んでいる。その結果、自動判読は難しくなっている部分もある（図表4.3）。

　全国市区町村調査によると、テキスト処理できる形で議員名がホームページに掲載されている地方自治体は、回答した自治体の83.4％に上る。市・区では87.5％、町では80.9％、村でも69.7％がホームページ上で掲載していると答えている。ホームページ情報を用いて地方議員の氏名を確認することはかなりできると言ってよい。ただし、ホームページ上における議員名を本名で掲載しているところは、全体では78.2％、市・区では66.8％に留まる。町村は94.9％、93.5％であるのと比べると、大きな違いがある。

　それでは会議録はどうなのであろうか。図表4.4は、地方議会会議録における通称・芸名の使用状況に対する回答結果である。市・区レベルでは、通称・芸名を使用することがあると答えたところが20％ほどあったが、町村では5％程度に留まっている。[6]

　なお、ホームページ上の議員名と会議録上での議員名の一貫性を確認してみると（図表4.5）、会議録で通称の使用を認めていない自治体はホームページ上でも通称を掲載しない傾向があることが確認できる。

3.1.3　選挙結果の Web 公開と選挙公報の発行状況

　インターネットの普及に伴い、地方選挙の結果を自治体のホームページサイト上に掲載する自治体が増えつつある。全国市区町村調査でも、「公

---

6)　その他は「前例がない」「希望者がいない」という回答がほとんどである。

図表 4.3　選挙結果で示される氏名と議員一覧の氏名の関係

組み合わせ		自動判別
選挙結果に掲載される氏名	議員一覧に掲載される氏名	
本名	本名	容易
通称	本名	困難
本名	通称（旧姓使用など）	困難
通称	通称（選挙時と同じ）	容易
通称	通称（選挙時と異なる）	困難

図表 4.4　会議録における通称の使用状況

議事録レベル

	マニュアルに従い、通称を使用することはない	慣習的に、通称を使用することはない	通称・芸名を使用することはある	その他	無回答
全体（％）	12.7	58.2	13.7	14.4	1.0
市・区（％）	8.0	50.8	20.6	20.0	0.6
町（％）	18.4	67.2	5.1	7.8	1.4
村（％）	19.7	69.7	4.5	6.1	0.0
N	832				

開している[7]」と答えた自治体は 84.8％にもなる。回答した市・区の 96.8％が公開していると答え、町でも 76.1％が公開していると回答している。ただ、村で選挙結果を Web に掲載しているところは半数以下に留まっている（図表4.6）。また都市部の多くの自治体では、投票率や得票数を Excel ファイルでダウンロードできるなど、統計分析に利用しやすい状況を整えている。また、オープンデータ政策に熱心な自治体のなかには、選管事務局のサイトではなく、オープンデータサイトからダウンロードする仕組みにしているところもある。

　現行法の下では、市区町村の選挙であっても、選挙公報条例を制定すれば、選挙公報を発行することが可能である。また東日本大震災の被災者対応から選挙公報の Web 掲載は解禁となり、現在では被災地であるかにか

[7]　「オープンデータサイトでの公開」と「選管事務局のサイトでの公開」を合算した値。

図表 4.5　ホームページ上の議員名と会議録上での議員名の一貫性

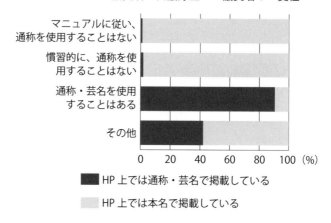

関わらず、全国の選管が選挙公報を Web 掲載することができる（河村・湯淺・高 2013）。また、「次回以降の選挙に係る選挙公報と混同されたり、選挙の公正を害するおそれのない形式で行われるものであったりすれば記録用サイトに掲載することができる」という法律解釈が、現在ではなされている。[8] すなわち、現時点において市区町村は、(1) 選挙期間中のみ選挙公報を公開しているところ、(2) 選挙期間以降も選挙公報を公開しているところ、(3) 選挙公報は発行しているが Web 掲載していないところ、そして (4) 選挙公報を発行していないところ、の 4 つに大別できる。更に (a) 首長選・地方議員選ともに発行するところ、(b) 首長選のみ発行するところ、(c) 地方議員選のみ発行するところ、(d) 双方発行しないところ、で細かく分けることができる。理想は (2) - (a) であり、(4) - (d) が多ければ地方選挙の選挙公報コーパスをつくることは困難である。

　図表 4.7 を見ると、市・区では回答した 9 割弱が選挙公報を発行しており、Web 掲載しているところも約 7 割近くであることが確認できる。一方、町では 4 割強、村では 5 割強が選挙公報を発行していない。市・区では、選挙公報の発行が一般化しつつあるが、町村で発行する環境になるのは、

---

8) http://www.shugiin.go.jp/internet/itdb_shitsumon.nsf/html/shitsumon/b189230. htm（参照 2020-05-10）

図表 4.6 地方選挙の投開票結果のホームページ上での公開状況

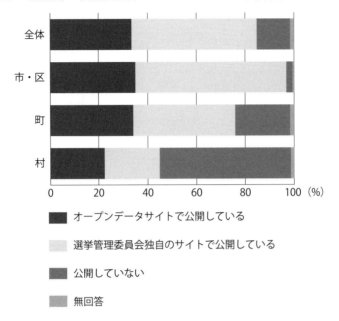

この数値を見る限り、時間がかかると予想される。なぜなら、選挙公報の発行には選挙公報条例の制定が必要だが、それを議決するのは選挙公報がなくとも当選した議員たちであり、彼らの多数派はおそらくその必要性を感じていないと思われるからである。

　そう考えると、当座構築できる大規模地方政治コーパスは都道府県及び市・区レベルまで、と言えるだろう。

3.2　全国市区町村調査の結果から見えるもの

　ここまで見てきた全国市区町村調査の結果から、次の点が示唆できる。それは、「地方自治体それぞれ独自にデータを公開する」という立場を貫けば、おそらく規模の大きく財政的に余裕がある都市的自治体は、説明責任等の観点から情報公開をより進めていくであろうが、小規模自治体、とりわけ人口過疎に悩む自治体は人的資源と財源的余裕のなさから情報公開

図表 4.7　選挙公報の発行状況

【首長選】

	選挙期間中のみ公開	選挙期間後も公開	選挙公報は発行しているが Web 掲載していない	その他	そもそも選挙公報は発行していない	無回答
全体（%）	34.4	15.0	22.0	4.0	23.7	1.0
市・区（%）	46.0	22.2	18.1	5.8	8.0	0.0
町（%）	21.5	6.5	27.0	1.7	42.3	1.0
村（%）	10.6	4.5	28.8	1.5	53.0	1.5
N	832					

【議員選】

	選挙期間中のみ公開	選挙期間後も公開	選挙公報は発行しているが Web 掲載していない	その他	そもそも選挙公報は発行していない	無回答
全体（%）	34.7	16.2	21.5	2.4	23.3	1.8
市・区（%）	46.7	23.7	17.2	3.9	7.7	0.9
町（%）	21.5	6.8	27.3	0.7	41.6	2.0
村（%）	10.6	7.6	27.3	0.0	53.0	1.5
N	832					

を進めることができない。よって、この点だけを見れば、大規模地方政治コーパスの構築は市・区レベルまでは可能、といえる。

　ただし、都市的自治体では会議録の公開は進んでいるものの、通称使用も広がっており、名寄せがより難しくなっている。通称使用の点だけを見れば、コーパス構築環境はむしろ悪化しているのである。

4　地方政治コーパス構築に向けての提言

　日本は、1990 年代以降、地方の自主性を重んじる地方分権に舵を切り、それを推進してきた。またゼネコン汚職に端を発した情報公開の動きも全

国に広まり、政治の信頼回復の手段として活用されてきた。しかしながら、こうした動きは、かえって大規模地方政治コーパスの構築を難しくしている。地方独自の作法は統一的なデータの収集を困難にしているし、情報公開に対する姿勢の違いが、名寄せ作業のコストを高めているからである。

　最後に、地方分権と地方政治コーパス構築の両立をはかるための提言と懸念される問題に触れ、本章を終わりとすることにしたい。

4.1　オープンデータ推進と政治家 ID ナンバーの導入

　現在、国は政策のデータ分析促進の観点から、国や地方自治体が有しているデータを積極的に公開する方向で動いている[9]。この動きは、小規模自治体の情報公開を促すプレッシャーになる可能性はあるが、国が指針を示すだけではなく、手厚い財政支援をしない限り、オープンデータ推進は厳しいだろう[10]。

　オープンデータ推進の動きは、2012 年からとされる。IT 戦略本部が決定した「電子行政オープンデータ戦略」に基づき、国はオープンデータの取り組みを積極的に推し進めるようになった。2016 年にはオープンデータ 2.0 に基づき[11]、データ公開中心の取り組みから、課題解決型オープンデータの具体的実現へ方針が転換されている。オープンデータ推進にあたって重視されているのが、国や地方自治体が提供するデータをコンピュータで処理できる形式、言い換えれば機械判読可能な形式で提供するという点である[12]。国が今以上にオープンデータ推進を進めれば、地方政治コー

---

9)　https://cio.go.jp/policy-opendata（参照 2020-03-20）

10)　実際に、今回実施した全国市区町村調査では、オープンデータ推進のため専門部署を設置して取り組んでいると回答した自治体は 38.6％、検討段階というところは 29.7％に上るが、オープンデータ政策推進のための専従職員を置いているところは市区レベルでも 13.7％に留まっている。

11)　http://www.kantei.go.jp/jp/singi/it2/kettei/pdf/20160520/data_sokushin.pdf（参照 2020-03-20）

12)　一般的に、行政にとってみれば、「データ提供にかかるコストを負担しなければならない」「政策分析が容易になることで、政策の失敗を追求されるリスクが高まる」という点でデメリットがある。それにも関わらず、推進が促されるのは、行政文書のフォーマットの統一化を促すなど業務効率化の起爆剤になるという面があるから

パス構築の追い風にはなる。

　ただし、地方自治体の自主性に任せてオープンデータを推進するのでは、より使いやすいコーパス構築は難しい。なぜなら、本章で見たように、会議録データを公開している都市的な自治体は、通称使用を認める傾向にあり、通称と本名が混在した形での情報発信がなされる確率が高まっているからである。女性議員を中心とした旧姓使用が容易になるなどの動きがある中で、通称使用を認めないということは時代の流れに逆行する。

　もし地方議員の監視を容易にするコーパス構築と通称使用の緩和の流れを両立させるのであれば、マイナンバーのように、政治家 ID 制度を創設するのがもっとも効果的であろう。機械上での名寄せを、その一意に割り振られた政治家 ID をもって行えるようになるからである。また、政治家 ID を政務活動費や政治資金に紐付けることができれば、より透明な地方議会の創造につながると思われる。

4.2　選挙公報制度の見直し

　選挙公報は、大規模地方政治コーパスを構築する上での最大のハードルである。地方政治コーパス構築の視点にたてば、選挙公約に係る制度の見直しは不可避である。

　それではどの点を見直すべきなのであろうか。筆者は、次の３点であると考える。第一は、地方議員選挙では選挙公報条例を定めないと選挙公報が発行されない点、第二は、選挙が無投票となったとき候補者が提出した選挙公報は配布されない点、第三は、選挙公報がテキスト検索できない形で Web 上に掲載される点である。

　選挙公報は、選挙公営の観点から選挙人へ提供される情報という側面もあるが、当該選挙時点での地域課題を映す鑑という側面もある。また本章で議論してきたように、候補者の当選後の活動を吟味する資料ともなりうる。地方議員の選挙公報の発行を義務とし、無投票であっても選挙公報を選挙人に配布するようにすべきであるし、改正するための理由付けは充分可能と考えられる。また、選挙公報の配布にタイトな状況であれば、それ

である。

を全戸配布するのではなく、Web 掲載のみにできるという形でもよいだろう[13]。

4.3 懸念される「忘れられる権利」

近年、ヨーロッパ発の注目を集める権利がある。ネット上に残る過去の個人情報を削除する「忘れられる権利（right to be forgotten）」である（神田 2019）。日本では、忘れられる権利が法的な権利として認められてはいない。しかし、2017 年 1 月、最高裁が「検索結果という表現行為による利益に比べ、逮捕歴などのプライバシーに関する事実を公表されない個人の利益が明らかに上回る場合には削除が認められる[14]」という判断基準を示したことから、そう遠くはないうちに法的な権利と位置付けられる可能性はある。

もし、忘れ去られる権利の主張が落選者に広まり、Web 上（特に地方自治体のサイト）からデータが抹消されてしまうと、地方政治コーパスの構築は難しくなるし、練馬区選挙管理委員会の事例もある。練馬区選管のホームページに掲載されている 2011 年 4 月 24 日執行の区議会議員選挙の得票結果を見ると[15]、得票順第 62 番目の候補の氏名が「*******」と伏せられている（図表 4.8）。

今回用いている全国市区町村調査では、過去 5 年の間にホームページに掲載されている選挙結果からの氏名を削除するよう要請を受けたかという問いに、「はい」と回答した自治体（選管）は 1 つもなかった。ただ、この問題は、地方政治コーパスの構築を進める上で大きな壁になりうる問題であり、注視していく必要があるだろう。

13）2019 年参議院通常選挙から、選挙公報の電子入稿が法的に可能となっており、その際に入稿されたテキストは、視覚障がい者の候補者情報の取得（点字プリンターでの印字や音声読み上げソフトでの利用）に用いられることになっている。

14）朝日新聞，2017 年 2 月 1 日．

15）https://www.city.nerima.tokyo.jp/kusei/senkyo/kekka/h230424/kugi.html（参照 2020-04-19）

図表 4.8　練馬区選管のホームページのスクリーンショット

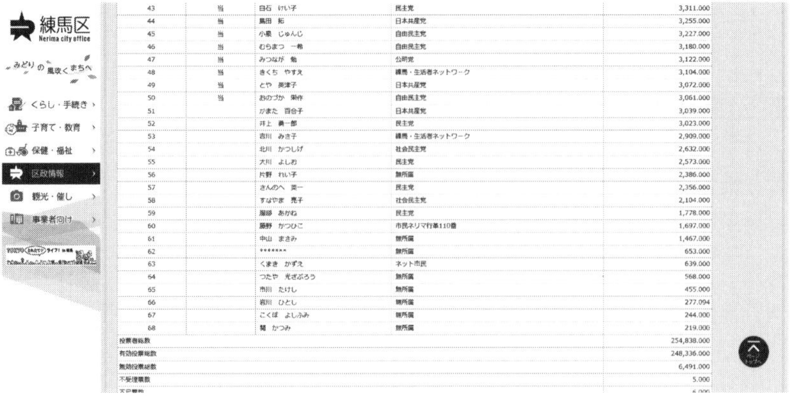

【付記】本章は、河村和徳「地方政治コーパスの構築に向けて－地方議会改革の視点を含めて（公共選択，74，pp. 91-109（2020）」を加筆修正したものである。

参考文献

Mayhew, David R.: Congress: The Electoral Connection, p.194, Yale University Press, New Haven（1974）.

上神貴佳・佐藤哲也：政党や政治家の政策的な立場を推定する―コンピュータによる自動コーディングの試み，選挙研究，25（1），pp.61-73（2009）.

河村和徳・伊藤裕顕：被災地選挙の諸相　現職落選ドミノの衝撃から2016年参議院選挙まで，p.278，河北新報出版センター，仙台（2017）.

河村和徳・湯淺墾道・高選圭［編著］：被災地から考える日本の選挙－情報技術活用の可能性を中心に，p.156，東北大学出版会，仙台（2013）.

神田知宏：ネット検索が怖い―ネット被害に遭わないために，p.118，ポプラ社，東京（2019）.

木村泰知ほか：地方政治コーパス構築における従来の成果と現在の課題―政治・経済分野の応用研究に向けたパネルデータの構築，言語処理学会第23回年次大会発表論文集（2017a）.

木村泰知ほか：議論の背景・過程・結果を関連づける地方政治コーパスの構築の試み，人工知能学会全国大会論文集（2017b）.

小林良彰・岡田陽介・鷲田任邦・金兌希：代議制民主主義の比較研究—日米韓 3 ヶ国における民主主義の実証分析，p.323，慶應義塾大学出版会，東京（2014）.

高丸圭一・木村泰知・渋木英潔：全国の市町村議会会議録のウェブ公開とデータ提供の状況，宇都宮共和大学都市経済研究年報，(11)，pp.47-72（2011）.

田中琢真ほか：都道府県議会会議録を対象とした議題・議案表現の自動抽出に向けた検討，人工知能学会全国大会論文集（2017）.

谷口将紀：現代日本の代表制民主政治—有権者と政治家，p.322，東京大学出版会，東京（2020）.

築山宏樹：政策位置の多層構造—憲法改正問題を事例として，公共選択の研究，(57)，pp.46-58（2011）.

平野浩・河野勝［編］：アクセス日本政治論，p.287，日本経済評論社，東京（2003）.

増田正：地方議会における政治・行政関係の計量テキスト分析，地域政策研究，20（3），pp.1-19（2018）.

第5章

オープンデータとしての 地方議会会議録

高丸圭一
木村泰知

1 オープンデータとしての議会会議録

　地方議会では住民の中から直接選挙で選出された議員や首長が、予算や条例の制定等についての審議を行っている。議会における議員、首長および職員の発言はすべて文字に書き起こされ、地方自治法123条に基づき会議録として保存される。従来は製本され保管されるだけのものであったが、情報公開の進展およびインターネットの普及により、地方議会会議録をWebに公開する自治体が増加している。現在のところ、いわゆる「行政のオープンデータ」とは別の扱いがなされていることが多いが、今後は行政データと同様に議会に関するオープンデータ構築が進んでいくことが望まれる。

　地方議会では、首長および議員によって、地方自治における重要な議論が行われている。住民が積極的に地方自治へ参画するためには、議会を傍聴したり、会議録を閲覧し、議会における議論の内容を知る必要がある。議会での議論を知ることは、投票の判断基準としても有用であろう。したがって、会議録は公開されているデータの中でも本来は非常に重要性の高いデータの1つであるといえる。

　地方議会会議録は各自治体によって個別に公開されている。複数の自治体の議会会議録を横断的に利活用するために、Web上に公開された地方議会公議録を収集し、コーパスとして学術研究に利用することを目指した

プロジェクトが進められている。都道府県議会の本会議会議録のうち、もっとも文字数の少ない山形県議会でも、本会議1年分で50万文字以上あり、住民がすべてを読むことは現実的ではない。そこで、自然言語処理、人工知能技術の支援による要約や可視化といった研究の進展が期待される。さらに、首長や議員による発言の記録は、地方自治におけるファクトチェックの一次情報としての利用が期待される。議会での発言内容は、地方政治研究や選挙研究にも有用なデータであることはいうまでもない。また、議会で言及されるさまざまな問題に関連する種々の研究分野において分析の対象となり得ると考えられる。発言の記録を言語資料（談話資料）として捉え、言語学的な研究に活用することも可能である。

2　地方議会会議録と地方議会議員

　総務省が公開しているデータ[1],[2]によれば、日本の地方自治体数は 2019 年 5 月現在 1,788 である。内訳は、基礎自治体が 792 市、23 特別区、743 町、183 村、広域自治体である都道府県が 47 である。本節では、1,788 自治体において地方議会に関連した情報がどのように公開されているのか調査した結果について述べる。

2.1　会議録 Web 公開の状況

　本節で示すデータは小樽商科大学木村研究室が行った、会議録の Web 公開に関する調査の結果である。図表 5.1 は 2021 年 9 月現在の地方議会会議録および議会だよりの公開状況である。図表 5.2 は会議録を Web 公開している自治体を地図に可視化したものである。都道府県については、2007 年 2 月の時点ですべての議会が会議録を Web 公開していることが指摘されている（大山 2007）。2021 年 9 月の時点ではこれに加えてすべての市議会と区議会が会議録を Web 公開している。一方、町村のレベルでは、

---

1)　https://www.soumu.go.jp/denshijiti/code.html（参照 2021-08-31）
2)　https://www.soumu.go.jp/kouiki/kouiki.html（参照 2021-08-31）

図表 5.1 議会会議録および議会だよりの Web 公開状況（2021 年 9 月現在）

	都道府県	市	特別区	町村	合計
自治体数	47	792	23	926	1,788
会議録の Web 公開数	47	792	23	632	1,494
会議録の Web 公開率	100%	100%	100%	68%	84%
議会だよりの公開数	44	776	23	870	1,713
議会だより公開率	94%	98%	100%	94%	96%

図表 5.2 議会会議録 Web 公開状況マップ

■ Web 公開している自治体

■ Web 公開していない自治体

図表 5.3　会議録の Web 公開方法

公開方法		都道府県	市	特別区	町	村	合計
検索システム による公開	Discuss	19	390	6	84	10	509
	DB-Search	16	110	3	26	3	158
	Sophia	2	76	3	32	2	115
	VOICES	6	61	7	3	2	79
	上記以外の検 索システム	4	16	2	5	0	27
検索システム以外の公開方法		0	139	2	410	55	606
合計		47	792	23	560	72	1,494

全 926 町村のうち 294 町村で Web サイトにおける会議録の公開が確認され、公開率は 68% にとどまる。

　図表 5.3 は会議録の公開方法である。都道府県・市・特別区では検索システムを用いて会議録を公開している自治体が多い。一方、町・村は検索システムの導入が少ない。検索システムを使用している自治体の 97% が、Discuss（NTT アドバンステクノロジ）[3]、DB-Search（大和速記情報センター）[4]、Sophia（神戸綜合速記）[5]、VOICES（フューチャーイン）[6] の 4 つの会議録検索システムのいずれかを採用している。検索システム以外の方法を用いて会議録を公開している自治体では、PDF やテキストファイルをそのまま公開している。また、本会議以外の会議（たとえば委員会）の会議録の公開については、自治体により公開／非公開の対応が分かれている。

　図表 5.4 は議会中継の Web 公開状況である。リアルタイムの中継のみを公開している自治体と、録画のアーカイブを公開している自治体をすべて含めて集計している。会議録検索システムを提供している会社が映像中継システムを合わせて提供していることが多いため、都道府県や市・特別区では YouTube を利用している割合が低い。一方、町村では YouTube

---

3)　https://www.ntt-at.co.jp/product/discuss/（参照 2021-08-31）

4)　https://www.yamatosokki.co.jp/service/db_search/（参照 2021-08-31）

5)　https://www.sogosokki.co.jp/business05.html（参照 2021-08-31）

6)　https://www.futureinn.co.jp/solution/1000009/1000219/（参照 2021-08-31）

図表 5.4　議会中継の方法

議会中継の方法	都道府県	市	特別区	町	村	合計
YouTube	9	219	4	135	8	375
その他の中継方法	43	529	20	155	16	763
合計	47	682	23	271	24	1,047

を利用している自治体が比較的多く見られる。YouTube とその他の中継方法を併用している自治体もある。

2.2　地方議会議員の概要

　議会で発言する者のうち、首長と議員は選挙で選ばれるため、立候補に際して種々の情報が公開される。いつ、どこで、誰が（どのような属性の人が）、何を発言したのかが明らかであることが、会議録の特徴の 1 つである。総務省「地方公共団体の議会の議員及び長の所属党派別人員調等[7]（2019 年 12 月 31 日現在)」に基づく議員定数、議員実数（男女別）を図表 5.5 に示す。全国 1,788 地方自治体における、地方議会議員の総数は 32,430 人（欠員 353）であり、議員数がもっとも多い自治体は東京都議会の 124 人（欠員 3）である[8]。会議録を公開していない町村の割合で町村議員数を按分して差し引いても、約 3 万人の地方議会議員の発言が Web に公開されている計算になる。

　議会では、議員に加え、首長や理事者（役所の職員）、参考人等も発言を行うため、公開された会議録に収録される発言の発言者総数はさらに多い。図表 5.5 に示す通り、議員に占める女性の割合は低く、全体で 14% である。自治体区分ごとに見ると、特別区が 30%、市は 16% であり、都道府県、町村（いずれも 11%）と比べやや高い。

---

7)　https://www.soumu.go.jp/main_content/000678899.pdf（参照 2021-08-31）

8)　なお、全国町村議会議長会の調べによると、2020 年 7 月 1 日現在、もっとも議員定数が少ないのは北山村（和歌山県）と北大東村（沖縄県）の 5 である。http://www.nactva.gr.jp/html/research/pdf/66_3_3.xlox（参照 2021-09-06）

図表 5.5　地方議会に所属する議員数

	都道府県	市	特別区	町村	合計
議員定数	2,679	18,197	902	11,005	32,783
男性議員数（実数）	2,365	15,109	631	9,685	27,790
女性議員数（実数）	303	2,864	269	1,204	4,640
欠員	11	224	2	116	353

3　会議録の収集とデータセットの構築

3.1　議会会議録コーパスの収集と構築

　本節では、筆者らが収集構築している都道府県議会会議録コーパスについて述べる。対象は全国47都道府県議会の本会議会議録である。統一地方選挙を基準に4年分を1つのサブセットとして、コーパスにまとめている。統一地方選挙の時期以外に議員選挙を行う議会も存在するが、収集範囲をこの4年間に設定することにより、サブセット内での議員の出入りがもっとも少なくなるという利点がある。2021年8月時点で、2011年4月から2015年3月までのサブセット（2011期）および2015年4月から2019年3月までのサブセット（2015期）の2つを構築し、公開している。

　前節で述べたとおり、すべての都道府県議会が自治体のWebサイトに会議録の全文検索システムを公開している。会議録の収集はクローラと呼ばれるWebページの収集プログラムを作成、実行して行われる。都道府県議会では、全文検索システムを提供する主要4社が89%のシェアを持つ。そこでまず、この4システムに対応したクローラを作成した。ただし、自治体ごとに検索システムや表示部分をカスタマイズしているため、個別対応するようにプログラムを調整したり、部分的に人手による作業を挟みながら収集作業を進める。さらに、主要4社以外のシステムによって会議録を公開している5県については、1自治体ごとにシステムに対応したクローラを作成して、収集を行った。構築したコーパスのデータサイズを図表5.6に示す。

図表 5.6　都道府県議会会議録コーパスのデータサイズ

	2011 期コーパス	2015 期コーパス
収集対象期間	2011 年 4 月〜 2015 年 3 月	2015 年 4 月〜 2019 年 3 月
総収録データ	4,395,876 レコード	3,873,026 レコード
総文字数	252,364,746 文字	248,281,520 文字
総発言者数	議員：2,794 人 知事：59 人 副知事：145 人 議長：341 人	議員：2,745 人 知事：55 人 副知事：157 人 議長：398 人

3.2　会議録の整理の考え方

　種々の分野で会議録を研究対象とするとき、各種の統計量（たとえば、都道府県 P での 1 会議あたりの平均発言者数）を算出したり、ある一定の条件下での発言（たとえば、単語 w を含む議員 A の発言）を抽出したりするという利用方法が考えられる。しかし、収集した会議録には、発言以外にも目次、名簿、資料、状況記載（登壇や拍手）などが区別なく記述されている。さらに、地方議会会議録の公開方法は自治体によって差異があり、会議録のフォーマットも統一されていない。

　したがって、コーパスを構築するにあたり、会議録を統一された形式に整理しなおす必要がある。そこで本プロジェクトでは、以下の方針で会議録の整理を進める。

- 発言は 1 文単位に分割し、非発言と明確に区別すること
- 会議録に含まれる情報を過不足なく抽出すること
- 議員に対して、選挙時に公表されている属性情報を付与すること

　以上の方針を踏まえて、都道府県議会会議録を「発言テーブル」と「発言者テーブル」で構成される関係データベースの形で整理する。発言テーブルは発言文 1 文を 1 レコードとし、以下の 17 項目のフィールドをもつ。

1.　識別子（主キー、発言文に固有に振られた ID）

2. 自治体名（「北海道」「青森県」「宮城県」…）
3. 回（定例会の回数）
4. 号（各定例会の中の号数）
5. 年（開催年（和暦））
6. 月（開催月）
7. 日（開催日）
8. 開催期間
9. 表題（例：「平成24年2月　定例会（第335回）－02月27日－04号」）
10. 発言者の役割（「議長」「質問者」「答弁者」）
11. 発言者ID（発言者テーブルを参照する外部キー）
12. 発言者名（例：「畠山和純君」「畑正芳君」）
13. 発言者の役職（例：「議長」「議会事務局議事課長」「知事」）
14. 発言文（例：「次に、冬の節電対策について伺います。」）
15. 発言以外の記録文（例：「（拍手）」「〔…君登壇〕」「－－－－－（区切り線）」）
16. 原本URL
17. HTMLファイルのパス

　発言者テーブルは発言者1名を1レコードとし、以下の9項目のフィールドをもつ。

1. 発言者ID（主キー、発言テーブルの11番目の項目と対応）
2. 都道府県名（例：「北海道」「青森県」「宮城県」）
3. 自治体名（例：「宮城県」）
4. 氏名（例：「畠山 和純」）
5. フリガナ（例：「ハタケヤマ カズヨシ」）
6. 対象行政区（例：「気仙沼市」）
7. 生年（投票日の西暦から投票日時点の年齢を減じて算出）
8. 性別（「男」or「女」）
9. 職名（例：「議会事務局議事課長」「知事」「会計管理者」「教育長」）

図表 5.7　発言テーブルと発言者テーブルの関係

発言テーブル

識別子	都道府県	開催 回	号	年	月	日	日程	発言の表記	役割	発言者ID	発言者名	発言者の役職	発言文	発言以外の記録文	原本URL	ファイル保存場所
										04000200006	畠山和純君	議長	第三三十一回宮城県議会を開会いたします。			
										04000200006	畠山和純君	議長	これより本日の会議を開きます。			
										04000200006	畠山和純君	議長	本日の議事日程は、お手元に配布のとおりであります。			
										04000210004	堀正芳君	議会事務局議事課長	御起立願います。			
										04000210004	堀正芳君	議会事務局議事課長	黙祷。			
														(起立・黙祷)		
										04000210009	村井嘉浩君	知事	本日ここに第三百三十一回宮城県議会が開会され…			
										04000210009	村井嘉浩君	知事	初めに、我が国の歴史上いまだかつてない大震災により犠牲に…			
										04000200003	安藤俊威君	四十九番	議席番号三三の一、水産業復興特区調整の原因に…			
										04000200003	安藤俊威君	四十九番	先ほど委員長報告にありましたとおり、産業経済委員会は…			
										04000200007	ゆさみゆき君	四十一番	二十四年度山形県元年として、宮城県にとって新たな歴史を刻むスタートの年です。			
										04000200007	ゆさみゆき君	四十一番	今会議には、県の長期総合計画であります宮城の将来ビジョン…			

発言者テーブル

発言者ID	都道府県名	自治体名	氏名	フリガナ	対象行政区	生年	性別	職名	
04000200001	宮城県	宮城県	渥美 巌	アツミ イワオ	東松島市	1948	男		議員
04000200002	宮城県	宮城県	安部 孝	アベ タカシ	宮城郡,松島町,利府町	1956	男		
04000200003	宮城県	宮城県	安藤 俊威	アンドウ トシタケ	白石市,刈田郡,蔵王町,七ヶ宿町	1958	男		
04000200004	宮城県	宮城県	伊藤 和博	イトウ カズヒロ	仙台市泉区	1960	男		
04000200005	宮城県	宮城県	須藤 哲	ステウ サトシ	栗田郡,大崎市,村田町,栗田町,川崎町	1944	男		
04000200006	宮城県	宮城県	畠山 和純	ハタケヤマ カズジュン	気仙沼市	1947	男		
04000200007	宮城県	宮城県	遊佐 美由紀	ユサ ミユキ	仙台市,仙台市青葉区	1964	女		
04000210001	宮城県	宮城県						会計管理者	非議員
04000210002	宮城県	宮城県						会計管理者兼出納局長	
04000210003	宮城県	宮城県						監査委員	
04000210004	宮城県	宮城県						議会事務局議事課長	
04000210005	宮城県	宮城県						議会事務局長	
04000210006	宮城県	宮城県						教育委員会委員長	
04000210007	宮城県	宮城県						教育長	
04000210008	宮城県	宮城県						総務部長	
04000210009	宮城県	宮城県						知事	

選挙ドットコムから得た情報

　議員の年齢や性別、対象行政区（選出選挙区）がわかると、発言内容の分析や言語的特徴の分析にとって有益であると考えられる。しかし、これらの情報は会議録中には記載されていないため、「4. 氏名」〜「8. 性別」は選挙へ立候補した際の情報を公開している外部知識源（たとえば、政治山[9]や選挙ドットコム[10]）から収集し、格納する。なお、発言者が議員である場合、「9. 職名」は空欄となる。一方、発言者が議員ではない場合、「4. 氏名」〜「8. 性別」は空欄とし、職名に対して発言者IDを付与する。図表 5.7 に発言テーブルと発言者テーブルの関係を示す。

---

9)　https://seijiyama.jp/（参照 2021-08-31）
10)　https://go2senkyo.com/（参照 2021-08-31）

3.3　会議録の整理の流れ

　議会会議録は従来印刷物として作成していたものであるため、Web上で公開されている会議録も、紙に出力したときの体裁に準じたフォーマットになっていることが多い。また、公開されたデータをさらに別の用途で用いることは考慮していないため、データが構造化されていない。さらに、会議録は自治体ごとに独自に作成されるものであるため、各自治体でフォーマットが異なる。したがって、会議録を収集し、発言テーブルの各フィールドに値を格納する作業を行うには、それぞれの自治体における会議録のフォーマットを逐一確認する必要があり、完全に自動化することはできない。特に、発言テーブルの「11. 発言者 ID」～「15. 発言以外の記録文」を完成させるためには、「発言の抽出」「発言者の抽出」「発言者の名寄せ」を適切に行う必要がある。

　以下では、それぞれの作業の具体的な手順を説明すると同時に、作業の自動化を妨げている会議録の特徴を具体的な事例を挙げて説明する。

3.3.1　発言の抽出

　会議録に記載されている全テキストの発言と非発言を正確に分離し、発言テーブルの「14. 発言文」、「15. 発言以外の記録文」にデータを格納する。具体的な作業手順として、まず、キーワードや区切り線、正規表現を利用して発言／非発言の判断を行う。次に、発言は句点で1文単位に分割して1レコードとし、非発言は1行を1レコードとして発言テーブルに格納する。会議録には発言以外の記録文が多く含まれる。実際の会議録の例を図表 5.8、5.9 に示す。図中の網掛け部分が発言であり、その他はすべて発言以外の記述である。発言者の入退場や登壇、不規則発言などの状況説明を〔 〕内に記載している自治体が多い。また、図表 5.9 のように会議中に配布された資料がそのまま会議録中に転載されることもある。これらの特徴から、発言の抽出を難しくするいくつかの要因が生じる。

　1つ目は、発言／非発言の判断が難しい記述である。通常、配布資料が会議録に転載されている場合、非発言とみなすことができる。しかし、図

図表 5.8　会議録の例（添付資料の挿入）

```
- - - - - - - - - - - - - - - - -
△議員提出議案の報告
○小島信昭議長　議員から議案の提出がありましたので、報告いたします。
　議事課長に朗読させます。
　　　　　　　〔議事課長朗読〕
　平成二十五年三月二十七日
　埼玉県議会議長　小島信昭様
　　　　　　　　　　　　埼玉県議会議員　　宮崎栄治郎
　　　　　　　　　　　　　　　　　　　　　ほか十六名
　　　　　意見書案提出について
　本議会に付議する意見書案を次のとおり提出いたします。
　議第四号議案　医師不足の解消に不可欠な医学部新設の方針決定等を求める意見書
　議第五号議案　中国からの大気汚染物質飛来への対処を求める意見書
　議第六号議案　在外邦人等の更なる安全確保に向けた危機管理体制の充実・強化を求める意見書
○小島信昭議長　ただ今報告いたしました議案は、お手元に配布しておきましたから、御了承願います。
〔参照−（三四八）ページ〕
- - - - - - - - - - - - - - - - -
```

　表 5.8 に含まれている資料「意見書案提出について」は、〔議事課長朗読〕となっている。この資料は会議中に読み上げられているため、発言であると考えることもできる。このような資料に加えて、〔「いいぞ、頑張れ」と呼ぶ者あり〕などの不規則発言等の取り扱いを決める必要がある。

　2つ目は、発言と非発言の境界が明らかでないフォーマットである。多くの自治体では「−」（全角ハイフンマイナス、たとえば図表 5.8 の 1 行目）や「—」（ホリゾンタルバー、たとえば図表 5.9 の 2 行目）の連続で区切り線を表現し、発言と非発言の境界を示している。しかし、会議録作成者が誤って異なる記号を使用したり、突然記号を変更することもある。さらに、全く区切り線がない会議録もある。この場合、手作業で発言と非発言を切り分ける必要がある。

　3つ目は、プレーンテキスト以外のデータである。会議録の中に、図表5.9 や図表 5.10 のように、罫線素片や HTML の TABLE タグを用いた表が組まれることがある。また、資料や表が画像ファイルとして挿入されることもある。これらのデータについて、レコードの境界や格納順を個別に決める必要がある。

図表 5.9　会議録の例（罫線素片による表組み）

○神谷幸伸　議長　日程第四　石坂真一議員ほか十四名の議員から議案が提出されております。

議第　一　号

　　栃木県議会会議規則の一部改正について
　右の議案を別紙のとおり、栃木県議会会議規則第十五条第一項の規定により提出します。
　（中略）
　栃木県議会会議規則（昭和三十七年栃木県議会規則第一号）の一部を次のように改正する。
　別表栃木県議会情報公開審査会の項の次に次のように加える。

議会あり方検討会	議会のあり方に関する調査及び協議	会派から選出された議員		会長

　　附　　則
　この規則は、公布の日から施行する。

○神谷幸伸　議長　議第一号を議題とし、審議に入ります。
　この際、お諮りいたします。議第一号は、提出者の説明及び委員会の付託を省略し、直ちに採決したいと思いますが、ご異議ありませんか。
　　　（「異議なし」と呼ぶ者あり）

図表 5.10　会議録の例（TABLE タグによる表組み）

○議長（佐々木一榮君）　次に、発議案 1 件が提出になっております。お手元に配付いたしてありますから、御了承願います。
発議案第 1 号

　　　　　　　　　　　　　　　　平成 23 年 6 月 30 日
　岩手県議会議長　佐々木　一　榮　様
　（中略）
　岩手県議会委員会条例（昭和 31 年岩手県条例第 43 号）の一部を次のように改正する。

改正前	改正後
（常任委員会の名称、委員定数及び所管）	（常任委員会の名称、委員定数及び所管）
第 2 条　常任委員会の名称、委員定数及び所管は、次のとおりとする。	第 2 条　常任委員会の名称、委員定数及び所管は、次のとおりとする。
（1）　総務委員会　委員 10 人以内	（1）　総務委員会　委員 10 人以内
秘書広報室の分掌に属する事項、総務部の分掌に属する事項のうち教育に関する事項を除く事項、政策地域部の分掌に属する事項、出納局の分掌に属する事項、公安委員会、選挙管理委員会、監査委員会及び人事委員会の所管に属する事項並びに他の常任委員会の所管に属しない事項	秘書広報室の分掌に属する事項、総務部の分掌に属する事項のうち教育に関する事項を除く事項、政策地域部の分掌に属する事項、復興局の分掌に属する事項、出納局の分掌に属する事項、公安委員会、選挙管理委員会、監査委員会及び人事委員会の所管に属する事項並びに他の常任委員会の所管に属しない事項
（2）～（5）　　［略］	（2）～（5）　　［略］

　備考　改正部分は、下線の部分である。
　（中略）
○議長（佐々木一榮君）　次に、知事から、法人の経営状況説明書を受理いたしました。お手元に配付いたしてありますから、御了承願います。
〔法人の経営状況説明書の登載省略〕

図表 5.11　発言者を抽出する正規表現

	発言者パターン	例
北海道	○（[役職][姓名]君）[全角空白][本文]	○（議長石井孝一君）　御異議なしと...
北海道	◆（[議席番号]番[姓名]君）[全角空白][本文]	◆（14番堀井学君）　（登壇・拍手）...
北海道	◎（[役職][姓名]君）[全角空白][本文]	◎（知事高橋はるみ君）　（登壇）ただいま...
岩手県	○[役職]　（[姓名]君）[全角空白][本文]	○議長（佐々木博君）　次に、石川...
岩手県	○[議席番号]番　（[姓名]君）[全角空白][本文]	○41番（伊藤勢至君）　それぞれ御答弁を...
岩手県	○[姓]｜[名][役職][全角空白][本文]	○佐々木大和年長委員　御異議なしと...
岩手県	○[姓名][役職]（続）[全角空白][本文]	○千葉伝委員（続）　今、お話を伺い...
長野県	○[役職]　（[姓名][全角空白]君）　[本文]	○副議長（竹内久幸　君）休憩前に...
長野県	◆[議席番号]番　（[姓名][全角空白]君）[本文]	◆6番（清水純子　君）県民クラブ...
長野県	◎[役職]　（[姓名][全角空白]君）　[本文]	◎環境部長（荒井英彦　君）地下水の...

3.3.2　発言者の抽出

　会議録から発言者の氏名と職名を抽出し、全発言文の発言者を同定し、発言テーブルの「12. 発言者名」および「13. 発言者の役職」に値を格納する。発言者の氏名と役職名の抽出処理は、発言者を示す記号（多くの場合「○」「◎」「◆」）を手がかりに、正規表現を利用して自動的に行う。図表5.11に正規表現の具体例を挙げる。なお、網掛け部分が抽出対象である。

　図表5.11から明らかなように、自治体によって発言者を記述するパターンが異なるため、それぞれの自治体のフォーマットに合わせた正規表現を用意する必要がある。ただし、会議録作成者のミスや、書式の変更により、発言者パターンと一致しない記述がある（たとえば、半角スペースと全角スペースが混在しているなど）。その場合は、個別に手作業で対応する。

　特殊な例として、会議録検索システム「Discuss Net Premium」[11]では、左フレームに発言者（議長、質問者、答弁者）が明記されるため、発言者の抽出が容易である（図表5.12）。しかし、自治体によってはこの欄を独自の目的で使用し、発言者以外の情報を記載している場合がある（図表5.13）。この場合、会議録本文中から正規表現を利用して発言者を抽出する。

---

11)　https://www.gijiroku-center.co.jp/discuss-net-premium/

図表 5.12　左フレームの項目を本来の用途どおりに使用している例

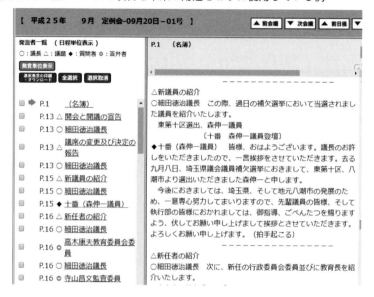

図表 5.13　左フレームの項目を本来の用途どおりに使用していない例

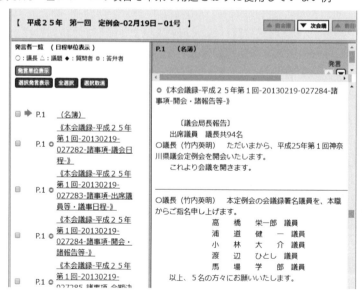

3.4 発言者の名寄せ

各発言者に固有の「発言者ID」を与えるため、会議録から抽出した発言者を対象として、同一人物を特定する。ここでの「名寄せ」作業には2つの側面がある。

1つ目は、会議録内での同一人物の特定である。会議録から抽出した発言者は、同一人物でも複数の表記をもつことがある。たとえば、「梅澤佳一自然再生・循環社会対策特別委員長」「梅澤佳一議会運営委員長」「梅澤佳一委員」「五十番（梅澤佳一議員）」「五十六番（梅澤佳一議員）」は、いずれも同一人物の「梅澤佳一」氏を示している。このような場合、発言者の氏名に付加された敬称や肩書、議席番号等を正規化する処理を行う。

2つ目は、会議録と外部知識源との間での人物の同定である。発言者テーブルの「4. 氏名」は、外部知識源の表記を採用しているが、この表記が会議録中の表記と異なることがある。この場合、人手を介して発言者名の同定を行う。2011期の47都道府県議会4年分の会議録において、外部知識源から取得した議員リストの氏名表記と会議録中の氏名表記の不一致について分析した結果を図表5.14に示す。議員リストの作成に使用した外部知識源は「選挙ドットコム（2017年時点）」である。不一致の要因を「通称（かな表記）」「通称（芸名等）」「旧字体（異体字）」「会議録の誤記」「外部知識源の誤記」の5つに分類した。1つの「不一致」に複数の

図表5.14 2011期コーパスにおける外部知識源との氏名表記の不一致要因

		件数
2011期コーパス議員総数		2,793
氏名表記に不一致がある議員数		663
要因	通称（かな表記）	447
	通称（芸名等）	3
	旧字体（異体字）	186
	会議録の誤記	1
	外部知識源の誤記	39

要因が関係することがある。たとえば、会議録の表記が「飯澤匡」で，議員リストの氏名が「飯沢ただし」である場合、「澤」と「沢」が「旧字体（異体字）」に、「ただし」と「匡」が「通称（かな表記）」に分類されるため、不一致数 1 に対して、要因数が 2 となる。このような例がいくつか存在するため、要因数の合計は不一致の表記パターン数より多くなる。2011期のコーパスでは、2,793 の議員名のうち、663 人に外部知識源との表記の不一致があり、その不一致要因数は 676 であった。それぞれの要因について以下に例を挙げて説明する。

3.4.1 通称（かな表記）

不一致の要因としてもっとも多いのが通称（かな表記）である。通称の使用は公職選挙法で認められており、読みやすさ（投票用紙への記入のしやすさ）などを考慮して、候補者氏名の一部または全部をひらがなやカタカナで表記することがある。会議録、議員リストのいずれかでかな表記を継続して使用し、他方で漢字表記を使用することにより不一致が生じる。たとえば、愛知県議会会議録に「いなもと和仁」と記載されている議員は，議員リストには「稲本和仁」と記載されている。漢字表記の読みを予測して検索することで、ある程度同定できる可能性があるが、人手によって確認する必要がある。「通称（かな表記）」に分類される特異な例として、福島県議会の宮本しづえ議員が挙げられる。議員リストには「宮本シツイ」と記載されている。本名は議員リストの「シツイ」であるが、議会においては発音に合わせて「しづえ」という通称を使用している。

3.4.2 通称（芸名等）

通称（芸名）はペンネーム・リングネーム・四股名などである。本名との対応表を個別に作成しなければ、同定することができない。たとえば、議員リストに「片岡馨」と記載されている千葉県の議員は、会議録には「プリティ長嶋」と記載されている。

3.4.3　旧字体（異体字）

　旧字体あるいは異体字で記載された文字が含まれていると、その部分の文字コードが一致せず、発言者を同定できない。たとえば、議員リストに「遠藤栄」と記載されている静岡県の議員は、会議録には「遠藤榮」と記載されている。また、会議録において、異体字を使用していることに起因して、氏名の一部がデータ収集過程で文字化けし「■」に置き換わってしまう例も存在した。

3.4.4　会議録の誤記

　会議録の誤記は、会議録作成者の変換ミス等により生じる。たとえば、議員リストに「荻原渉」と記載されている群馬県の議員は、会議録の一部で「萩原渡」と記載されている。この議員の議員名は「萩原渉」であるため、議員リストと会議録の両方にミスがある例である。

3.4.5　外部知識源の誤記

　議員リストの元となる外部知識源の誤記は、サイト編集者の変換ミス等より生じるものと考えられる。たとえば、東京都議会の川松議員は外部知識源のリストには「川松真一郎」と記載され、会議録には「川松真一朗」と記載されている。

参考文献

Kimura, Y., Uchida, Y., Takamaru, K.,: Speaker Identification for Japanese Prefectural Assembly Minutes, Proceedings of the Eleventh International Conference on Language Resources and Evaluation（2018）.

大山英久：地方議会の公開と会議録をめぐって，レファレンス，57（6），pp.31-46（2007）.

高丸圭一・内田ゆず・木村泰知：地方政治コーパスにおける都道府県議会会議録パネルデータの基礎分析，宇都宮共和大学シティライフ学論叢，18, pp.136-155（2017）.

第6章

地方議会会議録横断検索システム「ぎ〜みる」

乙武北斗

1 「ぎ〜みる」とは

　インターネット環境の普及により、多くの地方自治体が各々の議会会議録を Web サイト上で公開していることは 5 章で述べた通りである。検索システムを提供している地方自治体も多く、住民は議会事務局や図書館などに赴くことなく、自宅のパソコンやタブレット端末で議会会議録を閲覧することができる。そうであるにも関わらず、積極的に閲覧したり検索したりする住民は少ない。これは、2015 年の都道府県知事選挙における平均投票率が 47.14% であり、投票率の低下傾向が継続しているという総務省の報告[1]からもうかがえる。住民が議員や知事の候補の投票先を決めるときに、候補者の政治思想や目的がわかれば有益である。その手がかりとして、議会会議録に記録されている候補者本人、あるいは候補者が所属する政党・会派メンバーの発言文を利用することができる。しかしながら、住民が地方自治体の Web サイトを通じて議会会議録の生テキストを得た、あるいは議会会議録の全文検索システムにアクセスした際に、これらを利用して候補者の発言内容を俯瞰したり政治思想を概観したりすることは難しい。候補者の発言内容の時系列変化や、ある内容に対する発言者の言及具合の違いを可視化することで、住民が投票先を選定する助けになること

---

1)　総務省：第 18 回地方選挙結果 (27.4 執行). https://www.soumu.go.jp/senkyo/senkyo_s/data/chihou/ichiran.html（2015）（参照 2021 09 06）

が期待できる。

　また、議会会議録はインターネット上から取得可能なプレーンテキストデータとみなすことができる。このようなデータはコンピュータによる解析が行いやすいため、地方議会会議録を対象としたさまざまな研究が行われている。松本（2008）は、埼玉県内の市の議会会議録を用いて、特定分野の政治問題に関する作業状況を分析している。増田（2017）は、議会議事録を分析するためのテキストマイニング手法を提案し、北関東地方の7都市の議会会議録を用いて政治問題の比較分析を行っている。地方議会会議録は方言学の研究にも活用されている。二階堂ほか（2015）は、都道府県議会会議録の発言文中に方言が含まれることを報告している。

　さまざまな分野の研究者が地方議会会議録のデータを活用する需要がある一方で、従来の研究は少数の地方自治体のみを対象としているものが多い。その理由として、地方自治体がそれぞれ独自の方法や書式を用いて議会会議録を公開している点が挙げられる。コンピュータによってデータを解析するためにはテキストデータの書式を統一しなければならないため、国内全域の議会会議録を対象に研究を進めるためには労力と時間を費やして統一書式のデータを準備する必要がある。このような問題を解決するために、地方議会会議録を効率的に収集して統一書式によるデータ整備を行うプロジェクトがいくつか存在する。第5章で述べた地方議会会議録コーパスもその1つである。Webサービスとして提供されているchiholog[2]は全国の700を超える地方自治体を対象に議会会議録の横断的な検索機能を提供しており、その検索機能は独自に収集・整備した議会会議録データを利用して実現している。

　統一化された議会会議録データの収集や整備、全文検索機能の実装が進む一方で、多くの研究者にとって構造化されていない生テキストで構成されるコーパスを活用することは困難である。たとえば、社会言語学の研究者は地域や文脈を含む社会の側面が言語の使用方法に及ぼす影響を分析する。したがって、議会会議録の全文検索機能だけでは分析を進めることができない。文脈を分析するためには全文検索の結果の前後の発言文が必要

---

2)　https://chiholog.net/（参照 2021-09-06）

であり、地域の分析には全文検索結果を地図上に可視化することが有用だと考えられる。計量経済学分野の研究者はデータを統計解析に使用するために、検索結果を時系列データ、クロスセクションデータ、あるいはパネルデータに変換する必要がある。議会会議録データを利活用する学際的な研究を促進するためには、前述した要求に応える機能をもったシステムが必要だと考えられる。

　前述した住民や研究者の要望を一部満たす研究が存在する。増山は、国会審議のビデオ映像を検索する国会審議映像検索システムを提案している（Masuyama 2016）。また、地方議会版である地方議会審議映像検索システムが比較議会情報プロジェクト[3]の Web サイト上で公開されている。地方議会審議映像検索システムは、キーワード検索によって該当する発言部分の映像を閲覧することができるが、発言内容の可視化を対象としたものではない。Web サービスの chiholog は全文検索だけでなく、検索ヒット件数の時系列可視化機能も提供している。しかしながら、発言者の氏名や肩書きなど、他の属性に着目した可視化は提供されていない。「議会マイニング in 町田[4]」は、議員の取り組みをワードクラウドと関連ワードグラフを用いて可視化するシステムである。ワードクラウドは、文章中で出現頻度が高い単語を複数抽出し、その頻度に応じた大きさで単語を図示する可視化手法の一種であり、議員がどのようなトピックについてよく発言しているかを俯瞰するのに有用である。関連ワードグラフは、議員の発言文中から特徴的な単語を抜き出し、その単語と一緒に出現した単語を関連ワードとしてグラフ形式で図示するものである。一方で、このシステムは東京都町田市の議会のみを対象にしており、発言内容の時系列的な遷移を可視化する機能は提供されていない。

　このような背景を受け、筆者らは議会会議録の検索・可視化システムである「ぎ～みる」を開発している。地方自治体を横断した検索・可視化が可能であり、2021 年 8 月現在では 47 都道府県議会と東京 23 区議会を対

---

3) http://www3.grips.ac.jp/~clip/（参照 2021-09-06）
4) http://www.maniken.in/gikai_mining/machida/（参照 2021-09-06）

象としたシステムを公開している。[5]「ぎ〜みる」が持つ主な機能は全文検索、KWIC 検索、マップ検索、時系列検索、クロス表検索の 5 つである。各機能の概略は以下の通りである。

・全文検索：検索キーワードを含む会議録の発言文を抽出し、必要に応じて結果の前後の発言を閲覧できる。
・KWIC 検索：発言文から検索キーワードとその前後の文脈を表示する。
・マップ検索：検索キーワードを含む発言文の数を、地図上の都道府県において色の濃淡で表すことで、地域差を可視化する。
・時系列検索：検索キーワードを含む発言文の数を、時系列の折れ線グラフで表すことで、時期のトレンドを可視化する。
・クロス表検索：検索キーワードを含む発言文の数をさまざまな項目でクロス集計して表示する。

次節以降では「ぎ〜みる」のシステム詳細や使用実例について述べる。第 2 節では「ぎ〜みる」のシステム全体像について述べる。第 3 節では「ぎ〜みる」が持つ各機能の詳細について述べる。第 4 節では「ぎ〜みる」の使用実例を紹介する。

2 「ぎ〜みる」の概要

「ぎ〜みる」は、Web アプリケーションとして実装されている。利用者はパソコンやタブレット端末の Web ブラウザを用いて「ぎ〜みる」にアクセスすることで、議会会議録の検索や可視化を行うことができる。対象とする議会会議録は 2021 年 8 月現在、47 都道府県議会会議録の 2011 〜 2014 年、同議会会議録の 2015 〜 2019 年、および東京 23 区議会会議録の 2015 〜 2019 年の 3 種類である。

「ぎ〜みる」のシステムとしての全体像を図表 6.1 に示す。「ぎ〜みる」

---

5)　http://local-politics.jp/（参照 2021-09-06）

図表 6.1 「ぎ～みる」の全体像

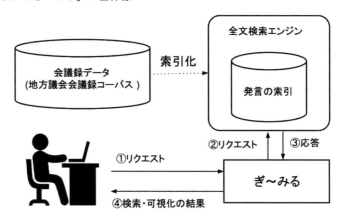

は利用者との入出力のやり取りを担うインターフェイスとしての役割のほか、全文検索エンジンから得られるデータを可視化に都合が良いように整形する役割を持つ。まず利用者は「ぎ～みる」に対して検索条件を入力する等のリクエストを送信する（図表6.1の①）。「ぎ～みる」は受信した検索条件を用いて全文検索エンジンから結果を得る（図表6.1の②③）。全文検索エンジンは Elasticsearch [6] を利用している。最後に、全文検索エンジンの出力結果を利用者が希望する可視化方法に合わせて整形し、Web ブラウザで表示できる形で出力する（図表6.1の④）。

3 「ぎ～みる」の各機能

3.1 全文検索

　全文検索は、利用者によって入力された検索条件を満たす議会会議録中の発言文を抽出する機能である。図表6.2に「ぎ～みる」の全文検索における検索条件入力欄を示す。基本的な動作として、「発言検索文字列」フィールドに入力されたキーワードを含む発言文が検索結果として得られる。

---

6)　https://www.elastic.co/jp/elasticsearch/（参照 2021-09-06）

図表 6.2　全文検索の検索条件入力欄

発言検索文字列

原発

検索文字列の扱い　　N-gram分割　フレーズ完全一致

複数検索語の扱い　　AND検索　OR検索

出力結果のソート　　日付降順

☑ 詳細な条件を設定

対象地方自治
体

福岡県 (400009) ✕

年度下限

2017

年度上限

2019

検索実行

「検索文字列の扱い」フィールドでは、全文検索におけるキーワードマッチングの方法を選択することができる。図表 6.2 で選択されている「フレーズ完全一致」は単純に「発言検索文字列」フィールドで入力されたキーワードを含む発言文を検索する。一方で「N-gram 分割」では、キーワードは連続する 2 単語や 3 単語に分割され、それらの一部が含まれる発言文も検索対象になる。たとえば検索キーワードが "都道府県議会" の場合、「N-gram 分割」ではキーワードの部分文字列である "都道府県" を含む発言文も検索結果として得られる。「複数検索語の扱い」フィールドは、検索キーワードをスペースで区切って複数与えたときの扱いを選択できる。たとえば検索キーワードが "医療　保育" の場合、「AND 検索」は "医療" と "保育" の両方を含む発言文が結果として得られる。「OR 検索」は "医療" または "保育" の少なくとも 1 つを含む発言文が結果として得られる。「出力結果のソート」フィールドでは検索結果の表示順を選択でき、日付順、全国地方公共団体コード順、発言文の文字数順、発言文の文字数のうち検索キーワードの文字数が占める割合順といった基準が選択できる。

　図表 6.3 に検索キーワード「原発」を設定した全文検索の結果例を示す。

図表 6.3　全文検索「原発」の結果例

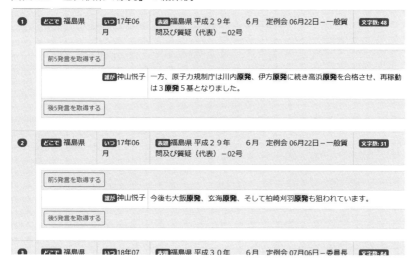

図表 6.3 に示すように、結果として得られた発言文中の検索キーワード部分はハイライト表示される。検索キーワードが複数ある場合は、それぞれのキーワードが異なる色によってハイライトされる。また、発言文表示欄の上下にある「前／後5発言を取得する」ボタンをクリックすることで、該当発言文の前後5発言を表示することができる。このボタンを繰り返しクリックすることで、より広い文脈の発言文を表示することも可能である。

3.2　KWIC 検索

　KWIC（KeyWord In Context）は文脈付き索引とも呼ばれ（Luhn 1960）、「ぎ〜みる」では発言文中の検索キーワードを前後の文脈とともに表示する機能として実装している。図表 6.4 に検索キーワード「原発」を設定したKWIC検索の結果例を示す。図表6.4に示すように、キーワード「原発」がどのような文脈で使用されているのかがわかりやすい形式になっている。

3.3　マップ検索

　マップ検索は検索キーワードによって得られた発言文のヒット数を地図

図表 6.4　KWIC 検索「原発」の結果例

今後も大飯	原発	、玄海原発、そして柏崎刈羽原発も狙われています。
今後も大飯原発、玄海	原発	、そして柏崎刈羽原発も狙われています。
今後も大飯原発、玄海原発、そして柏崎刈羽	原発	も狙われています。
福島第 2	原発	の廃炉の方向が表明された今、東京電力は柏崎刈羽原子

上の色の濃淡で表すことで、あるトピックがどの地域でよく議論されているかを可視化する機能である。図表 6.5 に検索キーワード「原発」を設定したマップ検索の結果例を示す。図表 6.5 の例では最下部のカラースケールバーに示されるように、もっとも薄い色で示される都道府県における発言文ヒット数は 3 で、もっとも濃い部分のヒット数は 1,458 となる。議会会議録中の総発言文数は都道府県によって差があるため、図表 6.5 のような発言文のヒット数ではなく、ヒット数が各々の都道府県議会の総発言数に占める割合を基準に可視化することも可能である。マップ検索を用いることで、政治課題や方言などの地域差を把握するのに役立つ。

3.4　時系列検索

　時系列検索は、検索キーワードによって得られた発言文のヒット数を地方自治体別に色分けされた時系列折れ線グラフで可視化したものである。図表 6.6 に検索キーワード「AI」を設定した時系列検索の結果例を示す。都道府県すべての折れ線が表示されている状態であるため、個々の詳細な状況を把握するのは難しいが、全体として時期が進むほど「AI」を含む発言の数が増加傾向にあることがわかる。

　時系列検索の条件入力欄は、基本的に全文検索と同様であるが、表示される各折れ線を非表示にしたり表示状態に戻したりする機能を付加している。また、特定少数の折れ線のみに着目したい場合を考慮し、折れ線の全表示／非表示をするボタンの実装も行っている。

図表 6.5　マップ検索「原発」の結果例

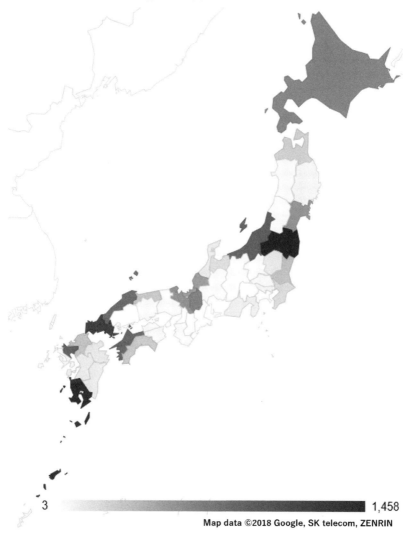

3   1,458

Map data ©2018 Google, SK telecom, ZENRIN

図表 6.6 時系列検索「AI」の結果例

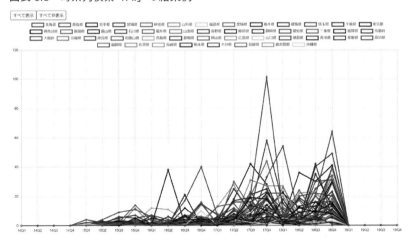

3.5 クロス表検索

クロス表検索は、検索キーワードによって得られた発言文のヒット数を、2種類の項目を掛け合わせたクロス集計表の形式で表示する機能である。「ぎ〜みる」ではクロス表検索において選択できる項目として、地方自治体、年、四半期、発言者名、発言者の生年年代がある。

「ぎ〜みる」の開発目的の1つとして、政治学や計量経済学の研究に有益なデータを提供するということがある。政治学や計量経済学の分野では、研究者が統計を作成する際には欠損のないデータが必要であり、時系列、クロスセクション、パネルデータなどの統計データが用いられてきた（Pesaran 2015）。時系列データセットは、連続した等間隔の時点で取られたデータであるのに対して、クロスセクションデータは、同じ時点で多くの対象を観察することによって収集される。すなわち、議会会議録におけるクロスセクションデータは、同じ時点における複数の地方自治体のデータと言える。パネルデータは時系列データとクロスセクションデータを組み合わせたものであり、より多くの項目について同時に解析することができる。「ぎ〜みる」のクロス表検索機能を利用することで、パネルデータ

図表 6.7　クロス表検索「AI」の結果例

	A	B	C	D	E
1	都道府県＼年度	**15**	**16**	**17**	**18**
2	北海道	10	3	40	11
3	青森	2	4	14	65
4	岩手	5	8	41	24
5	宮城	1	5	36	53
6	秋田	5	1	29	25
7	山形	1	1	9	14
8	福島	1	10	7	13
9	茨城	4	4	64	66

を取得することができる。

　図表 6.7 に、検索キーワード「AI」で行要素を都道府県、列要素を年度に設定したクロス表検索の結果例を示す。図表 6.7 が示す表のセル内の数値は該当する発言文数を表す。

4　使用実例

　社会言語学の研究者が必要としていることの 1 つに、地域や文脈の影響を分析することを目的とした方言を含む文章の抽出がある。そのような文章を抽出するためには、「ぎ～みる」の全文検索機能を利用し、方言の単語を検索キーワードとして入力する方法がある。図表 6.3 に示すように、結果として得られた発言文の上下にあるボタン（「前／後 5 発言を取得する」）をクリックすることにより、該当発言文の前後の文章を得ることができる。これらの結果を利用して、実際の方言の例や方言が使用されている文脈を分析することが可能である。また、方言の単語を検索キーワードとしてマップ検索機能を利用することで、方言の使用状況を視覚的に示す地域の境界を分析することができる。

　計量経済学の研究者は、時系列を構成するパネルデータ形式の検索結果を活用できる。「ぎ～みる」のクロス表検索機能では、図表 6.7 に示すよ

図表 6.8　発言者×年度のクロス表検索「保育」の結果例

	A	B	C	D	E
1	発言者＼年度	15	16	17	18
2	発言者A	0	0	1	1
3	発言者B	0	0	8	0
4	発言者C	0	0	0	4
5	発言者D	0	0	0	11
6	発言者E	0	0	4	0
7	発言者F	0	0	1	0
8	発言者G	12	10	0	0

うに、検索結果を二次元の表として表示することができる。この表には、発言文のヒット数の時系列的な推移と地域が含まれる。

　一般の住民は、「ぎ～みる」を利用して議員の政策の理解が容易になり、投票先を決定する手がかりとすることができる。そのための機能として、時系列検索とクロス表検索を挙げる。住民は、時系列検索を活用することで自身が居住する地方自治体の話題の傾向を理解できる。また、図表6.8に示すように、行と列がそれぞれ発言者と年を表すクロス表検索を利用することで、各発言者の話題の傾向を理解できる。これら2つの機能を併せて利用することで、たとえば、ある話題が最近その地域で全体的に議論される傾向が出現している一方で、ある議員がその話題について以前から長期間に渡る一貫した議論をしているというような特徴を発見できる。このような特徴が、議員の政治思想や政策目的を理解する手がかりになると考えられる。

【付記】本章は、Ototake, H., Sakaji, H., Takamaru, K., Kobayashi, A., Uchida, Y. and Kimura, Y.: Web-based system for Japanese local political documents, International Journal of Web Information Systems, 14 (3), pp.357-371 (2018) を和訳の上、加筆修正したものである。

参考文献

Luhn, H. P.: Key word-in-context index for technical literature（Kwic index），American Documentation, 11（4），pp.288-295（1960）.

Masuyama, M.: Linking Parliamentary Minutes and Videos in the Japanese Diet, GRIPS Discussion Papers, National Graduate Institute for Policy Studies, pp.16-22（2016）.

Pesaran, M.: Time Series and Panel Data Econometrics, Oxford University Press, Oxford（2015）.

二階堂整・川瀬卓・高丸圭一・田附敏尚・松田謙次郎：地方議会会議録による方言研究：セミフォーマルと気づかない方言（特集 方言研究の新しい展開），方言の研究 = Studies in dialects, ひつじ書房，pp.299-324（2015）.

増田正：計量テキスト分析によるわが国地方議会の審議内容を可視化する方法について，地域政策研究，19（3），pp.161-175（2017）.

松本直樹：地方議員の図書館への関心に関する予備的考察：埼玉県市議会の議会会議録分析をもとに，日本図書館情報学会誌，54（1），pp.39-56（2008）.

第7章

地方議会会議録コーパスの研究利用

高丸圭一

1　はじめに

　この章では、地方議会会議録を利用した学術研究の事例を紹介する。第2節では、研究資料としての性質を確かめるために行われた整文の分析について述べる（高丸・木村 2010; 高丸 2011）。地方議会会議録を全国的な大規模言語資源と位置づけ、言語研究に利用する例が増えつつある。井上（2013）は「去った○日」という表現（「去る○日」の意）が那覇市の会議録に見られることを指摘しており、山下（2012）は「めっちゃんこ」が名古屋市の会議録に見られることを指摘している。また、高丸・木村（2010）は「終わす」（「終わらせる」の意）が栃木県内の複数の議会会議録で観察されることを指摘している。第3節と第4節では、議会会議録を利用して筆者らが実施した言語に関する研究事例について述べる（高丸 2013a; 高丸 2014; 高丸ほか 2013; 高丸ほか 2014a, 2014b; 高丸ほか 2015）。第5節では計量テキスト分析等の手法を用いて、政策形成過程について研究した種々の事例を紹介する。

2 地方議会会議録の整文

2.1 整文とは

　議会会議録は学術研究の資源として用意されるものではないため、発言を忠実に記録するのではなく、読みやすさ等の観点からさまざまな修正が行われる。これを整文と呼ぶ。国会会議録に関する整文の実態については松田らによって調査が行われている（松田ほか 2005; 松田 2010）。地方議会会議録については、議会事務担当者向けの書籍（野村・鵜沼 1996）に整文の指針が示されている。また、速記実務者向けには整文の手引書（日本速記協会 2007）が存在する。しかしながら、実際に各自治体がどのような基準で整文を行っているかは明らかではない。このため、整文前（議会での発言）と整文後（会議録）を比較し、どのような修正が行われているのかを調査する。本節の第一の目的は、地方議会会議録が作成される際に、どのような整文が行われているのかを分析することである。

　松田（2010）によると、国会会議録において、衆議院と参議院の間で整文に違いがあることが指摘されている。自治体間では整文基準やその適用方法にさらに大きな差異があることが予想される。複数の自治体の会議録を用いた比較研究などを行う場合、発言に対して異なる基準で整文された文書を対象にすることになる。本節の第二の目的は、自治体間にどの程度の整文基準や整文方法の違いがあるのかを分析することである。同一県内の規模の異なる自治体の地方議会会議録を対象として、整文の状況を調査し、自治体間での差異等を考察する。

2.2 分析対象と調査方法

　同一県内、具体的には栃木県内の自治体の地方議会会議録を比較する。栃木県内の自治体で議会会議録と議会中継（オンデマンド配信）の両方をWebサイトで公開している自治体のうち、栃木県、宇都宮市、那須塩原市の3自治体を対象とする。それぞれの自治体において、調査開始時に会議録、議会中継の両データが入手可能であった最新の本会議における最初

の一般質問2議員分を対象とする。発言者は、質問に登壇した2名の議員のほかに、首長、特別職（副知事または副市長、教育長）、議長、部局長（栃木県7名、宇都宮市2名、那須塩原市7名）であった。

　調査方法について述べる。まず、それぞれのWebサイトに公開された議会中継のオンデマンド配信から音声データを抽出した。この音声を聴取しながら、整文後のデータである会議録のテキストを元にして、整文前のデータである反訳を作成する。会議録に存在しない発言（削除）および、発言には含まれない会議録中の記述（挿入）、発言と会議録が異なる部分（置換）をそれぞれ記録する作業を行った。作業にはMicrosoft Wordの変更の履歴機能を利用し、追加・削除箇所が一目でわかるようにした（置換や語順の変更は追加と削除の組み合わせで表される）。この作業を、筆者を含む2名の作業者が相互チェックを行いながら実施した。

2.3　整文基準に基づく整文例の分類

　整文実態の調査結果を、整文基準に照らし合わせた分類と、整文の量を表すレーベンシュタイン距離によって示す。日本速記協会が発行する「発言記録作成標準（日本速記協会 2007）」に記されている整文基準に基づいて、整文箇所を分類する。「発言記録作成標準」では整文の作業を「削除」「訂正」「挿入」「改行」に分け、その手順を整文の精緻さの観点から4つのステップに分けて提示している。このため、どの程度精緻に整文を行ったかを判断しやすい。整文の具体例を以下に示す。例中の取り消し線は反訳から会議録を作成する際に削除されたと思われる部分を表し、囲み線は追加された部分を表す。このうち当該基準で整文された部分には波下線を引く。

　「発言記録作成標準」（日本速記協会 1997）に基づいて分類した会議録の整文例
●ステップ1
①無機能語、言いさし、ひとり言について削除する。
い―当然、え―適任者とお―いうことでえ―え―せ、選定をするとい

うことがあーひ、あの大事であります。~~で、ま、~~学区内を~~ま、あー~~優先というか、〔那須塩原市議会〕

問題に~~まー~~対応できるように、~~まー計画策定のまー~~基本的な考え方~~というものは~~変更しておりません。〔栃木県議会〕

②なまりは標準的な語句に置きかえる。

私なんかほとんど見ないで~~えー~~処理~~しっちゃー~~ してしまう ほうなんで、〔那須塩原市議会〕

●ステップ２

①単純または明らかな言い間違い、読み間違い、言葉の誤用、助詞の誤用、同じ助詞の連続、言い直しなどについて整文する。

ご質問~~を~~申し上げますので、よろしくご回答のほどお願い~~を~~いたします。〔栃木県議会〕

発言通告に従い質問~~を~~してまいります。〔宇都宮市議会〕

特定の候補者への応援は、公 職 選 挙 法に抵触する可能性もあると思われ〔宇都宮市議会〕

総額九十二億 兆 円余のすべての予算案を手にしたとき、政権交代を実感~~を~~いたしました。〔栃木県議会〕

②文脈上、意味のない口癖などは削除する。

従来、野球は雨が降ったら中止、野外でやるもの~~、こういうふうに~~と なっていたわけですが、〔栃木県議会〕

③引用と思われる部分は、原典を調査し、同一であれば原典通りの用字とし、かぎ括弧でくくる。

　　　　　※該当なし

④発言の突然の転換で話が続かない場合などは２字ダッシュ（——）を用いて表記する

　　　　　※自治体によっては三点リーダー等の記号が使用されることもある。

地域に~~まー~~任せる~~っつー~~ という まで……地域の判断という答弁がありました中で〔那須塩原市議会〕

議長のルートも行くし、栃木県のルート ── 私どもにとっては県の行財政含めて、地方自治含めて　［栃木県議会］

⑤読みやすさを考慮し、適切な箇所で改行を施す。

　　　※発言に対する整文ではないので、除外する。

●ステップ3

①主語と述語の不一致など、言葉の照応関係が不適切な部分は整文する。

情報を共有できるかというう─ところが を 一部、う─ま、懸念として持っていたんですが　［那須塩原市議会］

これらの活動は大きな反響を呼んでいるところであり、県民の関心の高さを が うかがえます。　［栃木県議会］

②言葉が倒置していて、意味が把握しにくい場合や誤解が生ずるおそれがある場合は整文する。

非常に一方では 非常に 簡単なようで難しい面もございます。　［栃木県議会］

③言葉が脱落している場合や、省略され、意味不明または意味が把握しにくくなる場合などは、適切な語句を補正する。

国の予算が五千万 円 つきまして　［栃木県議会］

中学卒業までの子供一人 あたり 月額一万三千円、子ども手当が支給されることとなりました。　［栃木県議会］

④崩れた言い回しを整える。

自治会に加入して い ないい─世帯も含まれているかと思います。［那須塩原市議会］

クリアしなくちゃ ては ならないハードルはあるかと思いますが［那須塩原市議会］

これを減らしておか─減らせば、もっとこの二十二億円は吹っ飛んじゃう でしまう 話で　［栃木県議会］

⑤重複している言葉は一方を削除する。

なかなかこれを廃止をするのはなかなか難しいのではないかというように危惧をしております。　［栃木県議会］

本当にあのー、いろいろ熟慮しながら考えて していただいて　［宇
都宮市議会］

⑥一つのセンテンスの中で同じような言い回しが繰り返された場合、
冗長な言い回しの場合は、発言者の口調にも留意しつつ、一定の部分
について整文する。

　　　　※すべて削除している例はステップ4の③にある。

⑦文章が切れず、1つの段落が長文となる場合、適切な箇所で語尾を
整え、必要に応じて改行を施す。

　　　　※観察されるが、本稿の範囲では除外する。

●ステップ4

①議題に直接関係がない部分は削除する。

おはようございます。私は、自由民主党議員会の○○○○でございま
す。自由民主党議員会を代表して、知事、副知事並びにえー部局長、
おー教育長 に あわせてご質問を申し上げますので……　［栃木県議
会］

②発言の突然の変換で話が続かない場合でも2字ダッシュ（──）を
用いず、語句を補正するか、語順を入れ替える。

　　　　※該当なし

③同じような言い回しの繰り返し、冗長な言い回しの場合は、ステッ
プ3-⑥よりさらに進み、すべて整文する。

意見を申し上げさせていただきたいというふうに思います。（……）
私は、恥は誇りの裏返しだろうというふうに思っているのですよ
（……）これを裏切ったときが恥だというふうに思いますし、（……）
日本人特有の恥の文化だというふうに私は考えます。　［栃木県議会］
※（……）は筆者により中略した

2.4　レーベンシュタイン距離

　整文がどの程度行われているかをみるために、反訳と会議録のレーベン

図表 7.1　各データの文字数とレーベンシュタイン距離

自治体	栃木県	宇都宮市	那須塩原市	総計
反訳字数	41,445	31,623	45,479	118,547
会議録字数	38,256	31,001	39,104	108,361
LD	4,324	709	6,913	11,946
LD（フィラー除外）	3,521	529	2,325	6,375
LD 比率	0.11	0.02	0.18	0.11
LD 比率（フィラー除外）	0.09	0.02	0.06	0.06
追加文字数	979	673	259	1,911

シュタイン距離（LD）[1]を求めた。LD の計算時に句読点や記号は機械的に
除外した。また、整文の量を比較するために、会議録文字数に対する LD
の値（LD 比率）を算出した。反訳には「あー」「えー」などのフィラーが
極めて多く観察された。フィラーの削除とそれ以外の整文を分けて考える
ために、フィラーに相当する文字列を反訳、会議録双方から機械的に除[2]
外した LD、LD 比率を別に算出した。自治体ごとのこれらの値を図表 7.1
に示す。

　LD の総計は約 12,000 であり、反訳文字数と会議録文字数の差が約
10,000 字であることから、整文の大半は「削除」であるといえる。さらに、
フィラーを除外した LD が 6,375 であったことから、整文のうち半数近く
はフィラーの削除であることがわかる。挿入・置換を合わせても、整文の
差異に会議録に追加された文字列は 2,000 字程度であった。

---

1) レーベンシュタイン距離は、文字の削除、挿入、置換の回数に基づいて 2 つの文字
　列の差を計る尺度である。ここでは、削除、挿入、置換のコストはすべて 1 とした。
　整文には、句単位での訂正もあれば、助詞など一文字だけの挿入もあるので、レー
　ベンシュタイン距離が整文の箇所の数を直接的に表すわけではないが、整文によっ
　てどれだけ文字列が変わっているかがわかるため、1 つの目安となると考えられる。
　なお、本稿では、DP マッチングに基づくアルゴリズムを用いてレーベンシュタイ
　ン距離の算出を機械的に行っている。
2) 松田（2010）の国会会議録の分析でもフィラーは一部を除き除外されている。本稿
　では「あ、」「い、」「う、」「え、」「お、」「あー」「いー」「うー」「えー」「おー」「ま、」
　「まー」「あのー」「えーと」「そのー」「んー」と句末の語の引き延ばし「ー」をフィ
　ラーとして除外した。

2.5 考察

　フィラーを含めたLD比率は、宇都宮市＜栃木県＜那須塩原市の順に高く、フィラーを除いたLD比率は、宇都宮市＜那須塩原市＜栃木県の順に高いことがわかる。整文の量の観点から3つの自治体についてそれぞれ考察する。

　宇都宮市は、他の2自治体と比べてLD比率が著しく低い値であった。これは一括質問方式をとっているためであると考える。一括質問方式では、質問者、答弁者ともに、事前に用意した原稿の朗読と思われる部分が長く続く。発言者はこの発言方式に慣れている可能性が高く、フィラーや言い直し（読み間違い）が他の自治体と比べて少ない。複雑な整文の例は存在せず、省略された単位の挿入、略称の正式名称化、助詞の修正などの整文はいくつか存在した。

　栃木県議会の整文は、フィラーを除いたLD比率が3自治体の中でもっとも高い。これは、原稿を朗読せずに発言している部分が多いことと、整文が高いステップまで行われている―すなわち、会議の内容に無関係な部分は積極的に削除され、より書き言葉に近い状態になるまで整文が行われている―ことの2つの理由があると考えられる。自由発話を高いステップまで整文していることから、1つの整文基準では説明できない複雑な整文も多く観察される。以下に例を示す。

　［反訳］
　で、もう一つの特徴はですね、けっこうあの私びっくりしたんですけど、いろんなとこ、ほとんどに仮名が振ってあるんですよね、それがまー一つの特徴かな。
　［会議録］（LD = 38）
　もう一つは、これが特徴なのかなと、私びっくりしたのですが、ほとんどに仮名が振ってあるのです。

　この一文には、複数の整文基準が適用されている。「あるんです」は

「あるのです」に整文される一方、「私びっくりした」には助詞が挿入されず、口調を維持するために整文の適用を調節していることが観察される。

　また、栃木県議会では、ステップ４①の整文基準が適用され、挨拶や自己紹介が削除されている。宇都宮市、那須塩原市ではこれらは残されている。また、「次に二点目として、高校の実質無償化等について伺います。」など文に及ぶ長さで発言に存在しない文字列が会議録に挿入されていることから、発言者による訂正、または、発言者の原稿との照らし合わせが行われていると考えられる。

　那須塩原市議会の例では、フィラーが多く観察された。フィラーを含めた LD とフィラーを除いた LD を比べると、整文の約２／３がフィラーの削除に費やされたことがわかる。文体を整理するような整文は積極的には行われていない。たとえば、同じような言い回しの多用では、栃木県議会がステップ４③を適用しているのに対し、那須塩原市議会はステップ３⑥すら適用しておらず、会議録に口語的な表現がより多く残されている。

　整文の量に影響を与える要因には、質問の方式に加えて、フィラーの量、朗読部分の割合、整文の緻密さ（適用する整文ステップの高さ）などがあり、これを３つの自治体に当てはめて考えると、図表7.2のようになる。宇都宮市については、質問方式の違いから単純に比較することはできないが、栃木県と那須塩原市を比べると、規模の大きい自治体では、整文にコストをかけることが可能であるため高いステップまで整文が行われ、規模の小さい自治体では、フィラーの削除など整文が多く、文体の修正などの積極的な行われないという傾向がありそうである。

　また、LD 比率（整文の量）は発言者ごとに異なるものの、朗読部と非朗読部の LD 比率の差は、同様の傾向を示しており、朗読と非朗読の切り替えで生じる非流暢性の成分の割合自体は発言者間で大きな違いはないことが示唆される。

　複数の自治体の会議録を言語資料として用いた研究を行う場合には、分析の目的とする現象が整文の対象になる可能性があるかを検討することはもちろんのこと、朗読部の割合、整文の緻密さなどに留意することが必要であると考えられる。

図表 7.2　自治体間の比較

	栃木県	宇都宮市	那須塩原市
自治体の規模	+	±	−
質問の方式	一問一答	一括質問	一問一答
フィラーの量	±	−	+
朗読部分の割合	±	+	±
整文の緻密さ	+	?	−
整文の箇所	+	−	+
削除の量	±	−	+
挿入の量	+	−	±
置換の量	+	−	±

3　ことばに関する研究事例①：文末表現の出現分布

　本節では、地方議会会議録コーパスから作成した形態素 N-gram を用いて文末表現の地域差を捉える試みについて述べる。形態素 N-gram とは、ある文書において N 個の連続する形態素列が出現する頻度を求めたものであり、文書中の形態素の共起頻度や共起確率を知ることができる。本研究では、収集した会議録を形態素解析器 MeCab（Kudo 2004）によって形態素に分割した。形態素解析辞書には Unidic（伝ほか 2007）を用いた。形態素解析の結果から、自治体別に会議録の形態素 N-gram を作成した。形態素 N-gram の例を図表 7.3 に示す。

　終助詞等の文末表現の多くはひらがなであることから、ひらがなで構成される形態素に限定する。また、終助詞の連続を考慮して N=4 とする。すなわち、本研究の分析対象は、第 4 形態素が句点であり、かつ、第 1 から第 3 形態素がすべてひらがなで構成されている 4-gram である。（以下、この 4-gram を「フレーズ」と呼ぶこととする。）また、N-gram には出現頻度が小さいパターンが大量に含まれることが知られている。このため、1 都道府県あたり平均 1 回程度の出現が見込まれる表現、すなわち総出現頻

図表 7.3　形態素 N-gram の例（北海道札幌市議会の 7-gram の一部）

第1形態素	第2形態素	第3形態素	第4形態素	第5形態素	第6形態素	第7形態素	頻度
本市	の	出資	団体	数	に	つい	1
の	出資	団体	数	に	つい	て	1
団体	数	に	つい	て	ご	説明	1
数	に	つい	て	ご	説明	さ	1
に	つい	て	ご	説明	さ	せ	14
つい	て	ご	説明	さ	せ	て	14
て	ご	説明	さ	せ	て	いただき	25
ご	説明	さ	せ	て	いただき	ます	41
説明	さ	せ	て	いただき	ます	。	47
さ	せ	て	いただき	ます	。	</S>	117

※「</S>」は文末を示すマーカーであり N-gram では形態素と同等に扱われる。

度（全自治体の和）が 50 回以上のフレーズに対象を限定する。

3.1　分析対象データの概要

　本研究で使用した 2010 年度の 405 自治体の議会会議録に収録された 7,001,899 文から、上述の条件にあてはまるフレーズが 4,341,447（異なり数 1,331）得られた。収集した会議録は自治体ごとに全体の量が異なるため、出現頻度そのものを自治体間で直接比較することは適当ではない。このため、次式によってフレーズの出現確率を求めた。

$$\text{フレーズ P の出現確率} = \frac{\text{フレーズ P の出現頻度}}{\text{第 4 形態素が句点である 4-gram の総出現頻度}}$$

　図表 7.4 に出現頻度が高い 10 フレーズを示す。このフレーズの出現確率がもっとも高い都道府県ともっとも低い都道府県を併せて示す。出現頻度がもっとも高い「ております。」と 10 番目の「ありました。」との間に 10 倍以上の頻度の開きがある。また、この 10 パターンで、全 1,331 パターン出現頻度の和の約 58%（2,517,671）を占めている。このことから、少数

図表 7.4　出現頻度の高いフレーズ

順位	フレーズ	頻度	出現率最大	出現率最小
1	て／おり／ます／。	866,450	佐賀県（0.1861）	和歌山県（0.0687）
2	で／ござい／ます／。	652,018	高知県（0.1883）	和歌山県（0.0259）
3	で／あり／ます／。	323,651	富山県（0.1504）	神奈川県（0.0230）
4	て／い／ます／。	172,671	秋田県（0.0537）	長崎県（0.0097）
5	て／いただき／ます／。	110,858	奈良県（0.0371）	鹿児島県（0.0033）
6	ませ／ん／か／。	109,905	鳥取県（0.0620）	佐賀県（0.0067）
7	を／いたし／ます。	87,083	鳥取県（0.0419）	青森県（0.0030）
8	いたし／まし／た／。	70,804	鹿児島県（0.0306）	石川県（0.0061）
9	て／ござい／ます／。	62,891	東京都（0.0258）	富山県（0.0000）
10	あり／まし／た／。	61,340	和歌山県（0.0233）	鹿児島県（0.0041）

の文末表現が高頻度で繰り返し使用されていることがわかる。ただし、出現確率をみると、都道府県ごとにばらつきがある。たとえば「ております。」では、佐賀県（0.1861）と和歌山県（0.0687）の間に約 3 倍の開きがある。

3.2　フレーズ間の使用地域の相関

　1,331 フレーズ間のすべての組み合わせ 885,115 組について、47 都道府県の出現確率をパラメータとして散布図を描き、相関係数を求めた。相関係数がもっとも高い組み合わせは「やけどね。」と「ますやん。」であり、相関係数は 0.992 であった。この散布図を図表 7.5 に示す。関西方言である「やけどね。」と「ますやん。」はいずれも京都府、兵庫県、大阪府、およびその近県で出現し、その他の都道県では出現頻度が 0 であった。このように出現傾向の地域特性が共通している 2 つのフレーズの間では、相関係数が高くなる。したがって、フレーズ間の相関係数を求めた上で、そのフレーズ対の出現確率が高い地域を調べることによって出現傾向に地域差のあるフレーズとそのフレーズが出現する地域を知ることが可能である。相関係数 0.85 以上の組み合わせは、696 組（異なり文末表現数 207）存在した。

図表 7.5　フレーズ間の出現確率の散布図

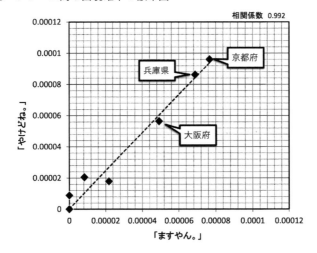

図表 7.6 に相関係数の高い文末表現の組み合わせ上位 20 組を示す。ここから大きく分けて以下の i 〜 iv に示す 4 つの傾向が見られる。

i.　関西方言（図表 7.6 ①③④⑤⑧⑫⑳）

　相関係数が最大の「やけどね。」と「ますやん。」のほかにも関西とその近郊の方言が多く観察される。相関係数 0.85 以上の組み合わせのうち、これらに該当する文末表現が 94 組（異なり文末表現数 36）見られた。

ii.　尊敬表現「〜してみえる」（図表 7.6 ⑬⑮⑯）

　愛知県、岐阜県、三重県、滋賀県に出現する尊敬表現の「〜してみえる。」の変化形が互いに高い相関を示した。たとえば、「みえました。」は「言ってみえました。」「感じてみえました。」「取り組んでみえました。」などという形で出現した。これに該当する文末表現は、相関係数 0.85 以上の範囲に 7 組（異なり文末表現数 5）見られた。

iii.　「〜のです」（図表 7.6 ⑦⑨⑰⑲）

　「なのです。」「あるのです。」など「〜のです。」という文末表現は全国

図表 7.6 相関係数の高いフレーズ（上位 20 組）

順位	フレーズ対（最頻都道府県）		相関係数
1	やけどね。（京都府）	ますやん。（京都府）	0.9925
2	わけである。（長崎県）	ことである。（長崎県）	0.9889
3	わけやな。（三重県）	ことやな。（三重県）	0.9860
4	んやな。（三重県）	ことやな。（三重県）	0.9848
5	わけやね。（兵庫県）	どないですか。（兵庫県）	0.9785
6	わけである。（長崎県）	のである。（長崎県）	0.9782
7	なのです。（宮城県）	あるのです。（宮城県）	0.9757
8	ねんけれども。（兵庫県）	とるわけや。（兵庫県）	0.9751
9	なのです。（宮城県）	ないのです。（宮城県）	0.9739
10	ことである。（長崎県）	ていた。（長崎県）	0.9708
11	ていた。（長崎県）	なっている。（長崎県）	0.9700
12	ねんけれども。（兵庫県）	わけやね。（兵庫県）	0.9699
13	てみえます。（岐阜県）	みえました。（岐阜県）	0.9683
14	わけである。（長崎県）	しておく。（長崎県）	0.9683
15	みえるのか。（三重県）	みえました。（岐阜県）	0.9681
16	みえますか。（岐阜県）	てみえます。（岐阜県）	0.9675
17	あるのです。（宮城県）	ないのです。（宮城県）	0.9674
18	ことである。（長崎県）	しておく。（長崎県）	0.9674
19	なのです。（宮城県）	いるのです。（宮城県）	0.9663
20	わけやね。（兵庫県）	とるわけや。（兵庫県）	0.9651

に出現するが、宮城県の会議録に多く見られた。自治体を個別に見ると、特に宮城県議会と石巻市議会に多く出現した。「〜のです」は話しことばでは「〜んです」という形で表れることが多い。宮城県のほか、北海道、岩手県、山形県、栃木県、群馬県、埼玉県、神奈川県で「〜んです。」より「〜のです。」が多く見られた。一方、「〜のです。」の出現確率が低い府県は関西地方や中国地方に比較的多い傾向があった。

iv. 「〜である」等の常体の表現（図表 7.6 ②⑥⑩⑪⑭⑱）

「わけである。」「ことである。」などの「〜である。」も全国に広く出現する表現であるが、長崎県において多く見られた。特に、佐世保市議会では「である。」の出現確率が約 0.077 と高い。「である。」「ている。」ともに、長崎県のほか、東京都、神奈川県、石川県、兵庫県における出現確率が高い。

3.3　文末表現の出現分布

　本節では、地方議会会議録コーパスに見られる文末表現の地域差を検討した。都道府県ごとの出現確率相関係数を手がかりにすることで、出現傾向の類似した文末表現を抽出した。3.2 項の i および ii のような方言文法を含む文末表現は、①共通語に同じ意図の表現が存在しないため言い換えられない（言い換えられない方言）、②言い換えなくても閲覧者が意味を理解できると考えたため言い換えなかった（気にしない方言）、③方言であることに気づかないため言い換えられなかった（気づかない方言）、などの理由で整文されずに会議録に残されたことが考えられる。iii および iv は、出現地域が限定されていないことから、議会発言における表現法の偏り、または、整文規則の偏りによるものであると考える方が適切であろう。実際の発言にまで遡ることはできないものの、「〜のです。」と「〜んです。」の割合に地域差が見られたことは興味深い。

4　ことばに関する研究事例②：オノマトペ

4.1　形態素解析によるオノマトペの抽出

　『日本語オノマトペ辞典（小野 2007）』に掲載された 4,565 語のオノマトペのうち、意味分類別索引に掲載された 2,466 語（異なり語数 1,751 語）が地方議会における発言でどのように使用されているかを調査し、分析を行った。調査対象は全国 402 自治体の 2010 年度の会議録（総単語数は293,190,430 語）である。形態素解析には JUMAN[3] を用いる。ユーザ形態素

---

3)　http://nlp.ist.i.kyoto-u.ac.jp/index.php?JUMAN（参照 2021 08 31）

辞書に 1,751 語のオノマトペをひらがなおよびカタカナの副詞として登録した上で形態素解析を行い、登録したオノマトペを含む文を用例として抜き出した。

　形態素解析の結果、約 3 億語の地方議会会議録コーパスから 982 語のオノマトペ（計 186,416 例）が抽出された。オノマトペの抽出は形態素解析器のみによって高い精度で行うことは困難であるため、誤抽出が比較的少ないと考えられる 4 モーラのオノマトペのみを対象として、全体的な傾向を述べる。また、分析対象のオノマトペを限定し、手作業で誤抽出を取り除いた上で、出現傾向について考察する。

4.2　使用頻度の高いオノマトペ

　地方議会会議録におけるオノマトペの全体的な出現傾向を確認するために、4 モーラ以上のオノマトペの出現頻度上位 15 位までを図表 7.7 に示す。

図表 7.7　4 モーラ以上のオノマトペ（出現頻度上位 15 語）

順位	オノマトペ	出現頻度
1	しっかり	77,464
2	どんどん	20,680
3	はっきり	19,382
4	だんだん	5,679
5	びっくり	2,910
6	もろもろ	2,372
7	そろそろ	2,021
8	ゆっくり	1,610
9	じっくり	1,541
10	わくわく	889
11	つくづく	622
12	すくすく	542
13	ぎりぎり	513
14	がっかり	499
15	こうこう	485

「しっかり」「どんどん」「はっきり」などが多く使用された。特に「しっ

かり」の出現頻度が顕著に高く、抽出したオノマトペ全体の約41%を占める。出現頻度の高いオノマトペは多様な文脈で用いられるものであると考えられるが、上述の例のように地方議会会議録では、施策の推進（「しっかり」「どんどん」等）や明確な言及や適切な判断（「はっきり」等）などを表すために高頻度で使用される。使用例を以下に示す。これらの語を手がかりに文の主題を抽出することで、発言者の主張や議論の焦点などを分析することができる可能性がある。これは今後の検討課題である。

(1) 「しっかり」の例

・ぜひ教科書の採択に沿って、やはり授業時間との関係が必ず出てくる、予測される問題でございますので、しっかりとした対応をお願いしておきたいと、こんなふうに思っております。（東京都荒川区）
・よっぽど気をつけて、これから早期整備、全庁的な体制、しっかりつくっていただくようにお願いをしておきます。（三重県津市）
・その辺はしっかりと地域の人と合意を、暗黙の合意ちゅうたらおかしいけど、ある程度話をしちょっていただきたいと思いますが、どうなんでしょうか。（山口県周南市）

(2) 「どんどん」の例

・ですから、私は、地域力というものを高めるために、観光の予算をどんどん使っていただきたいと言っているわけでありまして、ぜひ、そういったこともお願いしたいなと思っております。（北海道）
・何も、バリアフリーなどは、うちもどんどんやらんとあかんという立場で物言うてるわけです。（大阪府八尾市）
・……この統合庁舎は大変大きなプロジェクトでありますから、いろんな角度から検討していただき、委員会をどんどん開いてほしいと思います。（沖縄県うるま市）

(3) 「はっきり」の例

・やっぱり子育て支援ではだめなので、少子化対策という、そういう
旗をしっかり掲げて、それがすぐできるというものではないことは
<u>はっきり</u>しているんですよ。(北海道旭川市)
・……地域の担い手をつくるのはいいけれども、じゃあ、行政は何を
するのかというところも、<u>はっきり</u>させる必要があるということを
感じました。(茨城県守谷市)
・……やはり大切な税の消滅、免除ということを<u>はっきり</u>と説明する
べきだと思いますが、市長の考え方をお聞きいたします。(新潟県
上越市)

4.3　オノマトペ使用の地域差

　出現頻度が高いオノマトペはどの地域においても一定の頻度で出現して
いると考えられる。出現頻度のより低いオノマトペにおいて、用法（語
義）の多様性や地域差がみられる可能性がある。一方、コーパスにおける
出現頻度がきわめて低い語は出現分布を分析することに適していない。出
現数が中程度のオノマトペを対象に、手作業で形態素解析結果のチェック
を行い、真にオノマトペであると確認された 155 語（12,512 例）を分析対
象とする。

　オノマトペ地域差を見るために、会議録を「北海道東北」「関東」「中
部」「近畿」「中国四国」「九州沖縄」の 6 地方区分に分け、それぞれの出
現頻度および、出現確率（総単語数に占めるオノマトペ数）を求めた。分析
対象 155 語全体の出現頻度を図表 7.8 に示す。

　出現確率は「近畿」（53.9×10^{-6}）がもっとも高く、「中国四国」（50.3×10^{-6}）、「九州沖縄」（44.5×10^{-6}）がこれに続く。西日本において、オノ
マトペの出現頻度が高い傾向がみられる。

　それぞれの地方で多く使用される傾向のあるオノマトペを対応分析の手

法を用いて分析した。対応分析の結果、各地方の近傍に付置したオノマトペ、すなわちその地方において使用頻度が顕著に高かったオノマトペの地方別の出現頻度を図表 7.9 から図表 7.11 に示す。また、会議録の具体例を i から iv に示す。

図表 7.8　分析対象 155 語の地域別の出現頻度と出現確率（百万分率）

	北海道東北	関東	中部	近畿	中国四国	九州沖縄
出現頻度	1,152	3,780	1,720	3,055	1,498	1,307
総単語数	31,895,757	97,129,985	48,287,270	56,699,023	29,795,513	29,382,882
出現確率 $(\times 10^{-6})$	36.1	38.9	35.6	53.9	50.3	44.5

図表 7.9　対応分析において「九州沖縄」近傍に布置する 2 語の出現頻度

	北海道東北	関東	中部	近畿	中国四国	九州沖縄
ぴしゃっ	0	3	4	7	8	90
ずっ	6	22	7	18	7	74

図表 7.10　対応分析において「近畿」近傍に布置するオノマトペ 7 語の出現頻度

	北海道東北	関東	中部	近畿	中国四国	九州沖縄
ばくっ	2	3	9	52	2	1
かちっ	4	10	2	50	14	1
さんさん	2	9	7	60	2	19
めちゃくちゃ	1	9	13	42	6	4
ころっ	9	16	5	57	16	9
ぐんぐん	2	11	11	26	1	1
のびのび	5	102	13	132	12	20

図表 7.11　「中国四国」近傍に布置する 2 語の出現頻度

	北海道東北	関東	中部	近畿	中国四国	九州沖縄
きらら	15	4	6	5	59	20
ぴちっ	0	11	1	16	33	5

i. 九州地方の「ぴしゃっ」

　「九州沖縄」に頻出するオノマトペのうち「ぴしゃっ」は全112例のうち90例が九州地方で使用された。「戸口などを閉めるさま」から派生して「ある基準で完全にやめる、閉める、止めるさま」を表す用例が以下のように全国に見られる。

(4)-a 「ぴしゃっ」の例（ある基準で完全にやめる、閉める、止めるさま）

> ・……市長はお金がないというたった一言でぴしゃっと切ってしまったんです。（和歌山県和歌山市）
> ・逆にきょう呼んでしっかり話をして、それでぴしゃっとやめるとなれば、やれないことないと思うけど、呼んでちゃんと話をして……（長野県松本市）
> ・……あの地域内に水が入るのをぴしゃっと入り口でとめていただいたということで、大変対応がよかったというふうなことを、まず、感謝を申し上げたいと思います。（山口県山陽小野田市）

　一方、九州地方の「ぴしゃっ」には方言的な語義が存在し、「きちんと」「しっかりと」「はっきりと」に類する意味をもつ例が見られる。議会において全国的に出現頻度の高い「しっかり」「はっきり」と言い換えられるため、九州地方の議会において多用される表現であると考えられる。

(4)-b 「ぴしゃっ」の例（九州方言の語義）

> ・だから、審査会の権限とか、そういうものについてぴしゃっと明らかにして示す必要があるんじゃないかというふうに思うんですが、そこら辺についてどう考えますか。（福岡県嘉麻市）
> ・そりゃ、職員は黒字が出ようが赤字が出ようがぴしゃっとボーナスも出ておる。（長崎県雲仙市）
> ・それから、そのときも出たんですけれども、資料の提出方法を、も

うちょっとぴしゃっと定めた方がいいのかなというような気はいた
しました。(熊本県熊本市)

・ここら辺をぴしゃっと整備しなければいけないというふうに思って
おりますし、住民から信頼される自治体となるべく努力をしていか
なければいけない……(宮崎県小林市)

ii. 近畿地方の「ばくっ」

「近畿」に多く出現するオノマトペ「ばくっ[4]」は、オノマトペ辞典に掲
載された語義での使用は存在せず、「(棒状のものが) ばくっと折れる」(岩
手県) 1例のほかは、以下に示すような「漠然とした大まかなさな」の意
味で用いられた。これは「漠とした」がオノマトペ化した用法であると解
釈することができ、近畿を中心に使用される表現である。

(5) 「ばくっ」の例(漠然とした大まかなさま)

・……まずは、何ていうんですかね、議会としてのばくっとした考え
方なりを聞きたいというそういった思いで委員会、特別委員会だと
思っております。(愛知県尾張旭市)

・……どういう課題が出てくるのかということについてはばくっとは
聞きましたけれども、たらればという話がいっぱいあってなかなか
定かになっていない……(滋賀県大津市)

・平均値がどれぐらいちゅのがもしわかれば、ばくっとでも結構です。
(大阪府羽曳野市)

・こうなってくると、ばくっと私が考えるのは、逆にその責任体制が
分散してしまって、だれがじゃあこのプロジェクトを回していくの
か……(兵庫県豊岡市)

---

4) オノマトペ辞典に掲載された語義は「勢いよく食いつく」「大きく開く」。

iii. 中国地方の「きらら」

「中国四国」に多く出現した「きらら」は、「明るくまぶしく輝き続けているさま」をあらわすオノマトペであり、派生して雲母の別称でもある。自治体が行うイベントや取り組み、施設等の名称に多く採用されており、会議録においてもすべて固有表現（名称）として出現した。特に山口県で出現例が多く、「きらら」が使用された固有表現26種類（109例）のうち、11種類（55例）が山口県において出現している。

(6) 「きらら」の例

> ・……業務用米としての「きらら397」のほか、「おぼろづき」「ふっくりんこ」といった良食味米に続きまして、「ゆめぴりか」も新たに登場するということで……（北海道）
> ・……従来より山口大学医学部附属病院などとも連携を図りながら、消防防災ヘリ「きらら」を活用し、ドクターヘリ的な運用による救急救命活動を展開しております。（山口県宇部市）
> ・……補助するグループホームはゆもと苑に併設されているきららの里で、この施設以外は全部火災通報設備は設置されているとの説明がありました。（山口県長門市）
> ・県はきらら博に始まり、国民文化祭、そして国民体育大会と大型イベントを行う一方で、福祉政策の費用をカットする態度は、決して許されるものではない。（山口県周南市）
> ・山陽小野田市きららガラス未来館の指定管理者の指定について質疑を行います。（山口県山陽小野田市）

4.4 議会で使用されるオノマトペ

本節では、やや公的な話しことばである地方議会会議録においてオノマトペの出現傾向について分析した。全国402自治体から収集した2010年度の地方議会会議録コーパス約3億語を対象として、形態素解析器によっ

てオノマトペの抽出を試みた結果、982語（186,416例）が抽出された。オノマトペが豊富に使用されていることが明らかになった。特に施策の推進や明確な言及や適切な判断を求めるために使われる表現が顕著に高い頻度で出現した。

　次に、手作業によって形態素解析における抽出誤りを除外した155語（12,512例）のオノマトペを対象に出現傾向の地域差を分析した。全体的な傾向として、西日本においてオノマトペの出現確率が有意に高いことが明らかになった。また、地方別の出現頻度を対応分析し、「九州沖縄」「近畿」「中国四国」でよく使用されるオノマトペの存在を明らかにした。九州地方では方言的語義の「ぴしゃっ」が多く出現することを確認した。漠然とした大まかなさまを表す「ばくっ」は近畿地方を中心として分布していることを確認した。また、「きらら」は中国地方、特に山口県において固有表現（名称）に多用されていた。

5　その他の研究事例

　このほか言語学分野では、地方議会会議録を大規模言語資源として取り扱うことで、言語使用や言語変異の実証的研究が進められている。1つの地方議会の会議録を遡れば通時的な言語変化を辿ることができ、全国の地方議会会議録を横断的に調査すれば地域差を分析することができる。地方議会における発言者はすべて現在その地域に居住する人であり、その多くはその地域の出身の人であるため、議会会議録は方言談話資料の1つと捉えることができる。第6章で述べた「ぎ～みる」の検索システムの機能として実装されているマップ検索機能によって、語の使用頻度の地域差を容易に可視化できるようになった。「離合」のマップ検索結果を図表7.12に示す。「離合集散」という語の一部として全国的に使用される語である。九州地方を中心に「離合」は「車や列車のすれ違い」という意味で使用されることがあるため、九州地方で使用頻度が高いことがわかる。井上（2016）は、会議録を用いて二人称の使用分布を分析した。地方議会にお

図表 7.12 「離合」の使用分布

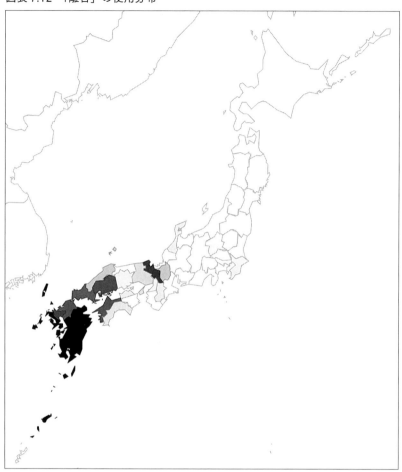

図表 7.13 「あんた」と「おめえ」の使用分布

「あんた」

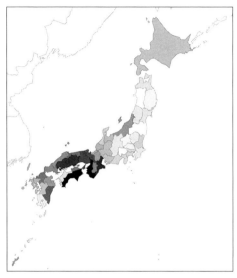

「おめえ」

ける「あんた」と「おめえ」の使用分布を図表7.13に示す。他に、会議録を用いた言語研究（主として方言研究）の事例には、二階堂ほか（2015）、佐藤（2017）、桑戸・上野（2018）などがある。

　地方議会会議録コーパスプロジェクトが構築したコーパスを用い、複数の地方議会を対象とした横断的な統計分析の事例について述べる。大山・五ノ井（2018）らは地方議会における女性議員の比率と福祉や子育てに関する語の出現頻度の相関を分析した。川浦らは都道府県議会における発言量と選挙における得票数の関係についての計量的に分析した（Kawaura et al 2018）。テキストマイニング（計量テキスト分析）によって、自治体の取り組みなどを明らかにしようとする試みには高丸（2013b）、小田切（2016）、増田（2018）の研究がある。

　このほか、政策立案の過程などを明らかにするために地方議会会議録を利用した研究が進められている。公立図書館（松本2008）、環境（上田・八木田2012）、景観（森下2013）、学校教育（國原2017）、家庭教育（友野2019）、文化施設（渡部2020）、NPO（小田切2019）など地方自治における諸問題について興味深い研究成果があげられている。

参考文献

Kawaura, A., Kimura, Y., Takamaru, K., Uchida, Y.: Elected Officials in the Local Assembly: Analysis of Prefectural Plenary Session Transcripts, Doshisha University Center for the Study of the Creative Economy Discussion Paper Series (2018).

Kudo, T. et al.: Applying Conditional Random Fields to Japanese Morphological Analysis, Proceedings of the 2004 Conference on Empirical Methods in Natural Language Processing, pp.230-237（2004）.

井上史雄：去った○日，ことばの散歩道，明治書院，pp.154-155（2013）.

井上史雄：日本語2人称代名詞の地方議会会議録における出現，明海日本語，21，pp.1-16（2016）.

上田翔・八木田浩史：地方議会議事録における環境用語の出現頻度に基づく自治体の環境問題対応の解析，環境情報科学学術研究論文集，(26)，pp.283-288（2012）.

大山礼子・五ノ井健：女性議員は地方議会を変えるのか？―地方議会会議録による分析

の試み，女性展望，（691），pp.6-10（2018）.

小田切康彦：地方議会における協働言説―関西地方を例として，同志社政策科学研究，20 周年記念特集号，pp.45-57（2016）.

小田切康彦：地方議会における NPO をめぐる言説の変容―地方議会会議録を用いた分析，社会科学研究 33，pp.1-15，（2019）.

小野正弘（編）：日本語オノマトペ辞典，小学館（2007）.

國原幸一朗：地方議会における争点をふまえた公民の授業―東海豪雨と東日本大震災を事例として，名古屋学院大学論集 人文・自然科学篇，53（2），pp.93-106（2017）.

桑戸孝子・上野誠司：長崎方言話者による「イチゴが売ってある」という表現について―質問紙および地方議会会議録調査から，長崎総合科学大学紀要，58（2），pp.115-125（2018）.

佐藤亜実：会議録における接尾辞ラヘンの用法拡張，国語学研究，56，pp.192-208（2017）.

高丸圭一：規模の異なる自治体における地方議会会議録の整文の比較，社会言語科学会第 27 回研究大会，pp.256-259（2011）.

高丸圭一：形態素 N-gram を用いた地方議会会議録における地域差の分析手法の検討―ひらがなで構成された文末の 4-gram に着目して，明海日本語，18，pp.1-10（2013a）.

高丸圭一：地方議会では何が話題になっているのか―宇都宮市議会会議録のテキストマイニング，宇都宮共和大学都市経済研究年報，13，pp.162-173（2013b）.

高丸圭一：地方議会会議録コーパスにおける出現確率の相関を用いた文末表現の地域差の分析，社会言語科学会第 33 回研究大会，pp.174-177（2014）.

高丸圭一・内田ゆず・乙武北斗・木村泰知：地方議会会議録コーパスにおけるオノマトペ―出現傾向と語義の分析―，人工知能学会論文誌，30（1），SP2-K，pp.306-318（2015）.

高丸圭一・内田ゆず・乙武北斗・木村泰知：地方議会会議録コーパスを用いたオノマトペの分析，第 6 回コーパス日本語学ワークショップ予稿集，pp.83-92（2014a）.

高丸圭一・内田ゆず・乙武北斗・木村泰知：地方議会会議録におけるオノマトペの出現傾向に関する基礎的検討―少数の自治体に高頻度で出現するオノマトペについて，言語処理学会第 20 回年次大会，pp.566-569（2014b）.

高丸圭一・乙武北斗・渋木英潔・木村泰知・森辰則：形態素 N-gram を用いた地方議会会議録コーパスの地域変異検出の試み－文末表現を例に，言語処理学会第 19 回年次大会発表論文集，pp.737-740（2013）.

高丸圭一・木村泰知：栃木県の地方議会会議録における整文についての基礎分析－本会議のウェブ配信と会議録との比較，都市経済研究年報，10，pp.74-86（2010）.

伝康晴ほか：コーパス日本語学のための言語資源：形態素解析用電子化辞書の開発とその応用，日本語科学，22，pp.101-122（2007）.

友野清文：家庭教育支援条例の制定過程について―地方議会の会議録から，学苑，941，pp.56-73（2019）.

二階堂整・川瀬卓・高丸圭一・田附敏尚・松田謙次郎：地方議会会議録による方言研究

―セミフォーマルと気づかない方言，方言の研究，1，pp.299-324（2015）．

日本速記協会：発言記録作成標準，日本速記協会（2007）．

野村稔・鵜沼信二：地方議会実務講座 第3巻，ぎょうせい（1996）．

増田正：我が国地方議会における政治・行政関係の計量テキスト分析，地域政策研究，20（3），pp.1-19（2018）．

松田謙次郎（編）：国会会議録を使った日本語研究，ひつじ書房（2010）．

松田謙次郎・薄井良子・岡田裕子・南部智史：国会会議録はどれほど発言に忠実か？－整文化の実態を探る，第16回社会言語科学会研究大会，pp. 267-275（2005）．

松本直樹：地方議員の図書館への関心に関する予備的考察―埼玉県市議会の議会会議録分析を元に，日本図書館情報学会誌，54（1），pp.39-56（2008）．

森下壽典：川崎駅西口に存在した赤れんが倉庫のオブジェ化―川崎市議会会議録からその過程をみる，産業考古学，（150），pp.2-9（2013）．

山下暁美：なりすましの方言「めっちゃんこ」，地域語の経済と社会，第209回（2012）．
https://dictionary.sanseido-publ.co.jp/column/chiikigo209（参照2021-09-06）

渡部春佳：地方議会議事録分析による話題抽出についての一試論―地方議会・委員会での公の施設「劇場・音楽堂等」に関する議論を事例に，社会情報学，9（1），pp.1-15（2020）．

第 8 章

議会活動の分析・可視化

内田ゆず

1 はじめに

　この章では、地方議会会議録コーパスを利用して議会活動を可視化する試みについて述べる。第5章で述べた通り、このコーパスには全都道府県議会の本会議を対象とした 2011 期と 2015 期の2つのサブセットが存在する。また、全発言に発言者の情報が付与されている。これにより、統計的な手法を用いて議員の発言量や発言内容の特徴を分析し、可視化することが可能となる。

　第2節では、地方議会会議録コーパスに収録された発言を量の観点から分析した事例について述べる。第3節では、地方議会会議録コーパスから会議録特有のキーワード（特徴語）を抽出し、議員属性による比較を行った事例について述べる。さらに第4節では、特徴語を都道府県・発言期間・議員個人ごとに比較した事例について述べる。

2 発言量に関する分析

2.1 発言量の全体的傾向

　都道府県議会の本会議では、どのくらいの発言がなされているのだろうか。また、自治体によって発言量に差はあるのだろうか。

各都道府県の本会議における発言量を文字数の単位で集計した結果を150頁図表8.1に示す。2011期の都道府県議会では、4年間に開催された本会議全体で平均540万文字程度の発言がある。発言量がもっとも多いのは鳥取県の約1,000万文字で、もっとも少ない山形県の約5倍に達する。直感的には、発言量は自治体の規模に比例しそうであるが、グラフからそのような傾向はみられない。実際、議員定数と発言文字数の間の相関係数は約0.15となり、ほとんど相関はない。2011期と2015期を比較すると、沖縄県で発言量が増加している、長崎県で発言量が減少しているなど、多少の変化はあるものの、概ね似た傾向を示している。自治体によって本会議の開催回数が異なるため一律に比較はできないが、発言量は議会の活発さのおおよその目安になるだろう。

　地方議会会議録コーパスには発言者の役職情報が「議員」、「知事」、「副知事」、「議長」、「その他」[1]の5種で付与されている。この情報を用いると、質問側の発言量と答弁側の発言量の割合を可視化することができる。2011期の各役職における発言の割合を集計した結果を152頁図表8.2に示す。議員（質問側）の発言割合の全国平均は約51%である。

　熊本県と富山県は、総発言文字数は同程度であるが、議員の発言割合は熊本県が67%、富山県が37%と大きな差がある。熊本県では答弁が簡潔に行われており、富山県では知事・説明員ともに長く答弁していることが示唆される。秋田県・鳥取県・福岡県では知事の発言割合が高く、青森県・長崎県・沖縄県では説明員の発言割合が高い。

2.2　議員属性別の発言量比較

　つづいて、議員一人当たりの発言量について議員の属性別に分析を行う。議員の性別や年齢によって、発言量に違いはあるのだろうか。

　議員の発言の平均文字数を性別・年層別に集計した結果を図表8.3にまとめる。高齢の男性議員の発言量が顕著に少ない点、女性議員の発言量が多い点は2011期と2015期に共通した特徴である。

---

1)　「その他」には、行政委員会の委員長や自治体職員など、説明員として出席している人物が分類される。

図表 8.3　2011 期と 2015 期の議員属性別平均発言文字数

	2011 期					2015 期				
	25-44 歳	45-64 歳	65-87 歳	不明	全体	25-44 歳	45-64 歳	65-87 歳	不明	全体
男	43,873	44,159	31,808	40,278	41,901	46,056	45,193	29,888	0	41,424
女	43,901	61,465	51,081	45,450	56,620	42,680	54,590	59,717	0	53,471
全体	43,875	45,841	32,808	40,618	43,175	45,667	46,273	31,811	0	42,661

　2011 期と 2015 期を比較して発言量に大きな変化があったのは 45-64 歳の女性議員と 65-87 歳の女性議員である。45-64 歳の女性議員の発言量は減り、65-87 歳の女性議員の発言量は増えている。2015 期に 10 万字以上発言している女性議員 32 名のうち、23 名は 2011 期でも議員を務めている。この 23 名について、2011 期での発言文字数を遡って調査したところ、8 万 9,107 ～ 31 万 1,442 字であった。2011 期で活発に発言した議員は 2015 期でも発言量が多いといえる。2011 期の 25-44 歳と 45-64 歳の女性議員の発言量の傾向と併せて考えると、女性議員の発言量の変化は、発言量の多い議員の年層が移行したことが要因だと考えられる。

　発言文字数による分析の範囲では、女性議員の方が活発に発言していると結論づけられる。ただし、女性議員の人数は非常に少ないため、本会議全体に占める発言の割合は少ないことに注意されたい。

2.3　議員別の発言量比較

　次は、発言量の個人差に着目してみよう。2011 期のサブセットのみを対象として、個人の発言文字数を分析する。

　発言文字数ごとの議員数を図表 8.4 のヒストグラムに示す。図表 8.3 によると、議員一人当たりの平均発言文字数は 4 万 3,175 字であり、ヒストグラムからも多くの議員が 1 万字以上発言していることがわかる。一方、発言が少なく、発言文字数が 1,000 字に満たない議員も 182 名存在する。そのうち 151 名は、発言文字数が 0 文字、つまり会議録中に発言が全く記録されていない。

　発言が記録されていない 151 名について詳しく調査したところ、83 名

図表 8.1 各都道府県議会における発言文字数

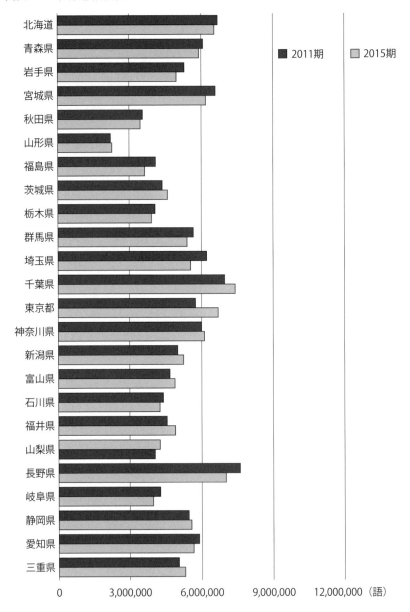

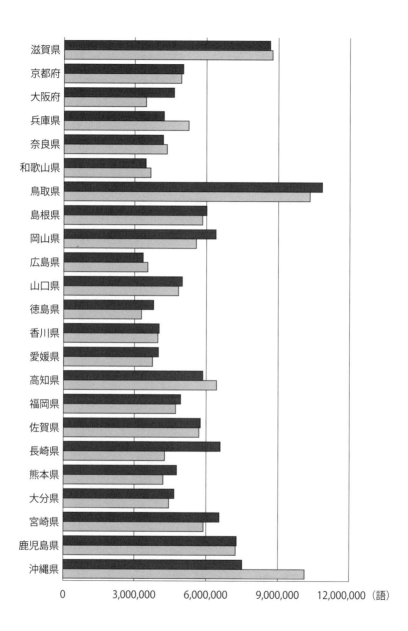

図表 8.2　各都道府県議会における役職別発言文字数の割合

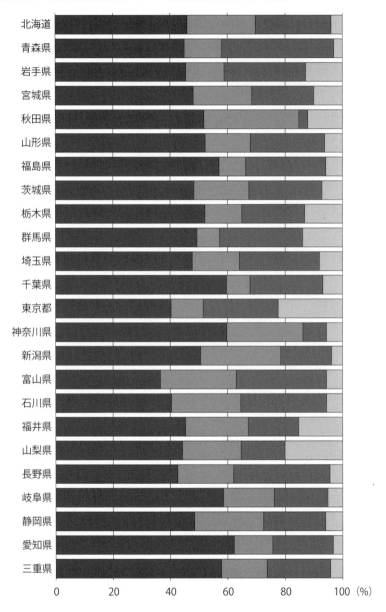

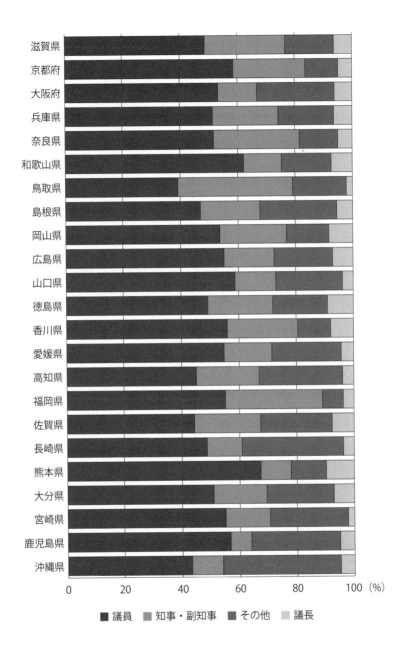

凡例: ■ 議員　■ 知事・副知事　■ その他　■ 議長

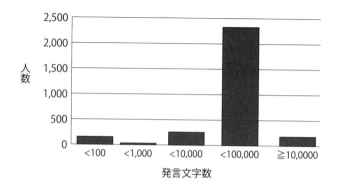

はコーパス収集期間と任期が一致しておらず[2)]、10 名は議長として議事進行を行っている期間があった。したがって、それらの 93 名を除いた 58 名は 4 年間の任期中に本会議で一度も発言していないことになる。なお、この 58 名は全員男性である。

　上述の 58 名の議員について当選回数を調査した結果を図表 8.5 に示す。比較のために平成 23 年の統一地方選挙で当選した全議員の当選回数も併せて示している。当選回数のデータは Web サイト「読売オンライン[3)]」の選挙情報ページから取得した。

　議員全体の当選回数の傾向と比較して、発言のない議員は当選回数が多いことがわかる。発言のない議員のうち 54 名は 5 回以上当選しており、いわゆる「多選」の議員である。低い投票率や無投票選挙の増加[4)]により議員の固定化が進む中、多選議員は議会活動へのモチベーションが低下している可能性がある。なお、2015 期においても発言のない議員が 76 名確認されており、その多くが多選の男性議員であるという同様の傾向がみられた。

---

2)　期間中に落選、当選、辞任、死亡、長期欠席した、あるいは逮捕、リコールされたため。

3)　http://www.yomiuri.co.jp/（参照 2021-08-17）

4)　平成 23 年統一地方選挙の道府県議選での平均投票率は 48.15％、無投票当選率は 17.6％である。

図表 8.5　当選回数別議員数

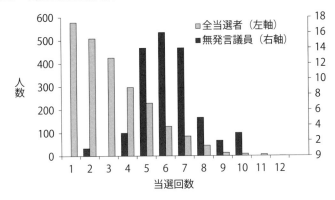

　もちろん、本会議での発言が議員活動のすべてではない。ベテラン議員が若手議員に質問の機会を譲るケースもある。しかし、有権者から見ると議会で全く発言しない議員を評価することは難しいだろう。したがって、このような情報は有権者が投票先を選ぶ際に有益だと考えられる。

3　発言内容に関する分析①：議員属性による比較

　前節では、議員の属性による発言量の違いを明らかにした。議員の属性によって発言内容にも違いがあるのだろうか。本節では、統計的指標を用いて議員属性ごとに特徴的な語を分析し、議員属性と発言内容の関係を考察する。

3.1　対数尤度比を利用した特徴語の抽出

　最初に、対数尤度比（Log-Likelihood Ratio）を用いて地方議会会議録コーパスの特徴語を抽出する。対数尤度比は、コーパス中の特徴度の高い語彙を精度良く抽出することができる指標である（Chujo and Utiyama 2006）。

　図表8.6に示すクロス集計表に関する対数尤度比は以下の式で定義され

図表 8.6　クロス集計表

	コーパス A	コーパス B	計
単語 w の出現頻度	a	b	$a+b$
単語 w 以外の出現頻度	c	d	$c+d$
計	$a+c$	$b+d$	N

る。

$$
LLR = a \log \frac{aN}{(a+b)(a+c)} + b \log \frac{bN}{(a+b)(b+d)} + c \log \frac{cN}{(c+d)(a+c)}
$$
$$
+ d \log \frac{dN}{(c+d)(b+d)}
$$

　ただし、$ad - bc < 0$ の場合は、-1 を乗じて補正する。対数尤度比の値が大きければ、コーパス A に特徴的な語であることを意味する。

　本節の分析では、男性、女性、25 〜 44 歳、45 〜 64 歳、65 〜 84 歳の 5 つの属性ごとに議員の発言をまとめ、コーパスとして利用する。以降では、それぞれ男性コーパス、女性コーパス、若年コーパス、中年コーパス、高年コーパスと呼ぶ。対数尤度比を算出する言語単位は単語とし、対象とする品詞は名詞、あるいは複合名詞[5]とする。発言の単語への分割には形態素解析器 MeCab（Kudo, Yamamoto and Matsumoto 2004）、およびその辞書として mecab-ipadic-NEologd（Sato, Hashimoto and Okumura 2017）を用いた。以上の条件で、男性 – 女性、若年 – 中年、中年 – 高年、高年 – 若年のコーパスの組を対象として対数尤度比を算出し、水準 0.1% で有意となる 10.83 より大きい単語を 1 つ目のコーパスの特徴語、-10.83 未満の単語を 2 つ目のコーパスの特徴語とする。

　男性コーパス、女性コーパスの双方で 1 回以上出現した名詞・複合名詞

---

5)　政治分野で使用される語彙は、複数の名詞が連続して成り立つ複合名詞が多い。自動処理によって複合名詞を正確に認識することは難しいため、連続する名詞を機械的に接続し、複合名詞として扱うこととする（例：緊急・時・避難・準備・区域→緊急時避難準備区域）。

図表 8.7　対数尤度比が高い語のタイプ別語数と具体例

タイプ	男性	女性	例
政治関連語	93	158	中山間地域，原発，消費税増税，介護
一般語	105	92	整備，発生，討論，理由
代名詞・固有名詞	20	15	私たち，日本共産党，安倍首相
場所表現	15	13	首都圏，成田空港，愛宕山，辺野古
時間表現	15	1	今後，先般，平成二十二年
その他	52	21	原案可決，いかが，こと，非常

13 万 4,798 語に対して対数尤度比を算出した結果、特徴語の条件を満たした語は男性で 2,534 語、女性で 5,375 語となった。同様に、若年コーパスと中年コーパスの双方で 1 回以上出現した名詞・複合名詞 14 万 115 語のうち、特徴語の条件を満たした語は若年で 1,465 語、中年で 0 語、中年コーパスと高年コーパスの双方で 1 回以上出現した名詞・複合名詞 12 万 7,277 語のうち、特徴語の条件を満たした語は中年で 250 語、高年で 2,135 語、高年コーパスと若年コーパスの双方で 1 回以上出現した名詞・複合名詞 9 万 7,984 語のうち、特徴語の条件を満たした語は高年で 2,567 語、若年で 1,848 語となった。

　各コーパスから特徴語として多数の語が抽出されたが、なかには議員の発言内容を分析する目的にはそぐわない語（例：「登壇」「県当局」「積極的」）も散見される。したがって、対数尤度比が高い語の全体像を把握するために、男性コーパス、女性コーパスにおける対数尤度比上位 300 語を政治関連語、一般語、代名詞・固有名詞、場所表現、時間表現、その他の 6 カテゴリに分類した。分類結果を図表 8.7 にまとめる。

　ここから、対数尤度比が高い語であっても、政治課題を直接表現しない語が多く含まれることがわかる。議員の発言における分野の性差、あるいは年層差を明らかにするためには、政治に関連する語のみを分析対象とするべきである。したがって、これらの語から「政治関連語」を抽出するために新たな指標を導入する。

3.2 政治語彙度を利用した政治特徴語の選別

　ある語が政治課題に関連するか否かを客観的に測る尺度として「政治語彙度」を新たに導入する。基本的な考え方は、政治に関連する文書においてよく使われる語は政治課題に関連する語である可能性が高いというものである。政治語彙度の計算には、国立国語研究所が開発した「現代日本語書き言葉均衡コーパス（Balanced Corpus of Contemporary Written Japanese：BCCWJ）（国立国語研究所コーパス開発センター 2011）」を用いる。BCCWJ には書籍全般、雑誌全般、新聞、白書、ブログ、ネット掲示板、教科書、法律などのジャンルから無作為に抽出された 1 億 430 万語のデータが格納されている。収録されたデータのうち、新聞、白書、広報誌、法律、雑誌（政治・経済・商業、政治／外交、国勢／民力、金融／財政）、教科書（社会）、Yahoo! 知恵袋（ニュース、政治、国際情勢）、Yahoo! ブログ（政治）の各分野を政治関連コーパスと定め、次式によって政治語彙度を定義する。

$$政治語彙度 = \frac{政治関連コーパスの出現数}{全体での出現総数}$$

　前項で述べた、対数尤度比によって抽出されたすべての特徴語を対象として政治語彙度を算出したところ、政治語彙度が 80% 以上の語（政治特徴語と呼ぶ）は男性議員には 194 語、女性議員には 386 語存在した。同様に若年の政治特徴語は、中年と比較すると 126 語、高年と比較すると 87 語、中年の政治特徴語は、高年と比較すると 21 語、高年の政治特徴語は、若年と比較すると 121 語、中年と比較すると 169 語存在する。

　抽出された政治特徴語の語数と具体例を政治分野ごとにまとめた結果を図表 8.8 ～ 8.11 に示す。政治分野は、都道府県の公式 Web サイトにおける行政分類を参考にして作成したものである。図表 8.8 は男性コーパスと女性コーパスを比較し、それぞれのコーパスでの政治特徴語を示している。図表 8.9 は若年コーパスと中年コーパスを比較し、若年コーパスに特徴的

図表 8.8　政治特徴語の政治分野別語数と具体例（性別）

政治分野	男性		女性	
	語数	例	語数	例
くらし・すまい	6	定住促進，地籍調査，転出超過，移住促進，人口減少対策	13	市民活動，食生活改善推進員，２階建て以下，住宅耐震化，公営住宅家賃
出産・子育て	1	民間移管	32	妊婦検診，放課後児童クラブ，ファミリーサポートセンター，乳幼児医療費助成，認可外保育施設
人権・男女共同参画	0	-	18	男女共同参画施策，デートＤＶ，配偶者暴力相談支援センター，女性活用，男女参画
教育・研究	4	全国学力・学習状況調査，小中一貫教育，コミュニティ・スクール，学力向上対策	28	自然体験学習，スクールソーシャルワーカー，複式学級，テクノカレッジ，食育計画，免許外教科担任
健康・福祉	1	高齢者等	86	医療費無料制度，新型インフルエンザ対策，オストメイト，発達障がい，補助犬，介助員，女性医師
労働・商工業・エネルギー	12	次世代産業，木質バイオマス発電，省エネルギー対策，浜岡原子力発電所，太陽光発電所	21	若者就労支援，イノベーション推進機構，軽水炉，コージェネレーション設備，臨時的任用
観光・特産品	10	観光戦略，観光誘客，県産品，誘客，観光PR	0	-
歴史・文化・スポーツ	8	世界文化遺産登録，スポーツツーリズム，総合型地域スポーツクラブ，国民文化祭	4	障害者スポーツ，プロスポーツチーム，文化芸術分野，県レクリエーション協会
危機管理・安全保障	1	国境離島	8	夜間訓練，普天間問題，米軍再編，基地従業員，北富士演習場，地位協定改定，米軍訓練

政治分野	男性		女性	
	語数	例	語数	例
都市計画・交通	33	県土づくり，合併処理浄化槽，バイパス整備，えちぜん鉄道，コミュニティーバス，4車線化	19	無電柱化，海岸利用，八ッ場ダム，路線バス等，泡瀬干潟，土地開発公社，着陸帯，土木費
防犯・交通安全	12	暴力団排除，交通事故死者数，刑法犯認知件数，自転車事故，交通安全教育	1	青パト
防災・災害対策	22	消防本部，海岸防災林，津波対策，オフサイトセンター，DMAT，首都直下地震	11	河川防災，モニタリングポスト，復興公営住宅，放射能対策，地方防災会議，地域再建
財政・税金	4	財政調整基金，歳出総額，将来負担比率，一般財源総額	11	国保税，消費税増税反対，市場公募債，県予算案，地方税回収機構，担税能力，市町村国保財政
自然・環境	2	法定検査，水源地域	7	産廃処分場建設，騒音測定器，放射性廃棄物，空間線量，野外焼却，水源地域
農林水産業	30	主食用米，有害鳥獣対策，新規就農者，栽培漁業，県産木材，集落営農組織，生産数量目標	4	青年農業士，公共育成牧場，農業委員会，林道事業
分類なし	48	企業局長，平成二十三年度，発生件数，安全安心，魅力向上，離島地域	123	巡回連絡，1次試験，安倍政権，聖域扱い，普及啓発，密室談合，OECD諸国

な語を示している。中年には特徴語が存在しないため、表中に掲載されていない。同様にして、図表8.10は中年コーパスと高年コーパスを、図表8.11は高年コーパスと若年コーパスを比較し、それぞれのコーパスでの政治特徴語を示している。

　図表中の「分類なし」には、「安倍政権」「平成二十三年度」「聖域扱い」「天草地域」「議会運営」などの語が該当する。これらの語は政治的な文脈で用いられることが多く、政治語彙度が高くなることは妥当である。しか

政治分野	若年	
	語数	例
くらし・すまい	0	-
出産・子育て	8	MFICU，子ども教室，子育てサークル，就園，妊婦健康診査，放課後子どもプラン
人権・男女共同参画	0	-
教育・研究	7	テクノカレッジ，職業技術校，不登校者数，養護教員，通学定期代，競争的資金
健康・福祉	13	保険外併用療養，休日夜間応急診療所，救命講習，臓器移植コーディネーター，介護者支援
労働・商工業・エネルギー	9	Uターン情報センター，求人活動，採石業，商店街事業，新エネルギー技術
観光・特産品	2	ふるさと大使，観光バス駐車場
歴史・文化・スポーツ	5	ニュースポーツ，国際芸術祭，文化財建造物，神奈川フィルハーモニー管弦楽団
危機管理・安全保障	2	取締船，予備自衛官
都市計画・交通	7	国内定期便，電気自動車等，東側ルート，南北自由通路
防犯・交通安全	3	厚木警察署，初動警察活動，通信指令室
防災・災害対策	5	災害物資，地域防災訓練，連絡通報体制，小規模消防本部，総合防災センター
財政・税金	0	-
自然・環境	3	侵略的外来種，保健環境研究所，緑の回廊
農林水産業	3	コスト林業，乾燥材，青年農業士
分類なし	59	各種手続，世帯別，滞納案件

※若年と比較すると中年には政治特徴語が存在しない.

し、単体で特定の政治課題を表現する語ではないため、分析対象からは除外する。

3.3　政治特徴語の分析

　政治特徴語の性差・年層差を把握するために、政治特徴語を政治分野に分類した結果を可視化する（図表 8.12～8.15）。コーパスサイズが異なるた

図表 8.10　政治特徴語の政治分野別語数と具体例（中年・高年）

政治分野	中年		高年	
	語数	例	語数	例
くらし・すまい	0	-	5	建築住宅センター，市民活動支援センター，分譲推進，転出超過，辺地債
出産・子育て	4	児童委員，保育ニーズ，民間移管，窓口無料	1	子育て体験
人権・男女共同参画	1	女性消防団員	3	児童虐待対応，男女共同参画センター，男女共同参画推進課
教育・研究	0	-	4	へき地教育，教科書展示会，長寿大学，工科短大
健康・福祉	6	救急救命士，手話通訳者，重粒子線治療，障害者就業，医療派遣，発達障害者支援法	2	字幕放送，城山病院
労働・商工業・エネルギー	2	若年無業者，任期付職員	11	核燃料サイクル政策，技術系人材，高速増殖炉，六ヶ所再処理工場，勤労青少年，日本原燃
観光・特産品	0	-	4	コンベンション協会，観光地域づくり
歴史・文化・スポーツ	2	フィルムコミッション，教会群	4	ぎふ清流大会，スポーツ事業，神宮式年遷宮
危機管理・安全保障	0	-	2	危機管理センター，軍民共用化
都市計画・交通	1	工業用水道	20	モビリティー，橋りょう，経過地，交通結節機能，高度処理型浄化槽，能越自動車道，本州四国連絡高速道路
防犯・交通安全	0	-	2	移動交番車，保護観察対象者
防災・災害対策	0	-	9	チリ津波，異常気象時，住宅用火災報知器，避難基準，富士川河口断層帯，大震災復旧

政治分野	中年		高年	
	語数	例	語数	例
財政・税金	0	-	5	国際経済交流，特別会計決算，特別徴収義務者
自然・環境	0	-	5	育樹祭，生活排水対策，地下水保全，底泥
農林水産業	1	地域材	12	帰農塾，魚道設置，収造林，薬草栽培，林内路網，漁業共済，食料自給力，資源管理型漁業
分類なし	4	天草地域，二項目め，府内各地，地域振興局長	80	統計調査，附属機関等，生駒市長，氷見市内

図表 8.11　政治特徴語の政治分野別語数と具体例（高年・若年）

政治分野	高年		若年	
	語数	例	語数	例
くらし・すまい	3	食肉センター，人口減少対策，地籍調査	1	食育
出産・子育て	0	-	5	窓口無料化，多子世帯，病後児保育，待機児童解消，放課後児童クラブ
人権・男女共同参画	1	男女共同参画計画	1	デート DV
教育・研究	1	通学区域	5	コミュニティスクール，出前講座，中学校給食，特別支援学級，特別支援学校
健康・福祉	3	オストメイト，県民福祉，鳴門病院	16	コンビニ受診，自殺対策，手話通訳，地域包括ケア，認知症サポーター，特定不妊治療，療育手帳，健康づくり
労働・商工業・エネルギー	9	原子力施設，新規就業者，地方公務員給与，原子力委員会，電力事業者，川内原子力発電所	6	グローバルな人材，ジョブカフェ，テレワーク，監理団体，一般就労，航空宇宙産業

政治分野	高年		若年	
	語数	例	語数	例
観光・特産品	3	観光づくり，観光誘客，観光力	0	-
歴史・文化・スポーツ	3	ぎふ清流国体，屋内スケート場，国民文化祭	4	芝生化，障害者スポーツ，多文化共生，府立体育館
危機管理・安全保障	2	米軍再編，辺野古移設	0	-
都市計画・交通	9	中部横断自動車道，水道事業会計，送水管，えちぜん鉄道，ポートセールス，徳山下松港	4	市有地，自転車利用者，除排雪，細島港
防犯・交通安全	1	交通事故防止	1	刑法犯認知件数
防災・災害対策	18	SPEEDI，オフサイトセンター，広域防災拠点，山地災害，津波浸水，復興公営住宅，防災指針	14	帰宅困難者，首都直下地震，消防団，防災教育，図上訓練，消防職員，水防法
財政・税金	12	決算剰余金，県内景気，個人住民税，県税収入，実質公債費比率，森林税，累積欠損金，健全化判断比率	1	徴収率
自然・環境	5	高レベル放射性廃棄物，水源地域，法定検査，全国育樹祭，全国豊かな海づくり大会	2	レジ袋，全国都市緑化フェア
農林水産業	21	集落営農組織，森林整備，肉用牛，分収林，薬用作物，畜産経営，栽培漁業，認定農業者	0	-
分類なし	30	伊豆地域，議会運営，整備促進，2期8年間，早期開業	27	パッケージ案，啓発活動，県民局長，総合計画

図表 8.12　性別による政治特徴語の出現割合の比較

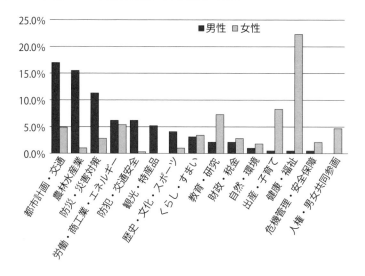

図表 8.13　年層による政治特徴語の出現割合の比較（若年・中年）

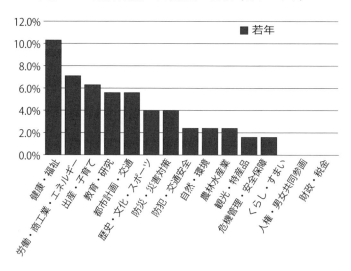

図表 8.14　年層による政治特徴語の出現割合の比較（中年・高年）

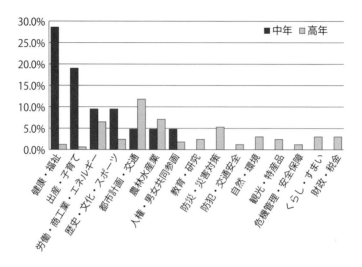

図表 8.15　年層による政治特徴語の出現割合の比較（高年・若年）

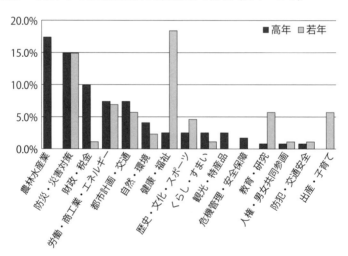

め、政治特徴語の実数を直接比較することは適切ではない。したがって、各コーパスにおける政治特徴語の分野別出現割合をグラフ化する。

　図表8.12は政治特徴語の分野別出現割合を性別ごとに示したものであり、男性議員における出現割合を降順にソートしている。つまり、グラフの左側には男性議員が多く発言する政治分野が配置され、右側には男性議員が発言しにくい政治分野（つまり、相対的に女性議員の発言が多い分野）が配置される。図表8.13では、若年議員と中年議員の政治特徴語の出現割合を示している。ただし、中年議員には若年議員と比較した時の政治特徴語が存在しないため、若年議員のみのデータとなっている。図表8.14では、中年と高年の政治特徴語の出現割合を中年で降順にソートして示している。同様にして、図表8.15では、高年と若年の政治特徴語の出現割合を高年で降順にソートして示している。

　まず、政治特徴語の性差を考察する（図表8.8、8.12参照）。なお、具体例については表で示した語以外の例にも触れる。男性議員は都市計画・交通、農林水産業、防災・災害対策に関する語を多く用いている。都市計画・交通分野では「合併処理浄化槽[6]」のようなインフラに関わる語や「コミュニティーバス」のような交通機関に関わる語が抽出された。図表には掲載されていない語としては「工業用水道事業」「北関東自動車道」「北陸新幹線開業」「海岸堤防」などがある。観光・特産品については、女性議員では0語であるのに対して、男性議員では10語が抽出された。具体的には「観光戦略」「観光誘客」「県産品」などの語が含まれる。

　女性議員は健康・福祉、出産・子育て、教育・研究に関する語を多く用いている。健康・福祉分野では表で挙げた語のほかにも「がん検診」「生活保護費」「重粒子線治療」「高齢者虐待」「福祉灯油[7]」などの語が抽出され、女性議員が予防医療から貧困問題、障害者支援、介護問題といった健康・福祉分野の幅広い内容を重視していることがわかる。出産・子育て分

---

6)　し尿と生活雑排水を併せて処理する浄化槽。
7)　高齢者世帯や障害者世帯、ひとり親世帯に、冬期間の暖房用経費の一部を助成する
　　事業。

野では男性の「民間移管[8]」の１語に対して、「妊婦検診」「放課後児童クラブ」「新生児訪問指導」「待機児童解消」「子育て世帯」など32語が抽出された。人権・男女共同参画については、男性議員には特徴語がなかったが、女性では18語が抽出された。具体的には「男女共同参画施策」「デートＤＶ」「配偶者暴力相談支援センター」「女性活用」「女性相談センター」などの語が含まれる。主として女性が抱える問題は、女性議員によって議会で取り上げられているといえる。ただし、2.2項で述べた通り、女性議員の数は男性議員の1/10程度に留まり、女性議員が重要視する政治課題に関する発言の絶対量は少ない。

　次に、政治特徴語の年層差を考察する（図表8.9、8.10、8.11、8.13、8.14、8.15参照）。若年議員は、健康・福祉、労働・商工業・エネルギー、出産・子育て、教育・研究、防災・災害対策の割合が高い。特に、健康・福祉はどの年層に対しても割合が高く、「コンビニ受診[9]」といった新しい概念や、「介護者支援」「地域包括ケア」といった介護を担う側の発言がみられる。労働・商工業・エネルギー分野には、「Ｕターン情報センター」「求人活動」「新エネルギー技術」などの語が含まれる。地方の働き手不足や、最新技術への関心の高さが示唆される。

　中年議員は特徴語の少なさが目立つ。高年議員と比較すると21語が抽出されたものの、若年議員との比較では１語もない。中年議員は他の年層と比較して人数が多いため、発言内容が多岐にわたるためだと考えられる。特徴語の語数が少ないため単純な比較はできないが、高年議員と比べると、健康・福祉、出産・子育て、歴史・文化・スポーツの分野の割合が高い。

　高年議員は、どの年層に対しても農林水産業の割合が高い。農林水産業では就業者の高齢化が進んでいることもあり、「新規就農者」「畜産振興」「帰農塾」「６次産業」などの語が目立つ。同年代の議員が議会でこれらの問題を取り上げているものと考えられる。財政・税金、自然・環境への関心は高く、出産・子育てには極端に関心がないことも特徴的である。

---

8)　公立保育園の民営化。
9)　一般的に外来診療をしていない休日や夜間に緊急性のない軽症患者が病院の救急外来を自己都合で受診する行為。

このように、属性の異なる議員がお互いに別の分野に注力することで、政策の立案や決定に多様な国民の意見を的確に反映させる効果があると考えられる。これらの分析結果は、地方議会議員の多様性を確保することの重要性を示すために有効である。

4　発言内容に関する分析②：都道府県・発言期間・議員による比較

前節では議員の属性による発言内容の違いを明らかにした。本節では、都道府県別、発言期間別、議員別の特徴語の比較を試みる。

4.1　TF・IDF を利用した特徴語の抽出

2011 期のサブセットから都道府県別、発言時期別、議員別の特徴語を抽出する手法として、TF・IDF 法を用いる。TF・IDF 法では、基本的には、ある文書において出現頻度（TF）が高い語がその文書における特徴語であると考える。ただし、その語が複数の文書で共通に用いられる語であるとき、語はその文書における特徴語といえないため、他の文書で共通に使われる語の順位が下がるような係数（IDF）を TF に乗じ、単語を順位付けする。都道府県別の特徴語抽出では、1 つの議会における発言全体を 1 文書として、47 文書（都道府県議会）の特徴語をそれぞれ求める。発言期間別の特徴語では、全議会における四半期（3 カ月）の間の発言を 1 文書にまとめ、全 16 文書（4 年×四半期）の特徴語を求める。議員別の特徴語は 1 議員の発言を 1 文書とし、議会ごとに発言議員の人数分の文書の特徴語を求める。

文書 j における単語 i の $TF_{i,j}$ および、単語 i の IDF_i は次式で求める。ただし、N_j は文書 j の総単語数、$n_{i,j}$ は文書 j における単語 i の出現頻度、D は総文書数、df_i は単語 i を含む文書数である。

$$TF_{i,j} = \frac{n_{i,j}}{N_j} \qquad IDF_i = \frac{D}{df_i}$$

図表 8.16　長単位解析の例（平成２６年度栃木県議会第３２４回臨時会議 06 月 03 日 -03 号／福田富一　知事）

【入力文】
人口減少、少子高齢化の進行は、労働力人口の減少等による経済規模の縮小、社会保障給付費の増大、さらには、地域コミュニティーの弱体化など、国民生活全般に大きな影響を及ぼす重要な課題であります。

| **短単位(上段)** | 人口 | 減少 | 、 | 少子 | 高齢 | 化 | の | 進行 | は | 、 | 労働 | 力 | 人口 | の | 減少 | 等 |
| **長単位(下段)** | **人口減少** | | 、 | **少子高齢化** | | | の | 進行 | は | 、 | **労働力人口** | | | の | 減少等 | |

| 地域 | コミュニティー | の | 弱体 | 化 | など | 、 | 国民 | 生活 | 全般 | に | 大きな | 影響 | を | 及ぼす |
| **地域コミュニティー** | | の | **弱体化** | | など | 、 | **国民生活全般** | | | に | 大きな | 影響 | を | 及ぼす |

| に | よる | 経済 | 規模 | の | 縮小 | 、 | 社会 | 保障 | 給付 | 費 | の | 増大 | 、 | さらに | は | 、 |
| **による** | | **経済規模** | | の | 縮小 | 、 | **社会保障給付費** | | | | の | 増大 | 、 | さらに | は | 、 |

| 重要 | な | 課題 | で | あり | ます | 。 |
| 重要 | な | **課題** | であり | | ます | 。 |

　特徴語の抽出では、まず形態素解析を行い、各単語の出現頻度を求める。一般的な形態素解析を行うと、たとえば、「離島航空路線」は「離島」「航空」「路線」の３語に分割され、「地域医療」は「地域」「医療」の２語に分割される。このまま「路線」や「地域」といった語の頻度を数えても、会議録の地域や期間による特徴を捉えることは難しいため、名詞連続（複合名詞）については、ひとまとまりの語として取り扱うことが適当である。そこで、中・長単位解析器「Comainu[10]」を用い、長単位を基準として、品詞情報が「名詞－普通名詞－一般」のものを対象に、特徴語の抽出を行う。形態素（短単位）解析と長単位解析の例を図表 8.16 に示す。ゴシック体で示した語が抽出対象となる「名詞－普通名詞－一般」の長単位である。

4.2　都道府県別の特徴語の比較

　図表 8.17 に、TF・IDF によって求めた都道府県別の特徴語上位５語を示す。特徴語から以下のような傾向または問題点を読み取ることができる。

10）http://comainu.org/（参照 2021-08-17）

図表 8.17　TF・IDF によって求めた都道府県別特徴語（上位 5 語）

都道府県	特徴語
北海道	①道教委 ②本道経済 ③道民生活 ④道警察 ⑤道総研
青森県	①青森県基本計画未来 ②防災公共 ③あおもり産業総合支援センター ④下北半島縦貫道路 ⑤地域県民局
岩手県	①大震災津波 ②医療局 ③岩手県一般会計補正予算 ④第2期アクションプラン ⑤医療法人白光
宮城県	①仙台牛 ②貞山運河 ③水産業復興特区 ④みやぎ発展税 ⑤富県戦略
秋田県	①第2期ふるさと秋田元気創造プラン ②阿仁熊牧場 ③内陸線 ④オール秋田 ⑤総合戦略産業
山形県	①総合支庁 ②最上地域 ③山形デスティネーションキャンペーン ④短期アクションプラン ⑤文教公安常任委員会
福島県	①新生ふくしま ②ふくしま国際医療科学センター ③議案審査報告書 ④イノベーション・コースト構想 ⑤廃炉安全監視協議会
茨城県	①森林湖沼環境税 ②いばらきづくり ③つくば国際戦略総合特区 ④県北山間地域 ⑤中本委員会所管事項
栃木県	①新とちぎ元気プラン ②ちぎづくり ③とちまるショップ ④ちぎ元気プラン ⑤オールとちぎ体制
群馬県	①東国文化 ②東毛広域幹線道路 ③群馬ＤＣ ④事務・事業見直し委員会 ⑤高崎競馬場跡地
埼玉県	①さいたま赤十字病院 ②危機管理防災部長 ③継続審査事項 ④通商産業政策 ⑤民主党・無所属
千葉県	①東千葉メディカルセンター ②北千葉道路 ③千葉ニュータウン ④千葉県一般会計補正予算 ⑤袖ヶ浦福祉センター
東京都	①都有地 ②都内中小企業 ③二〇二〇年大会 ④島しょ地域 ⑤都市東京
神奈川県	①緊急財政対策 ②マグネット神奈川 ③保健福祉局長 ④ヘルスケア・ニューフロンティア ⑤さがみ縦貫道路
新潟県	①県央基幹病院 ②趣旨弁明 ③議案採決 ④夢おこし」政策プラン ⑤少子化対策モデル事業
富山県	①湾クラブ ②新湊大橋 ③第1条歳出予算 ④経営計画概要 ⑤付け提出し
石川県	①小松基地 ②のと里山海道 ③ＩＲいしかわ鉄道 ④奥能登地域 ⑤里山海道
福井県	①足羽川ダム ②嶺南地域 ③県都デザイン戦略 ④エネルギー研究開発拠点化計画 ⑤民主・みらい
山梨県	①自民党・県民クラブ ②富士・東部地域 ③防災新館 ④富士北麓地域 ⑤峡東地域

都道府県	特徴語
長野県	①林務部長 ②浅川ダム ③30人規模学級 ④改革・新風 ⑤Ｆ‐Ｖ断層
岐阜県	①国ぎふ」づくり ②ぎふ清流国体・ぎふ清流大会 ③森林・環境税 ④行財政改革アクションプラン ⑤未来会館
静岡県	①内陸フロンティア ②地震・津波対策アクションプログラム ③グランシップ ④富国有徳 ⑤静岡式
愛知県	①あいちトリエンナーレ ②重点改革プログラム ③第五次行革大綱 ④暫時休憩さ ⑤あいち森
三重県	①みえ県力ビジョン ②東紀州 ③みえ産業振興戦略 ④北勢地域 ⑤自民みらい
滋賀県	①近江大橋 ②本委員会所管部分 ③経過ならび ④環境こだわり農業 ⑤新生美術館
京都府	①京都経済 ②海病院 ③府立医科大学 ④京都づくり ⑤府北部地域
大阪府	①咲洲庁舎 ②府民文化部長 ③グランドデザイン・大阪 ④環境農林水産部長 ⑤OTK
兵庫県	①第2次行革プラン ②兵庫づくり ③民主党・県民連合議員団 ④舞台・兵庫 ⑤21世紀兵庫長期ビジョン
奈良県	①奈良公園 ②若草山 ③平城宮跡 ④議員お述べ ⑤ホテル誘致
和歌山県	①議案付託表 ②やま大会 ③コスモパーク加太 ④紀伊半島一周高速道路 ⑤経済警察委員会
鳥取県	①子育て王国 ②環境大学 ③まんが博 ④環境管理事業センター ⑤砂場議員
島根県	①民主県民クラブ ②一般事件案 ③自民党議員連盟 ④まめネット ⑤農水商工委員会
岡山県	①第3次おかやま夢づくりプラン ②夢づくりプラン ③おかやまマラソン ④事業再点検 ⑤事件案件
広島県	①国際平和拠点ひろしま構想 ②広島市東部地区連続立体交差事業 ③ひろしまブランド ④チャレンジビジョン ⑤未来創造支援事業
山口県	①愛宕山開発用地 ②産業戦略本部 ③産業力・観光力 ④岩国基地問題 ⑤未来開拓チャレンジプラン
徳島県	①農林水産総合技術支援センター ②鳴門わかめ ③すだち ④次世代林業プロジェクト ⑤ｖｓ東京
香川県	①希少糖 ②香川づくり ③せとうち田園都市香川創造プラン ④香川県産業成長戦略 ⑤さぬき讃フルーツ
愛媛県	①えひめ国体 ②チーム愛媛 ③委員会審査報告書 ④いやし博 ⑤愛媛づくり
高知県	①地域福祉部長 ②林業振興・環境部長 ③農業振興部長 ④永国寺キャンパス ⑤地産外商公社

都道府県	特徴語
福岡県	①民主党・県政クラブ県議団 ②沖端川 ③矢部川水系 ④まごころ製品 ⑤アンビシャス広場
佐賀県	①所管事項一般 ②好生館 ③総額調整ルール ④国際線専用施設 ⑤城原川
長崎県	①県民所得向上対策 ②石木ダム ③連立会派 ④アジア・国際戦略 ⑤長崎県づくり
熊本県	①新４カ年戦略 ②４カ年戦略 ③条例等関係 ④立野ダム ⑤あか牛
大分県	①安心・活力・発展プラン ②大分県づくり ③豊後牛 ④大分県一般会計補正予算 ⑤対面席
宮崎県	①県民政策部長 ②県立宮崎病院 ③防災拠点庁舎 ④議案・請願委員会審査結果表 ⑤県立延岡病院
鹿児島県	①行財政運営戦略 ②県政刷新大綱 ③マリンポートかごしま ④共生・協働 ⑤県開発促進協議会
沖縄県	① 21 世紀ビジョン ②下地島空港 ③軍転協 ④在沖海兵隊 ⑤入域観光客数

①各地の政治課題

　分析対象期間における各地の政治課題が多く見られる。特に、医療施設（たとえば、「ふくしま国際医療科学センター」「さいたま赤十字病院」「東千葉メディカルセンター」）は新設や移転にあたりそれぞれの地域で活発な議論があり、上位に挙がった。茨城県の「森林湖沼環境税」（期間延長）、東京都の「二〇二〇年大会」（オリンピック）、長野県の「浅川ダム」「Ｆ－Ｖ断層」（地震への対応）、奈良県の「奈良公園」「平城宮跡」「ホテル誘致」、鳥取県の「環境大学」（公立化）、滋賀県の「近江大橋」（無料化）なども、分析対象期間に議論になった政治課題であるといえる。また、沖縄県の「在沖海兵隊」は、恒常的な地域特有の政治課題である。

②地域の特産物・ブランドの名称

　各都道府県で売り出している特産物の名称が見られる（例：「鳴門わかめ」「すだち」）。特にブランド牛に力を入れている自治体が多い様子がうかがえる（例：「仙台牛」「あか牛」「豊後牛」）。ゆるキャラを含む施設名（例：栃木県の「とちまるショップ」（東京スカイツリーへの出店））も見られる。

③都・道・府の呼称

都道府県のうち、「都」「道」はそれぞれ1つ、「府」は2つしかないことから、「県」に置き換えると全国的に一般的な語が各都道府の特徴語として多くみられた。特に北海道の特徴語は「道教委」「本道経済」「道民生活」と続くが、これらが「県教委」「本県経済」「県民生活」であれば、IDF が小さく、上位には挙がらないと考えられる。東京都の第1位「都有地」なども同様であると考えられる。

④「(都道府県名)づくり」「オール(都道府県名)」

複数の都道府県で「(都道府県名)＋づくり」あるいは「オール＋(都道府県名)」という特徴語が複数見られた。(たとえば「いばらきづくり」「京都づくり」「大分県づくり」「オール秋田」「オールとちぎ体制」)

⑤長単位の解析誤り

栃木県の第2位「ちぎづくり」(→とちぎづくり)、和歌山県の第2位「やま大会」(→わかやま大会)は長単位解析に失敗している例である。また、富山県の第1位「湾クラブ」(→世界でもっとも美しい湾クラブ)、京都府の第2位「海病院」(→京都府立与謝の海病院)は助詞等を含むより長い固有表現の一部が切り取られたものであるため、長単位だけでは意味を捉えることができない。

4.3　発言期間別の特徴語の比較

図表8.18、8.19に鳥取県、および、宮城県における四半期単位の発言期間別の特徴語を示す。鳥取県では、平成23年度第2四半期に「生レバー」が第1位に挙がっている。これは平成23年4月に発生した食中毒事件に関連していると考えられる。また、宮城県の平成23年度第1～2四半期には、東日本大震災関連の語が上位に多く見られる(たとえば、「東日本大震災対策」「震災復興計画案」「長期避難世帯」)。このほか、それぞれの時期に議論になった特徴語が見られると考えられるものの、1つの四半期には概ね1回の定例会しか行われないため、発言される議員数が限定される。

図表 8.18　TF・IDF によって求めた鳥取県における発言期間（四半期単位）別特徴語（上位 5 語）

年度	四半期	特徴語
23	1	①防災監 ②福祉避難所 ③郵政改革法案 ④地上系 ⑤サマータイム
	2	①生レバー ②カジノ ③シイタケ生産 ④職員住宅 ⑤青ナシ
	3	①脳脊髄液減少症 ②ノロウイルス ③認定ＮＰＯ法人 ④科研費 ⑤地どり
	4	①差額ベッド料 ②シーリング材 ③芝生化 ④地域点 ⑤砂防林
24	1	①漁船法 ②電子自治体 ③ネーミングライツ ④漁船検認業務 ⑤漁船登録
	2	①入園券 ②シンナー ③施設型農業 ④平均正答数 ⑤意思決定ルール
	3	①両三柳工区 ②プレハブ ③ボートパーク ④土木遺産 ⑤仲卸市場
	4	①空中散布 ②文学館 ③文学者 ④地域づくりセンター ⑤ボランティア・市民活動支援センター
25	1	①ペインクリニック ②大山賛歌 ③ＧＮＩ ④性被害 ⑤最人多数
	2	①義務負担 ②同種工事実績 ③不払い残業 ④品確法 ⑤判断水位
	3	①軽自動車税 ②以西小学校 ③日本語対応手話 ④紙ごみ ⑤自然遺産
	4	①ペアレンタルコントロール ②無料低額診療事業 ③魔法遣い ④地方共同税 ⑤設計額
26	1	①タンデム自転車 ②シーニックバイウェイ ③ピロリ菌 ④海上警察権 ⑤防霜対策
	2	①みどり ②行政刑法 ③社会常識 ④義務教育費国庫負担制度 ⑤行政法
	3	①高架化 ②寡婦控除 ③オオサンショウウオ ④マタハラ ⑤社会貢献活動
	4	①市町村コンシェルジュ ②地方創生特区 ③旅行券 ④ロケットスタート ⑤地方創生事業

したがって、その期間に質問を行った特定の議員の発言内容（関心分野）が発言期間別の特徴語に反映されてしまっている可能性が考えられる。この点については、議員別の特徴語と照らし合わせて確認する必要がある。

4.4　議員別の特徴語の比較

　図表 8.20 に、TF・IDF によって求めた栃木県議会議員の議員別の特徴語上位 5 語を示す。対象の期間に議長等ではなく、一議員の立場で発言した議員は 51 名おり、このうち、発言数が少なく、特徴語を抽出できなか

図表 8.19　TF・IDF によって求めた宮城県における発言期間（四半期単位）別特徴語（上位 5 語）

年度	四半期	特徴語
23	1	①東日本大震災対策 ②中央受け付け分 ③早期支給 ④建ぺい率 ⑤長期避難世帯
	2	①震災復興計画案 ②津波防御施設 ③援護寮 ④収納スペース ⑤教育レベル
	3	①ハートバッジ ②ＰＩＣＵ ③園芸農業 ④ＪＦＥエンジニアリング ⑤相互支援体制
	4	①民生委員・児童委員 ②エネルギー供給体制 ③塩釜支所 ④海洋エネルギー ⑤被災民生委員・児童委員
24	1	①サイレン音 ②不妊治療 ③森林・林業 ④入札調書 ⑤慶長遣欧使節四百年記念事業
	2	①地域主導 ②築館工業団地 ③復興関係予算 ④精神保健医療福祉 ⑤精神科救急部会
	3	①非常勤講師 ②地域医療支援病院 ③尖閣問題 ④大震災復旧・復興対策 ⑤第六次地域医療計画中間案
	4	①二項道路 ②狭隘道路 ③港湾運営会社 ④ワンストップ支援センター ⑤女性相談交番
25	1	①田川ダム ②風しん ③ＧＰＳ装置 ④足こぎ車いす ⑤ダム事業
	2	①宗教法人 ②司法面接 ③不活動宗教法人 ④交通指導取り締まり ⑤歴史的題材
	3	①コンバインドサイクル ②開成包括ケアセンター ③議会選出監査委員 ④宮城復興局側 ⑤農業予算
	4	①地域公共交通 ②人事評価 ③伊達文化 ④スケート場 ⑤みやぎ財政運営戦略
26	1	①医学部附属病院 ②かけそば ③防災キャビネット ④集中架電作戦 ⑤サメ漁
	2	①水土里ネット ②全員協議会 ③中高一貫校 ④受動喫煙防止 ⑤手話言語法
	3	①土砂災害対策 ②助産師外来 ③都市計画道路 ④がん患者 ⑤ワッチ体制
	4	①教育運営協議会 ②医療法人Ｋ ③日本地図 ④武器等製造法 ⑤県有化

図表 8.20　TF・IDF によって求めた議員別特徴語（栃木県議会の例）（上位5語）

議員	特徴語
阿久津憲二	①危険負担 ②復興院 ③一カ月半 ④満タン
阿部寿一	①ＥＳＣＯ事業 ②日光国立公園 ③木質バイオマス発電 ④サテライトオフィス ⑤家庭教育オピニオンリーダー
阿部博美	①不育症 ②障害児 ③性感染症 ④里親制度 ⑤ご夫婦
五十嵐清	①事業協同組合 ②農業水利施設 ③拉致被害者 ④母国語 ⑤企業局等
池田忠	①地熱発電 ②栃木元気 ③獣医師 ④シビックプライド ⑤既存ダム
石坂真一	①県内放送メディア ②機動センター ③特別選考 ④リニューアル ⑤全面オープン
五十畑一幸	①非農用地 ②乙女大橋 ③キャンプ地誘致 ④八年後 ⑤農家負担
板橋一好	①トレーニングセンター ②県道昇格 ③烏山最終処分場 ④環境保全公社 ⑤平池議員
一木弘司	①芳賀郡市 ②県版学力テスト ③二宮遊水地 ④全国学力テスト ⑤穴川用水
岩崎信	①伝統工芸品 ②茅葺き屋根 ③益子焼 ④旬菜店 ⑤窯業技術支援センター
角田まさのぶ	①大学進学 ②不合格 ③消防防災ヘリ ④生活保護世帯 ⑤授業中
梶克之	①再建計画 ②物産センター ③オリンピック競技大会 ④臨時雇用 ⑤パラリンピック競技大会
加藤正一	①防災士 ②国宝指定 ③地域づくり団体 ④鑁阿寺本堂 ⑤広域物流拠点
金子裕	①農業高校 ②歯科健診 ③二次交通 ④成人期 ⑤渡良瀬架橋
神谷幸伸	①Ｂ型・Ｃ型肝炎 ②当該プラン ③救済対象 ④地域材 ⑤県内経済活性化
亀田清	①ジェネリック医薬品 ②訪問指導 ③県産出材 ④県道佐野田沼線 ⑤林道等
神林秀治	①家庭用蓄電池 ②プレイベント ③出現率 ④ユニバーサルデザインタクシー ⑤県立中高一貫校
琴寄昌男	①統一マスコットキャラクター ②歴史文化 ③足尾鉱毒事件 ④先輩方 ⑤トレー
小林幹夫	①ロコモティブシンドローム ②アルツハイマー病 ③出馬宣言 ④遊休農地 ⑤健康教育
齋藤淳一郎	①矢板南産業団地 ②災害時要援護者避難支援プラン ③シャープ ④矢板市内 ⑤再生可能エネルギー産業

議員	特徴語
斉藤孝明	①通常分 ②情報戦略 ③外向け ④大規模陥没 ⑤国民保護計画
佐藤栄	①県有林 ②社会的企業 ③県単事業 ④釣り人 ⑤高齢者施設等
佐藤良	①通年会期 ②定期予防接種 ③定例日 ④八ッ場ダム建設事業 ⑤サポートステーション
佐原吉大	①緩和ケア ②抽せん ③抗インフルエンザウイルス薬 ④復職プログラム ⑤精神疾患患者
白石資隆	①筆記試験 ②面接官 ③公営住宅 ④一次面接 ⑤生徒指導能力
関谷暢之	①子ども被災者支援法 ②発注数 ③低線量メニュー ④しごき ⑤住宅除染
相馬憲一	①口蹄疫 ②日本史 ③病児・病後児保育施設 ④中学校長 ⑤医薬品
相馬政二	①要保護児童 ②ちぎ観光リーダー育成塾 ③誘客回復 ④各部署 ⑤児童虐待等
高橋修司	①サイバー攻撃 ②当該補助金 ③産業復興 ④高額療養費 ⑤創造元年
螺良昭人	①政務活動費 ②屋外プール ③慢性疲労症候群 ④積算線量計 ⑤東北地方太平洋沖地震
鶴貝大祐	①主幹教諭 ②足利市教育委員会 ③リバースオークション ④新生児マス・スクリーニング検査 ⑤タンデムマス・スクリーニング検査
中川幹雄	①空手道 ②養護老人ホーム ③信用保証協会 ④同原子力発電所 ⑤医学部設置
中島宏	①少子高齢・人口減少社会 ②新潟県立国際情報高等学校 ③ニート等 ④高等課程 ⑤地域学習
西村しんじ	①国際公会 ②計基準 ③産業振興協議会 ④加入率 ⑤コンクリート診断士
野澤和一	①ＧＳ世代 ②ピロリ菌 ③胃がん ④中小・小規模企業 ⑤保育サービス
花塚隆志	①中心的機能 ②大谷石塀 ③東日本全体 ④中枢機能 ⑤さくら市
早川けいこ	①生涯スポーツ ②骨髄移植 ③クリニカルラダー ④県立美術館 ⑤文化・芸術
早川尚秀	①厚生年金基金 ②障害者スポーツ ③自然減 ④国家的緊急事態 ⑤六観地
平池秀光	①臨時採用 ②危機管理・国土保全 ③逃げ場 ④議員さん ⑤七十人
保母欽一郎	①老健施設 ②竜巻対策 ③出産適齢期 ④他府県 ⑤少子化問題
増渕三津男	①難視世帯 ②横川東小学校 ③徴収体制 ④地すべり ⑤一期計画
松井正一	①病気等 ②運転免許 ③複合的利用 ④意見書案 ⑤被疑者
三森文徳	①片づけ ②コントラクター ③飼料自給率 ④道徳教育 ⑤国際的人材

議員	特徴語
山形修治	①乾しシイタケ ②土砂災害警戒区域 ③定期点検 ④県有建築物 ⑤生産工程管理
山口恒夫	①好き嫌い ②脳脊髄液減少症 ③復興推進基金 ④栄養・食生活 ⑤栄養バランス
横松盛人	①物損事故情報管理システム ②同地域 ③大谷橋 ④一時保護所 ⑤計画的・効率的活用
若林和雄	①新法人 ②所得水準 ③校舎・校庭等 ④野焼き ⑤十五項目
渡辺さちこ	①売電先 ②公衆無線ＬＡＮ ③新電力 ④フィルムコミッション ⑤一般競争入札
渡辺渡	①モニタリングポスト ②干しシイタケ ③二重被害 ④キノコ生産者 ⑤クマザサ

った2名を除いた49名を示した。発言特徴語は多岐にわたっており、自治体が抱える幅広い政治課題がうかがえる。図表8.17の栃木県全体の特徴語上位5語は、議員別の特徴語には挙がっていない。これらの語は複数の議員が使用したため、議員別の計算ではTF・IDF値が低くなったためであると考えられる。全国における都道府県別の特徴語、県内の議員別の特徴語がそれぞれ適切に抽出されているといえる。

　議員ごとの特徴語をみると、各議員が関心をもって取り組んでいる課題が見えてくる。たとえば、「モニタリングポスト」「干しシイタケ」「二重被害」「キノコ生産者」「クマザサ」（渡辺渡議員）という特徴語から、放射能汚染の被害に関心をもって発言していることがわかる。また、都道府県議会議員は県全体の政治課題に取り組む必要がある一方で、選出選挙区の代表という側面をもつため、特定地域の地名、施設名が特徴語として多く現れる傾向も見られる。たとえば、齋藤淳一郎議員の特徴語には「矢板南産業団地」「シャープ」といった矢板地域に関わりの深い語が見られる。女性議員に子ども関連の特徴語が多いことも全国的に見られる傾向である。たとえば、阿部博美議員の特徴語には「不育症」「障害児」「里親制度」などが見られる。

　図表8.21は高知県議会議員の2015 〜 2018年度における常任委員会での発言量のランキングと、各議員の発言に含まれる特徴語である。我々が

図表 8.21 議員による発言量ランキングと発言に含まれる特徴語
（高知新聞 2019 年 3 月 22 日朝刊 21 面より抜粋）

議員	委員会発言量	特徴語トップ5
米田 稔 (共産、高知市区⑥)	52,471字	①(介護報酬の)マイナス改定 ②部落問題 ③(通信高校の)託児室(設置) ④(施工業者の)瑕疵責任 ⑤年金削減
池脇 純一 (公明、高知市区⑦)	40,870	①校務支援システム ②軽救急車 ③ビブリオバトル ④教育目標 ⑤(中学生らの学習を支援する)地域未来塾
塚地 佐智 (共産、高知市区⑦)	36,877	①臨時教員(の処遇改善) ②(教員の)特別免許状 ③(オーテピアの)多目的広場 ④スポーツ指導者 ⑤オーテピア
野町 雅樹 (自民、安芸市・芸西村区①)	33,076	①園芸団地 ②(高校の)産業教育 ③(安芸漁港の)沖防波堤 ④主要幹線道路 ⑤南海トラフ地震・津波対策
浜田 英宏 (自民、安芸郡区⑥)	32,961	①護憲派(に対する批判) ②循環型社会 ③習近平 ④(奈良川の)清水バイパス ⑤国際法
坂本 茂雄 (県民、高知市区④)	32,353	①子ども食堂 ②防災活動 ③化学物質過敏症 ④(文化芸術に関する助成や調査などを行う)アーツカウンシル ⑤(自民党)改憲草案(の問題点)
武石 利彦 (自民、高岡郡区⑤)	30,903	①自治体情報セキュリティークラウド ②西工区 ③フェリーセンター試験 ④(県道高知本山線の)樫山トンネル
久保 博道 (自民、高知市区①)	28,690	①(よさこい祭りの)桟敷席 ②民泊サービス ③(高知城の)天守閣 ④国宝化 ⑤歯科診療
土森 正典 (自民、四万十市区⑨)	27,254	①移住対策 ②医療ツーリズム ③(テレワークのための)サテライトオフィス ④在宅勤務 ⑤中央省庁
吉良 冨彦 (共産、高知市区③)	26,317	①パチンコ店 ②性的マイノリティー ③(南スーダンに派遣された陸上自衛隊の)第11次隊 ④(教育への公的支出の)OECD平均 ⑤ギャンブル依存症
横山 文人 (自民、吾川郡区①)	25,059	①(車の速度を時速30キロ以下に抑制する)ゾーン(30) ②水防災意識社会 ③林業施策 ④山岳観光 ⑤交通安全対策
梶原 大介 (自民、安芸市区③)	23,150	①保健医療 ②かんきつ産地 ③飲食店等(の食べ残し問題) ④(災害時などの)死因究明 ⑤(震災時の)緊急用ルート
中根 佐知 (共産、高知市区③)	21,727	①(いじめ問題の)第三者委員会 ②中学校給食 ③(福島原発事故の)避難区域 ④(いじめ問題の)調査報告書 ⑤共謀罪法
橋本 敏男 (県民、土佐清水市区①)	21,287	①2・4・5T枯れ葉剤 ②(職員住宅の)入居率 ③林野庁 ④台湾オフィス ⑤(税外債権の)延滞金
黒岩 正好 (公明、高知市区⑤)	20,770	①(路面下の)空洞調査 ②就職協定 ③(子どもの目線の動きを測定する)ゲイズファインダー ④高次脳機能障害 ⑤(国木田独歩の小説)日の出
土居 央 (自民、高知市区①)	20,253	①(農業を軸に他の仕事もこなす)半農半X ②加工用米 ③酒造適性米 ④工業技術センター ⑤業務・加工用野菜
西森 雅和 (公明、高知市区④)	19,346	①国際中学・高等学校 ②ウミガメ ③がん登録 ④観光危機管理 ⑤(エコサイクルセンターの)遮水シート
金岡 佳時 (自民、長岡郡・土佐郡区①)	18,362	①(豪雨による)深層崩壊 ②建築技術者 ③(集落活動センターの)収益事業 ④自伐林家 ⑤CLT板
三石 文隆 (自民、高知市区①)	15,654	①(教員養成に特化した)教職大学院 ②現職教員 ③日の丸・君が代 ④公教育 ⑤教育力向上
加藤 漠 (自民、宿毛市・大月市・三原村区②)	12,958	①全世代型(の社会保障制度) ②(オリンピック)東京大会 ③(子どもの医療費助成に対する国民健康保険)減額調整措置 ④関東圏 ⑤トレンド
桑名 龍吾 (自民、高知市区④)	12,543	①慰霊碑 ②(観光客の外国人来客の)不法滞留 ③(公務員の)再就職 ④健康長寿県構想(の第2期構想) ⑤汚水処理施設
上田 周五 (県民、香美郡区④)	12,491	①メタンハイドレート ②安全保障関連法 ③単独処理浄化槽 ④教育・保育環境 ⑤2025年度(の要介護認定者)
坂本 孝幸 (自民、南国市区②)	11,890	①大型外国客船 ②大災害時 ③(次世代型ハウスでの)生産物 ④農地維持 ⑤中小農家
前田 強 (県民、高知市区①)	10,636	①(県広報の)配布率 ②(東京五輪、パラリンピックの)事前合宿等 ③就職支援協定 ④車検切れ(車両の取り締まり) ⑤着護休暇制度
中内 桂郎 (県民、土佐市区⑤)	10,146	①県漁協構想 ②働き手世代 ③(県漁協の)荷さばき施設 ④土佐市バイパス ⑤(県域JAの)農家組合員
依光 晃一郎 (自民、香美市区②)	6,672	①公共施設等総合管理計画 ②(地方政府の)政治体制 ③(高知家の)スター ④龍河洞 ⑤(五箇条の)御誓文
大野 辰哉 (県民、高岡郡区①)	6,009	①清流仁淀川 ②手話言語条例 ③ネットいじめ ④ソフトボール競技 ⑤重度障害児
下村 勝幸 (自民、黒潮町区①)	5,946	①水族館 ②玄観異常現象 ③(養殖魚の)有望種苗 ④スポーツ関連施設 ⑤ノーリフティングケア
浜田 豪太 (自民、香南市区②)	5,058	①(障害のある)お子さま ②拉致被害者 ③訪日誘客支援空港 ④(ルネサス高知工場の)譲渡先 ⑤(子育て支援員の)認定証
田中 徹 (自民、南国市区①)	4,138	①野菜苗 ②3世代同居 ③体験型(観光) ④(温暖化に対する農作物の)適応策 ⑤救急出動件数
上田 貢太郎 (自民、高知市区①)	4,043	①(家を土台から切り離して、傾きを直したり、移動させたりする)曳き家 ②映画祭 ③地震地域係数 ④映画サムライせんせい ⑤高知版CCRC構想
高橋 徹 (県民、高知市区②)	3,903	①鏡ダム ②高知県猟友会 ③射撃場 ④ニホンジカ ⑤(高台移転のための)都市計画法(の見直し)
西内 健 (自民、須崎市区①)	3,796	①公立病院 ②(南米の)日系人 ③地域医療連携推進法人 ④(妊娠期から子育て期の家庭を支援する)高知版ネウボラ ⑤(1次産業の)新規就農者
弘田 兼一 (自民、室戸市・東洋町区②)	3,310	①(室戸高校の)総合学科 ②DMV ③(フィリピンの)公共事業道路省 ④キラメッセ ⑤室戸マリン球場
今城 誠司 (自民、宿毛市・大月市・三原村区①)	3,144	①(海岸・河川堤防の)設計津波水位 ②幡多児童相談所 ③横瀬川ダム ④応急期機能配置計画 ⑤所有者不明土地
石井 孝 (県民、四万十市区①)	2,338	①(公共工事の)建設発注士 ②(食肉処理の)新センター ③地域団体商標 ④アオノリ ⑤(子どもの)非認知スキル
明神 健夫 (自民、高岡郡区②)	1,085	①天狗組 ②(同じ種類の木を同時期に植えて育てる)育成単層林 ③(教育研究団体)TOSS ④(ふるさと納税の)寄付金 ⑤人工魚礁

図表 8.22　政治山で公開している特徴語（北海道議会 千葉英守議員の例）

議会発言における特徴語		👤💬 議会での発言を見る　ⓘ 特徴語とは？	
❶ スキー客	👤💬	❻ 全国盲ろう者協会	👤💬
❷ パスポート取得率	👤💬	❼ 花文化	👤💬
❸ 陸省長	👤💬	❽ 道産花卉	👤💬
❹ 花卉産業	👤💬	❾ 地方交流	👤💬
❺ レンタル事業者	👤💬	❿ 話し声	👤💬

調査対象：北海道議会（2015〜2018年度）

行った分析結果を高知新聞社に提供し、記事として掲載されたものを示した。その他、一般市民に対して有益な情報を提供することを目的として、各議員の特徴語は政治・選挙プラットフォーム【政治山】[11]で公開している（図表 8.22 参照）。有権者（一般市民）が議会会議録のすべてを読むことは労力がかかるため現実的ではないが、このように特徴語を抽出することで、議会における議員の発言傾向を簡単につかむことが可能となる。

【付記】本章の各節は、以下の文献を加筆修正したものである。

2節　内田ゆず・高丸圭一・乙武北斗・木村泰知：都道府県議会会議録コーパスの拡張—2011 期と 2015 期の比較—，言語処理学会第 27 回年次大会発表論文集，pp.1171-1175（2021）．

3節　内田ゆず・高丸圭一・乙武北斗・木村泰知：対数尤度比と政治語彙度を用いた議員の議会活動の可視化，知能と情報（日本知能情報ファジィ学会誌），31（2），pp.662-671（2019）．

4節　高丸圭一・内田ゆず・木村泰知：地方政治コーパスにおける都道府県議会パネルデータの基礎分析，宇都宮共和大学論叢，(18)，pp.136-155（2017）．

11）https://seijiyama.jp/（参照 2021-08-17）

参考文献

Chujo, K. and Utiyama, M.: Selecting Level-Specific Specialized Vocabulary Using Statistical Measures, System, 34（2）, pp.255-269（2006）.

Kudo, T., Yamamoto, K., and Matsumoto, Y.: Applying Conditional Random Fields to Japanese Morphological Analysis, Proceedings of the 2004 Conference on Empirical Methods inNatural Language Processing（EMNLP-2004）, pp. 230-237（2004）.

Sato, T., Hashimoto, T. and Okumura, M.: Implementation of a word segmentation dictionary called mecab-ipadic-NEologd and study on how to use it effectively for information retrieval（in Japanese）, Proceedings of the Twenty-three Annual Meeting of the Association for Natural Language Process-ing, NLP2017-B6-1（2017）.

国立国語研究所コーパス開発センター：現代日本語書き言葉均衡コーパス利用の手引き，第 1.0 版（2011）.

第9章

政治情報に関するAI技術

木村泰知

1 AI技術の研究とは

1.1 タスクとデータセット

　人工知能は、人間の知能の仕組みを解き明かそうとする学問分野であり、Artificial Intelligence の頭文字をとり AI と呼ばれる。AI 技術の研究は、ゲーム、知識、推論、画像認識、音声認識、言語理解など多岐にわたる。特に、2010 年以降は、第 3 次 AI ブームと呼ばれ、AI に関する技術が飛躍的に向上し、応用先も広がっている。

　第 3 次 AI ブームのはじまりは、画像認識の精度を競う国際的なコンペティションの ILSVRC2012 (Large Scale Visual Recognition Challenge 2012)[1] といわれている。ILSVRC2012 では、トロント大学の SuperVision チームが、当時、斬新な手法であったディープラーニングによる手法で、2 位と大幅な差をつけて 1 位となった。ILSVRC を企画する研究者は、物体検出、動画像認識などの「タスク（課題）」を設定して、参加者に画像の「データセット」を提供するコンペティションを企画することで、もっとも良い手法を明らかにしている。AI 研究では、タスクに合わせて、人手によりデータを整形して、正解となるデータを作成する。人手により作成された正解データは、入力に対する出力の正解が含まれる「トレーニングデータ」と出力を空欄とした「テストデータ」に分けられ、データセッ

1) https://www.image-net.org/challenges/LSVRC/2012/index.php（参照 2021-09-06）

トとして利用される。ILSVRC の画像分類タスクでは、画像が入力（たとえば、ハスキー犬の画像）であり、画像のラベル（哺乳類→イヌ科→ハスキー）が出力となる[2]。音声認識をするタスクであれば、音声データが入力となり、音声を書き起こしたテキストが出力となる[3]。質問応答のタスクであれば、質問の答えが記述されているテキストと質問が入力となり、質問に対する回答が出力となる[4]。現在の AI 技術は、これまでに説明したように、課題に合わせたデータセットを構築し、さまざまな機械学習手法を試すことにより、発展している。

　筆者らは、政治情報のひとつである議会会議録を対象として AI 技術の研究に役立つ「データセット」を構築している。次項以降では、言葉を処理する AI 技術の研究について述べ、地方議会と議会の構造について説明し、どのような問題設定をして、データセットを構築しているのかについて述べる。

1.2　言葉を処理する AI 技術の研究

　言葉を対象とした AI 研究は、機械翻訳、情報抽出、自動要約などがあり、自然発生的に生まれた言語を対象として処理することから「自然言語処理」と呼ばれる。自然言語処理の研究を進めるためには、解決したい課題に合わせたデータセットの構築が必要である。データセット構築は、5

---

2)　画像認識コーパス　https://www.image-net.org/static_files/files/ilsvrc2012.pdf（参照 2021-09-06）

3)　日本語音声コーパス、音声認識コーパスについて記載されている Web サイトを紹介する。
https://www.ai-gakkai.or.jp/resource/my-bookmark/my-bookmark_vol35-no3/（参照 2021-09-06）
https://www.nii.ac.jp/dsc/idr/speech/（参照 2021-09-06）
https://laboro.ai/activity/column/engineer/eg-laboro-tv-corpus-jp/　（参照 2021-09-06）

4)　質問応答関連の有名なタスクとして、SQuAD（The Stanford Question Answering Dataset）がある。SQuAD では、Wikipedia と質問文を入力として、Wikipedia の記事に含まれる質問に対する回答を出力とする。https://rajpurkar.github.io/SQuAD-explorer/（参照 2021-09-06）

章 3 節で述べたようにデータ整形が重要な作業となる。また、整形された
データに対して、人手により、入力に対して出力の正解を付与すること
になる。たとえば、政治家の発言を入力とした場合、賛成、あるいは、反
対の正しい分類結果を人手で付与することにより、意見分類のデータセッ
トを構築できる。

　近年、政治にまつわるフェイクニュースが社会的な問題になりつつあり、
信ぴょう性の低い政治情報がソーシャルメディアを介して拡散され、民意
の形成に偏りを生じさせることが懸念されている。また、政治家の発言自
体も信ぴょう性や根拠が曖昧な場合が多いことから、政治家の発言に対す
るファクトチェック（Atanasova et al 2018）の必要性も高まっている。こ
のような問題に対して、自然言語処理のアプローチにより解決することが
期待されている。自然言語処理による研究を発展させるためにも、政治情
報が含まれるテキストを対象にしたデータセットの構築が必要となる。

1.3　地方議会と議会の構造

　地方議会では、概ね、1 年に 4 回、3 ヶ月ごとに定例会が開かれ、必要
に応じて臨時会が開かれる。定例会は、一定の会期を定められており、約
10 ～ 20 日間が一般的である。議会の会期中には、本会議と委員会が開催
され、議案の審議などが行われる。審議される議案は、自治体の基本的な
事柄であり、条例の制定や改廃、予算・決算などである。議会に提出され
る議案、および、請願は、本会議後に、関係する委員会に付託され、審議
が行われ、最終的に、本会議で採決される。本会議は、全議員が集まり、
議会の最終意思決定を行う会議であり、議案の審議と採決、一般質問、代
表質問などが行われる。本会議の流れは、提案理由の説明、質疑、委員会
で審議、委員長報告、討論、採決の順に進められる。委員会では、個別の
条例案や施策などについて、詳細な議論が行われる。

　たとえば、東京都議会における定例会は図表 9.1 のような流れである
（Takamaru et al 2020; 高丸ほか 2020）。定例会では、全議員が出席する本会
議と分野ごとに分けられた委員会が複数回開催される。本会議の 1 日目に
は、当該定例会で審議する議案の説明や首長の施政方針説明が行われる。

図表 9.1　東京都議会における定例会の流れ

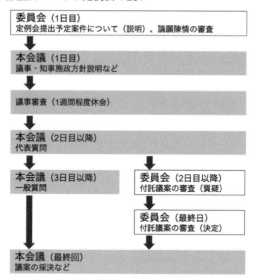

また、各委員会の1日目にはその委員会に付託された議案についての説明
が行われる。審議される議案には予算、条例（新設、一部改正、全部改正、
廃止）、契約、事件、諮問、人事等がある。

　本会議の1日目開催後、議案を審査するための期間として1週間程度の
休会期間がある。本会議の2日目には、各会派の代表による代表質問が行
われ、知事らが答弁をする。また、3日目以降には議員からの一般質問が
行われ、知事らが答弁をする。委員会の2日目以降は、付託された議案の
審査（質疑）が行われる。委員会の最終日には、委員会に付託された議案
に対して、意見開陳（各会派からの意見表明）が行われた後、審査（決定）
が行われる。本会議の最終日には、議案に対する討論（各会派からの意見
表明）が行われ、その後採決が行われる。

1.4　政治情報に関するタスク

　Web上の情報は、誰もが情報を発信できることから、玉石混淆であり、
さまざまな報道、主張、意見が存在する（河原・黒橋・乾 2008）。これらの

情報から、信頼性を判断しつつ、本当に知りたい情報をみつけるには「一次情報」に基づいて事実を確認する必要がある。

　筆者らは、地方議会で議論されている記録をそのまま書き起こした議会会議録を「一次情報」とみなして、適切な政治情報を提供する「QA Lab-PoliInfo」と名付けた政治情報に関するタスク（課題）を提案している。

　QA Lab-PoliInfo は、国立情報学研究所が主催する NTCIR（NII Testbeds and Community for Information access Research）Project のタスクとして3回採択されている。NTCIRは、タスクを企画するオーガナイザーがデータセットを作成し、参加者を集め、説明会や報告会の企画・運営を行うもので、1回のワークショップの期間が1年半となっている。

　筆者らがオーガナイザーとなっている政治情報に関するタスクは、図表9.2 に示すように、2018 年 1 月から 2019 年 6 月までの NTCIR14 QA Lab-PoliInfo、2019 年 7 月から 2020 年 12 月までの NTCIR15 QA Lab-PoliInfo-2、2021 年 1 月から 2022 年 6 月までの NTCIR16 QA Lab-PoliInfo-3 である。

　NTCIR14 QA Lab-PoliInfo [5] では、政治家の発言を自動要約する Summarization タスク、要約された内容の一次情報の範囲を抽出する Segmentation タスク、根拠がある賛成意見・反対意見を分類する Classification タスクの3つのタスクを設計した（Kimura et al 2019）。

　NTCIR15 QA Lab-PoliInfo-2 [6] では、議会における議員の発言から各議案に対する各会派の賛否を推定する Stance Classification タスク、要約する議論のトピックを抽出する Topic Detection タスク、質問と答弁の構造を考慮して要約する Dialog Summarization タスク、発言から法律名を抽出し、表記の揺れや曖昧性を解消し、Wikipedia と結びつける Entity Linking タスクの4つのタスクを設計した（Kimura et al. 2020）。

　NTCIR16 QA Lab-PoliInfo-3 [7] では、会議録から質問に対応する答弁を見つけだし応答する Question Answering タスク、東京都議会会議録の一括質問一括答弁形式の質問と答弁が与えられたときに、それぞれの質問と

---

5)　https://poliinfo.github.io/（参照 2021-09-06）
6)　https://poliinfo2.github.io（参照 2021-09-06）
7)　https://poliinfo3.net/（参照 2021-09-06）

図表 9.2 国立情報学研究所が主催する NTCIR に採択された政治情報に関するタスク

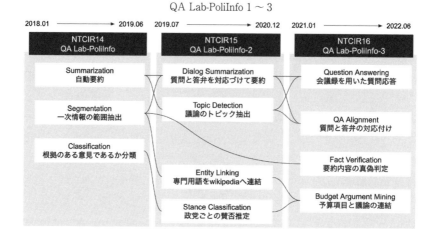

QA Lab-PoliInfo 1 〜 3

答弁を対応付ける QA Alignment タスク、要約の内容が会議録中に存在するかを判定し、存在する場合はその範囲を特定する Fact Verification タスク、予算情報が与えられたときに、会議録から議論している部分をみつけ、議論構造を解析する Budget Argument Mining タスクの 4 つのタスクを設計した（横手ほか 2021; 小川ほか 2021; 木村ほか 2021）。QA Lab-PoliInfo では、もっともよい手法を明らかにし、参加者のモチベーションを高めるために、Leaderboard を導入した。Leaderboard は、ゴルフなどのスコアを競う競技において、名前とスコアを表示する順位表である。最近は、AI 関連のタスク、あるいは、Kaggle[8] のようなデータサイエンスのコンペにおいて、Leaderboard が必要不可欠なものとなっている。図表 9.3 に Stance Classification の Leaderboard の例を示す。Leaderboard には、投稿 ID、チーム名、手法の簡単な説明、投稿日、Accuracy（議案ごとの正解率の総和）により計算されたスコアが掲載されている。

　次節以降では、言葉を処理するための AI 技術として、議会会議録を用いた政治情報に関するタスクに合わせたデータセットの構築、および、解

---

8) https://www.kaggle.com/（参照 2021-09-06）

図表 9.3 Stance Classification の Leaderboard　https://poliinfo2.github.io/

ID	Team Name	Comment	JSON	Datetime	Accuracy
175	wer99	会議録から賛否をルールベースで予測、ternaryを追加 （非明示的なものも予測）		2020-07-24 21:36:15	0.9976
205	lbrk	細部を修正		2020-07-31 02:05:17	0.9650
203	knlab	バグを修正		2020-07-30 22:21:36	0.9531
156	akbl	賛否を明らかにする議員の発言内容の口上部分のみを ルールベースで処理したもの		2020-07-12 21:30:45	0.9498
171	Forst	ProsConsListTernaryについて言及の有無を表示		2020-07-23 18:13:33	0.9388

決方法について述べる。第 2 節では、議会会議録に含まれる政治課題の抽出方法について説明する。第 3 節では、政治家の発言から根拠をともなう意見をみつける方法（Classification）について述べる。第 4 節では、政治家の発言から会派ごとの賛成・反対の立場を推定する方法（Stance Classification）について述べる。第 5 節では、一括質問一括答弁の形式で行われる議会に対して、質問と答弁の構造を考慮した要約方法（Dialog Summarization）について述べる。6 節では、政治課題を対象に背景、議論の過程、議論の結果を結びつける方法（Entity Linking, Budget Argument Mining）について述べる。

2　政治課題の抽出

2.1　政治課題とは

本節では、政治課題を抽出するタスクについて説明する。地方議会会議録は、通時的なデータであり、長い年月の議論の流れを把握することができる一方で、発言をそのまま書き起こしたテキストデータであることから、読みやすさが考慮されていない。また、会議録に記載されている政治課題は、複数の問題が複雑に絡み合っており、理解しづらいという問題がある。このような問題を解決するためには、会議録の内容を簡単に理解できるように、単語よりも長い名詞句として、政治課題を抽出することが必要にな

図表 9.4　名詞句の抽出と活用のイメージ

新市立病院建設に係る起債償還について、20歳以上の市民1人当たり負担額は幾らになるのか。

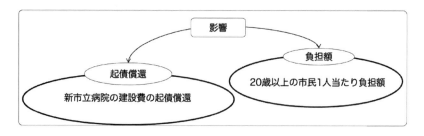

るだろう。

　たとえば、図表 9.4 の「新市立病院建設に係る起債償還について、20 歳以上の市民 1 人当たり負担額は幾らになるのか」という文から下記の名詞句を抽出する。

「新市立病院の建設費の起債償還」
「20 歳以上の市民 1 人当たり負担額」

　このような名詞句を抽出できれば、ひとつの名詞句に政治課題が含まれるだけでなく、名詞句間の関係性を付与することで、会議録の可視化も可能となる。

2.2　政治課題の主辞

　地方議会会議録に含まれる政治課題の表現は、新たに発生した問題や地域特有の問題が含まれることから、予め政治課題として登録することが困難である。たとえば、「鳥インフルエンザの感染」「小樽市立病院の移転」などは、新たに発生した課題や地域特有の問題といえる。また、地方議会に含まれる政治課題は、鳥インフルエンザや小樽市立病院のような固有名詞だけの構成になることは少ないことから、政治課題の境界を判定することが困難である。たとえば、政治課題を下記の 3 つの候補から、どの表現にするのかを決めることは難しい。

労働者全体の賃下げ

　労働者全体の賃下げの悪循環

　労働者全体の賃下げの悪循環を招くこと

　ここでは、会議録に含まれる政治課題の表現に対して、最終的な係り先となる単語に着目する。たとえば、「鳥インフルエンザの<u>感染</u>」「市立病院の<u>移転</u>」「高齢者の<u>増加</u>」のような場合、「感染」「移転」「増加」が最終的な係り先の単語となる。

　自然言語処理では、名詞句や動詞句の中心的な役割をする単語を主辞と呼ぶ（乾・奥村 2005）。ここでは、主辞の考え方に基づいて、会議録に含まれる名詞句を対象に政治課題を抽出する。本研究における政治課題の主辞とは、政治課題の表現において、意味的に中心となる単語であり、最終的な係り先となる単語である。たとえば、政治課題の主辞とは、最終的な係り先となる単語であり、図表 9.5 の「学校耐震化の促進」「若者の雇用促進」「総合治水事業促進」の「促進」のような単語である。「促進」のような主辞を有限個の少ない単語に絞り込めれば、「無数に存在する政治課題の表現」と「政治課題の単語境界」の問題を解決することができる。

　政治課題の主辞候補となる単語は、人手による調査から、名詞である割合が約 9 割程度であることを確認した（木村・関根 2013）。そこで、政治課題の主辞候補は、名詞に限定して、可能性がある名詞をすべて収集した。調査では、文字列のパターンマッチングを行う正規表現を用いたパターン抽出により、議案となっている主辞を自動的に収集し、最終的には人手で確認した。正規表現を用いたパターンは、「（接続詞）、○○について」や「、○○の問題」などである。パターン抽出した表現から「○○」部分の主辞を収集し、人手で確認した結果、図表 9.6 のような政治課題の主辞となる名詞を収集した。

図表 9.5 「促進」が最終的な係り先となる政治課題の例

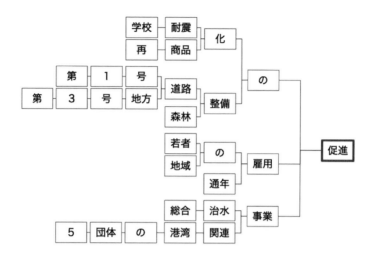

図表 9.6 政治課題の主辞となる名詞の例

促進、制定、改正、規定、認定、状況、整備、設置、報告、事業、変更、職員、給与、指定、提出、管理、確保、計画、施設、委員、承認、負担、説明、推進、充実、見直し、予算、関係、質問、対策、向上、締結、内容、工事、対応、意見、調査、減少、利用、取り組み、実施、制度、実現、支援、増加、答弁、運営、支給、方法、措置、廃止、あり方、条例、助成、減額、補正、活用、特例、増額、改善、選任、決定、強化、処理、施行、活動、部分、導入、削減、影響、拡大、建設、委託、事件、手当、連携、考え方、選挙、協議、基準、医療、区域、勤務、見解、確立、経費、金額、対象、拡充、審査、課題、補償、協力、振興、要望、処分、事項、質疑、使用、方針、整理、弁償、改革、体制、責任、制限、会議、補助、検討、生活、策定、議決、現状、育成、施策、実態、機関、割合、指導、役割、取得、効果、条件、報酬、教育、量、契約、軽減、地域、確定、財源、保険、税、発展、理由、期間、機能、事務、提供、交付、推薦、努力、設定、防止、陳情、見通し、調整、道路、定数、解消、目的、団体、環境、方向、費用、参加、業務、...
...

図表 9.7 CaboCha の解析結果

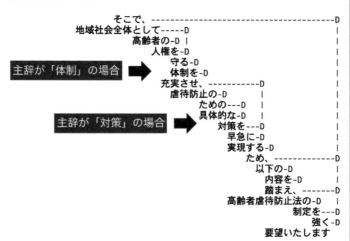

「そこで、地域社会全体として高齢者の人権を守る**体制**を充実させ、虐待防止のための具体的な対策を早急に実現するため、以下の内容を踏まえ、高齢者虐待防止法の制定を強く**要望**いたします。」

2.3 議会会議録を対象とした政治課題の抽出

　筆者らの手法では、主辞候補を対象に政治課題の有無を推定する処理と、主辞の開始位置となる係り元を推定する処理の 2 段階に分けて、政治課題を抽出する。第一段階となる政治課題の有無推定では、主辞の周辺の単語と品詞を素性（手がかりとなる特徴）として Support Vector Machine による 2 値分類を行う。ここでは、政治課題の主辞候補を予め決めているため、それらが主辞となる表現に対して、政治課題であるか、あるいは、政治課題でないかを推定することになる。第二段階となる範囲推定では、係り受け構造を利用するとともに、係り受け解析の修正規則の自動獲得を行う。係り受け解析は、CaboCha（Kudo and Matsumoto 2003）を用いる。係り受け解析を用いて、主辞まで係り受けが連続している表現と読点を超えない範囲で最終的に主辞に係る表現の 2 つのどちらか長い表現を選択する。

　会議録に含まれる文を CaboCha で係り受け解析した結果を図表 9.7 に示す。主辞が「体制」の場合は、読点を超えない範囲で最終的に主辞に係

る表現として「地域社会全体として高齢者の人権を守る体制」を選択する。主辞が「対策」の場合は「充実させ，」が「対策」の後方の単語に係っているので「虐待防止のための具体的な対策」を選択する。このような制限をかけている理由としては、主辞が「要望」の場合、「そこで，」から「要望いたします。」に係っており、長すぎる表現を抽出することを防ぐためである。筆者らの手法では、変換に基づく誤り駆動型学習（Brill 1995）を用いて、係り元（開始位置）の誤りを修正する Transformation（書き換え）規則を獲得しているが、詳細については省略する。

第1節で述べたように、AI 研究では、人間が正解のデータを作成する。人間が正解のデータを作成することはアノテーション（注釈付け）と呼ばれる。提案手法の性能評価は、アノテーションにより、トレーニングデータ、および、テストデータを作成し、評価することになる。

注釈付けの対象データは、小樽市市議会会議録からランダムに選択した6,263 文である。この対象データの総単語数は336,285 語、異なり単語数は 11,419 語、一文に含まれる平均の単語数は約 54 単語である。注釈付けの対象となる主辞候補の数は、32,525 である。注釈付けの結果は、政治問題が含まれる主辞が 11,410、政治問題が含まれない主辞が 21,115 となった。この注釈付けした結果をトレーニングデータ、および、テストデータに分けて利用した。実験では、トレーニングデータで係り受け解析の修正規則の自動獲得をしており、学習したルールを用いて未知の文であるテストデータに試している。その結果、約 7 割の精度で、政治課題を抽出できることを確認した。

3 根拠をともなう意見の抽出

3.1 根拠をともなう意見とは

政治家は、さまざまな地域の課題について、賛成・反対の立場を表明している。たとえば、東京都議会では「築地市場を豊洲に移転するべきである」という内容について、議員が「賛成」あるいは「反対」の立場で発言

図表 9.8　課題文「築地市場を豊洲に移転するべきである」と分類の例

課題文「築地市場を豊洲に移転するべきである」

ID	議会会議録の発言（一文）	関連	事実検証	立場
1	豊洲は、新市場移転により千客万来施設ができるなど、今後、観光客の集客が大いに期待できるエリアであります。	有	可能	支持
2	豊洲の新市場予定地では108箇所で液状化が発生し、築地市場の移転先としてふさわしくないことが重ねて証明されました。	有	可能	不支持
3	新銀行東京や築地市場の移転問題は非の立場です。	有	不可能	不支持
4	このような中、東京都はこの八月三十日に、豊洲の土壌汚染対策工事として、ゼネコン系の三つのＪＶと合計約五百四十二億円の契約を交わしています。	有	可能	どちらでもない
5	豊洲新市場への移転を希望する事業者の不安を払拭すべく、移転資金や運転資金、移転後の新たな事業展開に必要な資金の手当てなど、経営支援策を講じてまいります。	有	不可能	どちらでもない
6	お正月五日の築地の初競りで史上最高となる一億五千五百四十万で落札された大間マグロはブランド化成功の代表例であります	無	可能	どちらでもない
7	京築地域ではどのように三次医療が確保されているのかお聞かせ願います	無	不可能	どちらでもない

をしている。これらの立場を表明する場合、政治家は、根拠とともに意見を述べることになるだろう。

　そこで、筆者らは、議会における政治課題の議論から、根拠とともに意見を発言している箇所を抽出する Classification タスクを設計した。Classification タスクでは、入力として、政策が記述された「課題文」と議会会議録中の「発言文（一文のみ）」が与えられときに、出力として、「発言文」に対して「関連の（有、無）」「事実検証の（可能、不可能）」「立場（支持、不支持、どちらでもない）」の分類結果を返すことになる。

　Classification タスクにおける「課題文」とは、政治課題と意見が含まれており「政治家の発言（一文）」と比較する文のことである。図表 9.8 に示した課題文「築地市場を豊洲に移転するべきである」を分類例とともに説明する。関連（Relevance）とは「課題文」と「政治家の発言」との間に関わりがあることである。たとえば、ID 1 の政治家の発言にある「豊洲は、新市場移転 …」という箇所から課題文との関連（Relevance）は「有」であることがわかる。次に、事実検証可能（Fact-checkability）とは「政治家の発言」に施設名や日付や金額などの具体的な表現が含まれ、

Fact Check（事実の検証）ができることである。たとえば、ID 2 の政治家の発言にある「豊洲の新市場予定地では 108 箇所で液状化が発生し …」という箇所から、事実検証可能（Fact-checkability）は「可能」となる。最後に、立場（Stance）とは「課題文」に対する発言者の立ち位置である。Support（支持）は課題文の内容を支持していること、Against（不支持）は課題文の内容を支持していないこと、Other（どちらでもない）は支持・不支持がはっきりしない場合や中立の場合である。たとえば、ID 3 の政治家の発言にある「非の立場です」という箇所から、立場（Stance）は「不支持」となる。

3.2　クラウドソーシングによるデータ作成

　本節では、クラウドソーシングを利用して、Classification のデータセットを作成した方法について述べる。クラウドソーシングは、オンライン上で、請負業務のマッチングサービスを提供している。たとえば、ランサーズ[9]、クラウドワークス[10]などのサービスがある。クラウドソーシングを利用することで、システム開発、Web デザイン、データ作成などの業務をオンラインで簡単に依頼することができる。

　筆者は、ランサーズのサービスを利用して、Classification タスクのデータセットを作成した。Classification タスクの場合、政治家の発言に対して、3 つのラベルを付与してもらうことになるので、図表 9.9 のように「データ整理・分類・カテゴリ分け」を選択することになる。その後で、図表 9.10 のように、依頼する文面を作成し、応募者を募る。データセット作成を依頼した仕事は、46 件であり、図表 9.11 のように、仕事の一覧として表示され、各タイトルをクリックすれば、進捗状況を把握することができる。

　クラウドソーシングを用いることで、総数 46 人にデータセット作成のための業務を依頼し、約 1 万文の「発言文」に対して、「関連の（有、無）」「事実検証の（可能、不可能）」「立場（支持、不支持、どちらでもない）」の

9）　https://www.lancers.jp（参照 2021-09-06）
10）https://crowdworks.jp/（参照 2021-09-06）

図表 9.9　依頼する仕事内容のカテゴリを選択する例

図表 9.10　依頼文の例

■　依頼の目的 / 概要

「事実検証可能な根拠を伴う意見を」見つけることです。

具体的な作業は「課題文」と「発言（一文のみ）」を読み、
下記の３つのラベルを付けることです。

1.「関連」　有り or 無し
2.「事実検証」　可能　or　不可能
3.「立場」　支持、不支持 or その他

何かご不明な点がございましたら、お気軽にご質問ください。
よろしくお願いいたします。

図表 9.11　仕事の進捗を確認する例

タイトル	進捗				状況	対応	....
一文を見て、根拠付き意見が含まれているか判定する作業（625文）	質問	提案	...	完了	キャンセル		
一文を見て、根拠付き意見が含まれているか判定する作業（1570文）	質問	提案	...	完了	完了		

図表 9.12　Classification task の 14 の課題文と注釈者数

14の課題文
Training data の異なり文数　　約1万文
Training data の総文数　　　　約3万文

注釈者総数　　46人
異なり注釈者数　20人

番号	課題文	注釈者
1	カジノを含む統合型リゾートを推進するべきである	3
2	集団的自衛を認めるべきである	3
3	八ッ場ダムを建設を進めるべきである	3
4	高齢者への医療助成を増やすべきである	3
5	私学助成を推進するべきである	3
6	中京都構想を推進するべきである	5
7	オスプレイを配備する	3
8	特定秘密保護法案を進めるべきである	3
9	道州制を導入するべきである	3
10	子ども医療費を無料化にするべきである	5
11	正規の教員を増やすべきである	3
12	生活保護の基準額を引き下げるべきである	3
13	東京にオリンピックを招致するべきである	3
14	行政の判断で空き家を処理できるようにするべきである	3

ラベルを付与してもらうことができた。図表 9.12 に Classification task の 14 の課題文と注釈者数を示す。このタスクでは、注釈者の総数は 46 人であり、異なり注釈者数は 20 人である。それぞれの課題文に対して、政治家の発言があり、それらの政治家の発言に対して、3 人以上の注釈者がラベルを付与している。そのため、約 1 万文の発言文に、3 人以上ラベルを付与しているため、約 3 万文のラベル付きデータを作成したことになる。3 人以上に付与されたラベルは、注釈者間の判断の揺れからタスクの難易度を評価し、データセットの正解を決めるために利用される。

4　Stance⁽立場⁾の分類

4.1　政治家の Stance（立場）とは

　政治情報の信ぴょう性を判断するためには、政治家がどのような Stance（立場）で発言しているのか、知ることも必要である。政治家の Stance は、1 つの政治課題に対する賛成・反対を明らかにするだけではなく、複数の政治課題に対する賛成・反対を総合して判断する必要があるだろう。地方議会では、政治上の主義や政策に対する同じ立場の人が集まり「会派」を組んでいる。各会派は、議案ごとに、賛成、あるいは、反対の立場を明確に示している。筆者らは、会派に着目し、政治家の発言から立場を推定するタスクとして、Stance classification タスクを設計した。

4.2　議会だよりに記載されている賛否

　地方自治体によっては、議会会議録に加えて、議会情報の広報紙として「議会だより」を発行している。議会だよりは、審議された議案、議案に対する質問、審議結果などをわかりやすく住民に伝えることを目的としている。東京都の議会だよりには「議案に対する各会派の賛否」がすべて記載されてある。たとえば、図表 9.13 に示したように、平成 31 年度第 1 回定例会で審議された知事提出議案「平成三十年度東京都一般会計補正予算

11) https://www.gikai.metro.tokyo.jp/outline/factional.html （参照 2021-09-06）

図表 9.13 平成 31 年度第 1 回定例会の「議会だより」に記載されている「平成三十年度東京都一般会計補正予算（第三号)」の「賛成」「反対」[12]

一般会計（第 3 号）／中央卸売市場会計（第 1 号)
賛成　都民ファースト、公明党、東京みらい
反対　自民党、日本共産党、立憲・民主、維新・あた、無（ネット）、無（自由守る会)
可決

図表 9.14　平成 31 年度第 1 回定例会の「会議録」に記載されている「平成三十年度東京都一般会計補正予算（第三号)」に関する各政党の発言（太字は筆者)

都ファースト	山田ひろし	都民ファーストの会東京都議団を代表し、小池知事提出の全議案に**賛成する立場**から討論を行います。
公明党	けいの信一	都議会公明党を代表し、平成三十年度一般会計補正予算を初め、知事提出の**全議案に賛成する立場**から討論をいたします。
自民党	清水孝治	都議会自民党は、このような状況を総合的に勘案し、有償所管がえ予算が抱える大きな矛盾と問題点を放置したまま、今回の**一般会計補正予算を到底承認することはできません。**
日本共産党	尾崎あや子	日本共産党都議団を代表して、第九十三号議案、**平成三十年度東京都一般会計補正予算**及び第九十七号議案、平成三十年度東京都中央卸売市場会計補正予算に**反対の立場**から討論を行います。

（第三号)」について「賛成」「反対」の立場である会派が記載されている。この議案に対しては、賛成が「都ファースト」「公明党」「東京みらい」であり、反対が「自民党」「日本共産党」「立憲・民主」「維新・あた」「無（ネット）」「無（自由守る会)」であることがわかる。これらの会派に対する「賛成」「反対」の記録は、議会事務局の職員により行われているもので、人手により確認されたデータ、すなわち、正解データとみなすことができる。

　一方、図表 9.13 の「一般会計（第 3 号)」に関する議論は、平成 31 年 3 月 6 日（水曜日）の東京都議会会議録に記載されている。図表 9.14 は、東京都議会会議録における都ファースト、公明党、自民党、日本共産党の議員が「賛成」「反対」を表明している発言である。たとえば、都民ファー

図表 9.15　Stance Classification 出題ファイル（JSON）の例

```
{
    "ID":"PoliInfo2-StanceClassification-JA-Formal-Training-02561",
    "Prefecture":"東京都",
    "Meeting":"平成31年第1回定例会、第1回臨時会",
    "MeetingStartDate":"2019/2/20",
    "MeetingEndDate":"2019/3/28",
    "Proponent":"知事提出議案",
    "BillClass":"予算",
    "BillSubClass":"31年度予算",
    "Bill":"一般会計（第3号）",
    "BillNumber":"第九十三号議案",
    "SpeakerList":{
        "増子ひろき":"都ファースト",
        "吉原修":"自民党",
        "東村邦浩":"公明党",
        "清水ひで子":"日本共産党",
        -- 省略 --
    },
    "ProsConsPartyListBinary":{
        "都ファースト":"賛成",
        "公明党":"賛成",
        "自民党":"反対",
        "日本共産党":"反対",
        -- 省略 --
    },
}
```

テストデータでは「賛成」「反対」が空欄になっている

ストの山田ひろし議員は「都民ファーストの会東京都議団を代表し、小池知事提出議案の全議案に賛成する立場から討論を行います。」と発言しており、全議案に対して「賛成」ということがわかる。一方、日本共産党の尾崎あや子議員は「日本共産党都議団を代表して、第九十三号議案、平成三十年度東京都一般会計補正予算及び第九十七号議案、平成三十年度東京都中央卸売市場会計補正予算に反対の立場から討論を行います。」と発言しており、対象の議案について「反対」していることがわかる（下線筆者）。このような発言から、各議案について、自動で賛否を分類することができれば、政治家の Stance（立場）を知ることができる。[12]

　そこで、筆者らは、議会だよりに記載されている議案に対する賛否を正解として、都議会会議録に含まれる議案に関する発言から、各議案におけ

12) https://www.gikai.metro.tokyo.jp/newsletter/332/07.html（参照 2021-09-06）

る各会派の賛否を推定するデータセットを作成した。

　Stance Classification タスクは、入力として、東京都議会会議録と各議案に対する各会派の賛否が空欄となっている出題ファイルが与えられ、出力として、各会派に「賛成」「反対」のいずれかを入れることになる。Stance Classification のデータセットは、東京都議会会議録、出題ファイルの 2 つの JSON ファイルである。[13] 図表 9.15 は、Stance Classification の出題ファイル（JSON）の例であり、会議名、議案名、発言者リストなどの情報が含まれ、"ProsConsPartyListBinary" の「賛成」「反対」を推定する分類問題となっている。

5　質問と答弁の対応関係を考慮した要約

5.1　一括質問一括答弁の要約

　本節では、議論の構造を考慮して要約するタスク、Dialog Summarization タスクについて述べる。議会における議論は「質問」と「答弁」を対（つい）とした構造を単位としてまとめることができる。議会における質問と答弁は、一問一答の形式と一括質問一括答弁の形式が存在する。東京都のように議員数の多い議会は、議会の時間が限られていることから、一括質問一括答弁の形式を採用する傾向にある。一括質問一括答弁の場合には、質問・答弁それぞれが、1 万文字以上になることもあり、質問と答弁の対応を同定することは容易ではない。

　ここで、図表 9.16 に東京都議会会議録における議員の質問と知事の答弁に示す。図表 9.16 は、東京都議会の平成 23 年本会議の会議録における山下太郎議員の質問とその質問に対する知事の答弁を簡単にまとめたものである。都議会の本会議は、一括質問一括答弁であり、質問を一括で読み上げているため、山下太郎議員の 1 回の質問だけで 269 行（19,204 文字）

13）JSON は「JavaScript Object Notation」の略であり、JavaScript で使うことを想定されたデータ構造であるが、JavaScript 以外の Python のようなプログラミング言語でも扱いやすい形式である。

図表 9.16　東京都議会の平成 23 年本会議の会議録の例

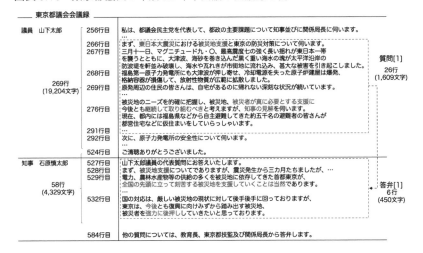

図表 9.17　「都議会だより」293 号の例

都議会だより293号

山下太郎（民主党）

> **東日本大震災**
>
> 被災地が真に必要とする支援に継続して取り組むべき。知事の見解は。
>
> **知事**　全国の先頭に立ち刻苦する被災地を支援するのは当然。今後も強力に後押しする。

となっており、21 の質問が含まれている。破線で囲まれた議員の「東日本大震災」に関連箇所だけでも 26 行（1,609 文字）である。また、この質問に対する石原慎太郎知事の答弁は 58 行（4,329 文字）となっており、そのなかで、「被災地支援」についての答弁が 6 行（450 文字）である。さらに、知事は、一回の発言で、議員の 21 の質問にすべて回答しているわけではなく、担当職員から回答することもあるため、584 行目の発言では「他の質問については、教育長、東京都技監及び関係局長から答弁します。」と述べており、適宜、答弁者を交代している。この例からわかるよ

うに、一括質問一括答弁は、複数の議案が含まれ、1回の発言文字数が多い。また、質問に対応する答弁は、離れている箇所にある。さらに、1つの質問に対して、複数の答弁者（知事、担当部署の職員）が発言することがある。他にも、質問、あるいは、答弁には、背景の説明や挨拶などの議案以外の内容が含まれることがある。これらの議会会議録特有の問題を考慮しつつ、議論をおおまかに理解できる要約が望まれる。

　東京都は、議会会議録を要約した「議会だより」を公開している。議会だよりは、各質問者の質問項目ごとに質問と答弁の内容を対（つい）として数行にまとめられている。図表9.17は平成23年第2回定例会の「都議会だより293号」であり、図表9.16の山下太郎議員の発言を要約した内容が記述されている[14]。図表9.17の要約では、山下太郎議員の「東日本大震災」についての質問が「被災地が真に必要とする支援に継続して取り組むべき。知事の見解は。」と要約されている。また、知事の答弁は「全国の先頭に立ち刻苦する被災地を支援するのは当然。今後も強力に後押しする。」と要約されている。一括質問一括答弁が含まれる会議録では、東京都の「議会だより」からもわかるように、質問事項に対して質問と答弁を対（つい）としている要約の方が理解しやすい。

5.2 「都議会だより」の要約

　東京都議会における質疑応答は都議会だよりに要約されている。都議会だよりは、議会事務局の職員により作られていることから、人手により作成された「正解の要約」とみなすことができる。また、都議会だよりでは、質問項目ごとに質問者と答弁者が示されており、質問と答弁が簡潔にまとめられている。

　そこで、都議会だよりに記された質疑応答の要約を Dialog Summarization の正解として用いることとする。通常ならば、要約の正解を人手で作成しなければならないが、議会だよりと都議会会議録の対応関係を用いることで、要約のトレーニングデータ、および、テストデータを大量に作成する

14）都議会だより293号. http://www.gikai.metro.tokyo.jp/newsletter/293/03-1.html（参照 2021-09-06）

図表 9.18　Dialog Summarization の出題ファイル（JSON）の例

```
{
  "AnswerEndingLine": [ 532 ],
  "AnswerLength": [ 50 ],
  "AnswerSpeaker": ["知事"],
  "AnswerStartingLine": [ 528 ],
  "AnswerSummary": [

    "全国の先頭に立ち刻苦する被災地を支援するのは当然。今後も強力に後押しする。"
  ],
  "Date": "2011-06-23",
  "ID": "PoliInfo2-DialogSummarization-JA-Formal-Training-Segmented-00001",
  "MainTopic": "東京の総合防災力を更に高めよ<br>環境に配慮した都市づくりを",
  "Meeting": "平成23年第2回定例会",
  "Prefecture": "東京都",
  "QuestionEndingLine": 276,
  "QuestionLength": 50,
  "QuestionSpeaker": "山下太郎（民主党）",
  "QuestionStartingLine": 266,

  "QuestionSummary": "被災地が真に必要とする支援に継続して取り組むべき。知事の見解は。",

  "SubTopic": "東日本大震災"
}
```

テストデータでは空欄になっている

ことが可能となる。

　Dialog Summarization タスクは、入力として、東京都議会会議録と質問要約と答弁要約の欄が空欄になっている出題ファイルが与えられ、出力として、質問要約と答弁要約の欄を埋めることになる。データセットは「東京都議会会議録」「出題ファイル（要約の欄が空欄）」の2つの JSON ファイルである。図表 9.18 に出題ファイルを示す。Dialog Summarization タスクは、質問と答弁を対（つい）として自動要約をするため、質問の要約である "QuestionSummary"、および、答弁の要約である "Answer Summary" を埋めることになる。

6　政治課題に関する議論

6.1　背景・過程・結果

　政治課題は、会議録に記載されている議論の過程だけを読んでも理解することが難しい。政治課題を理解するには、議論の背景、議論の過程、議論の結果を結びつけて考えることが必要となるだろう。議論の背景は、新

図表 9.19　背景・過程・結果のイメージ

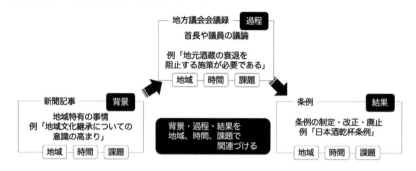

聞の解説記事、あるいは、議員の質問の説明にに含まれている。議論の過程は、議案に対する討論であり、代表質問、あるいは、一般質問の質疑応答である。議論の結果は、議案に対する採択の結果であり制定された条例、あるいは、各年度の予算などである。

　たとえば、図表 9.19 に示すように、議会における「地元酒蔵の衰退を阻止する施策が必要である」という議論は「日本酒乾杯条例」の制定という結果に結びついている。その議論には「地域文化継承についての意識の高まり」という背景がある。このような議論の結果や背景は、条例や新聞記事などの言語資源に書かれているが、それらの言語資源を個別に眺めているだけでは議論との関連性が見えにくい。そのため、「議論と結果」、および、「議論とその背景」を言語資源の有機的な連携によって示すことができれば、地方議会会議録に含まれる地域の課題に関する議論を有効に活用することが可能となる。

　ここでは、政治における重要な役割である、法律の制定、予算の成立という観点から背景・過程・議論を結びつける方法について述べる。次節以降で、法律の制定に着目して議会会議録に含まれる法律名と法律に関する知識ベースを結びつける研究、予算審議に関する議論（議論の過程）と予算表のような予算情報（議論の結果）と結びつける研究について述べる。

図表 9.20　エンティティリンキングの例

独占禁止法の適用除外制度について説明させていただきます。

独禁法の適用除外や税の優遇も、農協が農業者の共同組織だからであり....

知識ベース

正式名称	英語表記	URL
私的独占の禁止及び公正取引の確保に関する法律	Act on Prohibition..	http://...
独占禁止法　各国の法分野としての独占禁止法について説明	Competition law	http://...

6.2　法律に関する議論の過程と結果

　本節では、議論されている法律を Wikipedia と結びつけるタスクについ
て述べる。国会や地方議会では、法律や条例についての議論が行われてい
る。たとえば、衆議院における法律案審議から公布までの流れは、委員会
および本会議において法律案の審議・採決が行われ、参議院でも委員会お
よび本会議において審議・可決されることで、法律案の成立・公布となる。
参議院で否決あるいは修正が行われた場合、衆議院にて 3 分の 2 以上の多
数あるいは、両院協議会において両院が可決すると、法律案の成立・公布
が行われる。このように法律の審議は、衆議院と参議院の両議院において
委員会および本会議の議論が行われており、それらのすべてが「会議録」
として記録されている。1 つの法律案が成立・公布されるまでの議論では、
数多くの議員が法律案の名称を何度も発言することから、同一の法律案に
対して「省略」されることや異なる表現で呼ばれることがあり「表記揺
れ」が生じる。また、省略、皮肉の表現が含まれことにより、法律名に
「曖昧性」が生じることもある。

　図表 9.20 のようにテキスト中に含まれる「独占禁止法」「独禁法」のよ
うな法律名の表記揺れ、曖昧性の問題を解決しつつ、機械処理しやすい形
式の知識ベースに結びつけることを「エンティティリンキング[15]」と呼ぶ。
エンティティリンキングは、テキストから「法律名」のような固有表現を

---

15) Text Analysis Conference KBP（Knowledge Base Population）の Entity Linking
　　タスクが有名である。http://www.nist.gov/tac/2013/KBP/EntityLinking（参照 2021-
　　09-06）

抽出する用語抽出タスクと、表記揺れや語義の曖昧性を解消してエンティティと結びつける曖昧性解消タスクの2つからなる。特に、テキスト中の固有表現を Wikipedia と対応づける場合は、Wikification と呼ばれ、Wikipedia のタイトルがエンティティとなる（松田・岡崎・乾 2017）。

　図表 9.20 に示した「私的独占の禁止及び公正取引の確保に関する法律」は「独占禁止法」の正式名称である。他にも、「働き方改革関連法」のことを「過労死促進法」と呼称していることがある。このように、法律名の表記揺れ問題には、文脈から判断しなければ略称が何を指しているのかわからない問題がある。また、法律の知識がなければ人手でも判断の難しい場合も存在する（桧森・木村・荒木 2019）。下記は、法律名の正式名称と実際に使用されている異表記の例である。

私的独占の禁止及び公正取引の確保に関する法律
　独占禁止法
　独禁法

働き方改革を推進するための関係法律の整備に関する法律
　働き方改革関連法
　働き方改革一括法
　働き方改革推進法
　働き方改革法
　過労死促進法
　ブラック企業支援法

特定複合観光施設区域の整備の推進に関する法律[16)]
　カジノ法
　IR 法
　IR 推進法

16）https://ja.Wikipedia.org/wiki/ 特定複合観光施設区域の整備の推進に関する法律
　　（参照 2021-09-06）

IR 整備推進法
特定複合観光施設区域整備法
カジノ法
カジノ整備法
整備法

　法律名のエンティティリンキングは、2 つのタスクに分けられる。1 つ
はテキストから法律名を抽出するタスクであり、もう 1 つは、曖昧性を解
消しながら Wikipedia のタイトルと結びつけるタスクである。筆者らが構
築したエンティティリンキングのデータセット[17]では、2019 年 12 月 1 日
時点の Wikipedia タイトルを対象としている。2019 年 12 月 1 日時点の
Wikipedia タイトル数は、1,900,141 件である。法律名のエンティティリン
キングでは、1,900,141 件の候補エンティティに対して、本文中の法律名
を結びつけることになる。たとえば、図表 9.20 のテキストに含まれる「独
占禁止法」という法律名には、Wikipedia タイトルとして含まれる「独占
禁止法」と「私的独占の禁止及び公正取引の確保に関する法律」の 2 つの
エンティティ候補が存在する。日本語の Wikipedia タイトルの「独占禁止
法」は各国の法分野としての独占禁止法について説明している。一方、
「私的独占の禁止及び公正取引の確保に関する法律」は、日本で独占禁止
法と略称される個別法について説明している。このことを考慮して、曖昧
性を解消する必要がある。また、図表 9.21 に示すように、同一の表記で
も異なる法律を指している場合も存在する。最初に出現する「カジノ法」
という表現は「特定複合観光施設区域整備法」という法律の正式名称を示
している。一方、最後に出現する「カジノ法」は「特定複合観光施設区域
の整備の推進に関する法律」という法律の正式名称を示している。さらに、
「特定複合観光施設区域の整備の推進に関する法律」には「カジノ解禁法」
「IR 推進法」などの異なる略称が複数存在している。
　法律名のエンティティリンキングのデータセットは、平成 27 年 1 月 1
日から平成 30 年 12 月 31 日までの国会の会議録四年分と平成 23 年 4 月か

17) https://poliinfo2.github.io/entity-linking-task（参照 2021 09 06）

図表 9.21　同一の表記でも異なる法律を指している例

Wikipediaに存在しない

特定複合観光施設区域整備法

特定複合観光施設区域整備法案、いわゆるＩＲ整備法案について、最近の世論調査では、カジノ法案
の成立は不要としている国民の方々七六％、自民党の支持の方々でも六四％に及びます。...

こうした問題点を踏まえれば、ＩＲ法案は、我が国には必要のないざる法、悪法と言わざるを得ません。

また、一昨年のＩＲ推進法の審議の際には、ギャンブル依存症に総合的に対処するための仕組み、...

その当時のカジノ法案、カジノ解禁法案、ＩＲ法案があったんですよね。...

Wikipediaに存在する

タイトル	ID	URL
特定複合観光施設区域の整備の推進に関する法律	...	http://

ら平成 27 年 3 月までの 47 都道府県の会議録四年分を対象として構築した。
データセットは、法律名の正式名称・表記揺れを含む文を抽出しており、
抽出した文に対して、形態素解析器の MeCab（Kudo, Yamamoto and
Matsumoto 2004）と短単位の UniDic 辞書（伝ほか 2007）を用いて、形態
素に分割した結果に、IOB2 タグが付与されている。IOB2 は、Inside、
Outside、Beginning の頭文字に対応している。IOB2 タグは、分割された
形態素から法律名の開始位置（Beginning）をみつけ、それ以降に連続する
形態素（Inside）を推定するためのタグとして使われる。図表 9.22 に例文
「現在の犯収法、犯罪収益移転防止法の改正などの ...」に IOB2 タグを付
与した結果、および、Wikipedia に結びつけるフォーマットを示す。この
フォーマットは、CoNLL-2003 データセット（Tjong Kim Sang and De
Meulder 2003）および AIDA-CoNLL データセット（Hoffart et al. 2011）を
参考にしており、形態素、IOB2 タグ、メンション（本文中の法律名）、
Wikipedia タイトル、Wikipedia の URL のデータが「TSV（タブ区切り）」
となっている。このデータセットを用いて実施されたタスクの結果は、
NTCIR15 QA Lab-PoliInfo-2 のサイトで公開されている。

図表 9.22　法律名のエンティティリンキングのデータフォーマット（タブ区切り）の例

形態素	IOB2 タグ	メンション	Wikipedia タイトル	Wikipedia URL
現在				
の				
犯	B	犯収法	犯罪による収益の移転防止に関する法律	https://ja.wiki...
収	I	犯収法	犯罪による収益の移転防止に関する法律	https://ja.wiki...
法	I	犯収法	犯罪による収益の移転防止に関する法律	https://ja.wiki...
、				
犯罪	B	犯罪収益移転防止法	犯罪による収益の移転防止に関する法律	https://ja.wiki...
収益	I	犯罪収益移転防止法	犯罪による収益の移転防止に関する法律	https://ja.wiki...
移転	I	犯罪収益移転防止法	犯罪による収益の移転防止に関する法律	https://ja.wiki...
防止	I	犯罪収益移転防止法	犯罪による収益の移転防止に関する法律	https://ja.wiki...
法	I	犯罪収益移転防止法	犯罪による収益の移転防止に関する法律	https://ja.wiki...
の				
改正				
など				
の				
...				

6.3　予算に関する議論の過程と結果

　本節では、国や自治体の予算情報を会議録の議論と結びつける Budget Argument Mining タスクについて述べる。政治には、収入と支出を考慮し、お金の使い道を決める予算作成の役割がある。国の予算は、内閣で予算案が作成され、その予算案を基に国会で議論された後に、正式な予算となる。また、地方自治体の予算は、知事や市長により予算案が作成され、議会で審議された後に成立する。このような過程を経て成立する予算は、どのような背景に基づいて予算案が作成され、どのような議論を経て成立しているのかを把握しづらい。

　従来から、政治学や経済学の分野において、国や地方自治体の予算に関する研究が行われている（横田 2019）。予算過程では、(1) 財政収支計画の作成、(2) 審議、(3) 執行、(4) 決算、の順番に進み、租税の配分や経費の配分について意思決定が行われる。予算を含む審議の分析は、国会、あるいは、地方議会の会議録を対象として、TFIDF を用いた分析、あるいは、共起ネットワークを用いた分析を行っている（増田 2017; 名取ほか 2020）。

　議論構造の研究としては、Argument Mining が注目されている。

図表 9.23　予算表の予算項目と会議録に含まれる金額表現を連結する例

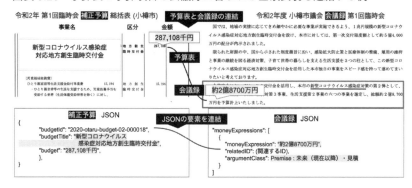

Argument Mining は、議論構造を解析するタスクであり、小論文などの論述文を対象として、文や節の談話単位のラベル（主張、根拠）を付与する論述構造解析のタスクが有名である（栗林ほか 2020）。論述構造解析では、論述文を入力として、談話単位の機能として Claim（主張）、Premise（根拠）のラベルを付与するとともに、談話単位間の論述関係として、Support（支持）、Attack（反論）を付与して出力としている。これらの研究は、論述文を対象とした研究が中心であり、複数の文書に記述されている議論の過程と結果を結びつけてはいない。

　そこで、筆者らは、国や自治体の予算成立までの議論に着目し、複数の文書からなる会議録を対象として、どのような議論に基づいて成立したのかを簡単に把握できるシステムの開発を目指している。具体的には、国会、および、地方議会における「予算審議に関する項目」と「議会会議録に含まれる関連した議論」を結びつける Budget Argument Mining の研究を進めている。

　図表 9.23 は、小樽市の「補正予算総括表」と「議会会議録」を例として、予算項目と議論を結びつけるタスクのイメージである。本タスクは、予算情報の予算項目を起点として、予算審議の議論、つまり、会議録に含まれる関連した議員の発言に結びつける。図表 9.23 の補正予算総括表に「新型コロナウイルス感染症対応地方創生臨時交付金」の事業名があり、その

金額は 287,108 千円と記載されている。ここで記載されている 287,108 千円の議論は小樽市議会会議録の第 1 回臨時会で議論されており「総額約 2 億 8,700 万円を予算計上いたしました。」という記述がある。議会会議録に含まれている金額表現「総額約 2 億 8,700 万円」を含む節に「Premise」の議論ラベルを付与する。予算項目と議論の連結は、議論ラベルが付与された「2 億 8,700 万円」を含む節に対して、予算項目の ID を対応づける。このように議論ラベルを付与して、予算項目の ID と会議録の ID を対応づけることで、予算に関する議論を結びつけることになる。Budget Argument Mining タスクは、2020 年 1 月から 2021 年 6 月までのワークショップであり、執筆時点ではタスクの開催期間中である。

7　まとめ

　本章では、政治情報に関する AI 技術として、地方議会会議録を対象にした研究について紹介した。

　第 1 節では、タスクの設計とデータセットの構築が、AI 技術の研究に必要であることを述べた。また、政治情報に関する例として、地方議会を挙げ、議会の構造について説明した。さらに、筆者らが企画している QA Lab-PoliInfo のタスクの概要について述べ、Leaderboard を用いた運営方法を紹介した。

　第 2 節では、地方議会会議録から政治課題を抽出する方法として「主辞」に着目する方法を紹介した。政治課題の定義をするとともに、データセットを用いた評価方法について述べた。

　第 3 節では、地方議会会議録に含まれる根拠をともなう意見の抽出方法について述べた。ここでは、データセット構築するために、クラウドソーシングを利用する方法について紹介した。

　第 4 節では、政治家の Stance（立場）を分類するタスクとして、議会の会派を用いた方法について説明した。Stance Classification タスクの正解データは、「都議会だより」に記載されている会派ごとの賛否情報を用い

て作成された。ここでは、正解データ作成として、「都議会だより」を用いることで、コストをかけずに、正解データを作成する方法を紹介した。

第5節では、地方議会における一括質問一括答弁の要約方法について説明した。一括質問一括答弁は、質問と答弁の記載されている箇所が離れており、対応関係を考慮しつつ要約する必要がある。Dialog Summarization タスクの正解データは「都議会だより」に記載されている要約を用いて作成した。

第6節では、政治課題に関する議論の背景、議論の過程、議論の結果に着目して、異なる言語資源を結びつける方法について述べた。法律を対象としたタスクでは、法律に関する議論の過程が地方議会会議録に記載されており、議論の結果となる法律名が Wikipedia に記載されているとして、議論の過程と結果を結びつけている。予算を対象としたタスクでは、予算に関する議論の過程が地方議会会議録に記載されており、議論の結果となる予算が予算表に記載されているとして、議論の過程と結果を結びつけている。

本章では、AI 技術の研究として、地方議会会議録を対象としたタスクを設計し、データセットを構築する方法について説明した。それぞれのデータセットは、JSON、あるいは、TSV のような機械可読性の高いデータとなっている。QA Lab-PoliInfo では、政治情報に関するタスクとして、地方議会会議録を基盤とした共通のデータセットを作成し、異なる研究チームが議論できる場をつくり、研究者コミュニティの活性化を試みている。今後、政府や自治体で AI 技術の利活用を促進させるには、機械可読性の高いデータ形式で公開するとともに、利活用を促進させるコミュニティづくりが、必要となるだろう。

参考文献

Atanasova, P., et al.: Overview of the CLEF-2018 CheckThat! Lab on automatic identification and verification of political claims, Task 1: Check-worthiness. In: Cappellato, L., Ferro, N., Nie, J.Y., Soulier, L. (eds.) CLEF 2018 Working Notes.

Working Notes of CLEF 2018 - Conference and Labs of the Evaluation Forum. CEUR Workshop Proceedings, CEUR-WS.org, Avignon（2018）.

Brill, E.: Transformation-Based Error-Driven Learning and Natural Language Processing: A Case Study in Part-of-Speech Tagging, Computational Linguistics, 21, pp.543–565（1995）.

J. Hoffart, M. A. Yosef, I. Bordino, H. Fürstenau, M. Pinkal, M. Spaniol, B. Taneva, S. Thater, and G. Weikum: Robust disambiguation of named entities in text, in Proceedings of the Conference on Empirical Methods in Natural Language Processing, ser. EMNLP '11. Stroudsburg, PA, USA: Association for Computational Linguistics（2011）.

Kimura, Y., Shibuki, H., Ototake, H., Uchida, Y., Takamaru, K., Sakamoto, K., Ishioroshi, M., Mitamura, T., Kando, N., Mori, T., Yuasa, H., Sekine, S., and Inui, K.: Final Report of the NTCIR-14 QA Lab-PoliInfo Task,NII Testbeds and Community for Information Access Research, 14th International Conference, NTCIR 2019, Tokyo, Japan, June 10–13, 2019, pp.122 - 135（2019）.

Kimura, Y., Shibuki, H., Ototake, H., Uchida, Y., Takamaru, K., Ishioroshi, M., Mitamura, T., Yoshioka, M., Akiba, T., Ogawa, Y., Sasaki, M., Yokote, K., Mori, T., Araki, K., Sekine, and S., Kando, N.: Overview of the NTCIR-15 QA Lab-PoliInfo-2 Task, Proceedings of The 15th NTCIR Conference（2020）.

Kudo, T. and Matsumoto, Y.: Fast Methods for Kernel-Based Text Analysis, ACL 2003（2003）

Kudo, T., Yamamoto, K. and Matsumoto, Y. : Applying conditional random fields to Japanese morphological analysis, in Proceedings of the 2004 Conference on Empirical Methods in Natural Language Processing. Barcelona, Spain: Association for Computational Linguistics, pp.230–237（2004）.

Takamaru, K., Kimura, Y., Shibuki, H., Ototake, H., Uchida, Y., Sakamoto, K., Ishioroshi, M., Mitamura, T., Kando, N.: Extraction of the Argument Structure of Tokyo Metropolitan Assembly Minutes: Segmentation of Question-and-Answer Sets, LREC 2020 Proceedings, pp.2064-2068（2020）.

Tjong Kim Sang, E. F. and De Meulder, F. : Introduction to the conll-2003 shared task: Language-independent named entity recognition, in Proceedings of the Seventh Conference on Natural Language Learning at HLT-NAACL 2003 - Volume 4, ser. CONLL '03. Stroudsburg, PA, USA: Association for Computational Linguistics, pp.142–147（2003）.

乾孝司・奥村学：文書内に現れる因果関係の出現特性調査，情報処理学会研究報告，2005（50），pp.81-88（2005）.

小川泰弘・木村泰知・渋木英潔・秋葉友良・横手健一・石下円香：QA Lab-PoliInfo-3 における質問と答弁の対応付け，言語処理学会第 27 回年次大会（NLP2021），B6-2

（2021）.

河原大輔・黒橋禎夫・乾健太郎：主要・対立表現の俯瞰的把握－ウェブの情報信頼性分析に向けて，情報処理学会研究報告自然言語処理，2008-NL-186, pp. 49-54（2008）.

木村泰知・関根聡：主辞に基づく政治問題抽出手法，人工知能学会論文誌，28（4），pp. 370-378（2013）.

木村泰知・永渕景祐・乙武北斗・佐々木稔：予算項目に関連する議論を対応づける Budget Argument Mining のデータセット構築，情報処理学会，2021-NL-249, p. 10（2021）.

栗林樹生・大内啓樹・井之上直也・鈴木潤・Paul Reisert・三好利昇・乾健太郎：論述構造解析における，自然言語処理，27（4），pp 753-779（2020）.

高丸圭一・木村泰知・内田ゆず・佐々木稔・吉岡真治・秋葉友良・渋木英潔：東京都議会会議録における議案への賛否を表明する発言の分析，人工知能学会全国大会（第34回），4Q3-GS-9-01（2020）.

伝康晴・小木曽智信・小椋秀樹・山田篤・峯松信明・内元清貴・小磯花絵：コーパス日本語学のための言語資源:形態素解析用電子化辞書の開発とその応用，日本語科学，22, pp.101–123（2007）.

名取良太・田中智和・岡本哲和・石橋章市朗・梶原晶・坂本治也・秦正樹：地方議会の審議過程：テキスト分析による定量化の試み，関西大学法学研究所（2020）.

桝森拓真・木村泰知・荒木健治：議会会議録に含まれる法律名の表記揺れ問題解決に向けたエンティティリンキングの試み，情報処理学会 自然言語処理研究会，Vol. 2019-NL-241 No. 5（2019）.

増田正：計量テキスト分析によるわが国地方議会の審議内容を可視化する方法について，地域政策研究，19（3），pp. 161–175（2017）.

松田耕史・岡崎直観・乾健太郎：日本語 wikification ツールキット：jawikify，言語処理学会第 23 回年次大会 2017）.

横田茂：[研究ノート] 日本の予算制度と予算過程:その特質の形成，關西大學商學論集，64（1），pp. 77–103（2019）.

横手健一・木村泰知・渋木英潔・秋葉友良・小川泰弘・石下円香：QA Lab-PoliInfo-3 における Fact Verification, 言語処理学会第 27 回年次大会（NLP2021）, P6-2（2021）.

第10章

被災地の候補者は選挙で何を語ってきたのか：オープンデータとしての選挙公報を利用した分析

吐合大祐
河村和徳

1　はじめに

　本章の目的は、地方政治研究のオープンデータの１つである「選挙公報」を用いたテキスト分析によって、東日本大震災被災３県の地方政治家の政策的立場を明らかにすることである。また、地方政治の一端を明らかにする方法として、オープンデータの１つである「選挙公報」のテキスト分析が有意義であることを示す。

　近年、日本の地方政治研究をめぐっては、実証分析のための環境整備が急速に進展している。当分野の先駆的研究である曽我・待鳥（2007）や砂原（2011）の登場に伴い、戦後日本の地方政治研究に関するデータセットの整備が取り組まれるようになった。ここ数年間で分析手法の発展も大いに手伝って、人文学系や情報学系を中心に地方議会議事録のコーパス化の取り組みが試みられている。また、地方議会会議録コーパスプロジェクトによって「都道府県議会会議録検索システム　ぎ〜みる」が開発されるなど、[1] 一般向けのデータ公開を目指した取り組みも活発化している。このような地方政治の実態を定量的に把握しようとする試みは、地方政治に対する関心を高めることを企図したものと評価できる。

　ところで、選挙公報とは、公職選挙法に定められた選挙において、出馬した候補者の経歴・政策関心・主張をまとめたもので、選挙期間中有権者

---

1)　http://local-politics.jp/#gimiru（参照 2021 08 12）

に無料で配布されるものである。いわゆる「マニフェスト」の1つと位置づけられる選挙公報は、選挙管理委員会から発行されるものであり、有権者の政治参加を選挙公営の観点から促す重要な役割を果たしているものと評価できる。たとえば、明るい選挙推進協会が実施した意識調査によると（明るい選挙推進協会 2019）、2019年の統一地方選挙において選挙公報が「役に立った」と答えた回答者の比率はもっとも高く、有権者の投票の際の情報源として機能しうることが示されている。特にメディアが採りあげる確率の低い地方選挙において、選挙公報は一定の存在感をもつ情報媒体となっている。

　選挙公報を通じ、政治家はどのような主張を繰り広げているのだろうか。この問題意識のもと、本章では、東日本大震災で被災した岩手県・宮城県・福島県で実施された2011年から2019年までの3回の県議会議員選挙における選挙公報をデータとし、「地方政治家が有権者に何を語ってきたのか」「候補者がどのような政策トピックを重視してきたのか」について分析する。

　東日本大震災の被災3県を分析事例とした理由は、周知のとおり、東日本大震災発災から2021年でちょうど10年となり、被災地を中心に、さまざまな場で「復興政策の終え方・閉じ方」が議論されている。被災地の復旧・復興に主体的に関わってきた地方政治家や候補者たちが、被災地の民意をどのように汲み取って政策として打ち出してきたのか、また震災から10年経過してきたなかで被災地の政治家がどの政策を重視してきたのかについて、本分析を通じて明らかにできると考えたからである。また被災地の選挙公約を分析することで、過去に類を見ない災害の被災地で語られた政策の特徴やその時系列変化を知ることができる。われわれが東北3県の選挙公報を分析することで、選挙公報が地方政治の一端を明らかにするという学術的意義だけでなく、日本の災害・防災研究に対する一定の示唆をもつという社会的な意義を果たすことにもつながると考える。

　以上を踏まえ、本研究は、被災地選出の議員・候補者に焦点を当て、被災地の地方議員の政策関心について、選挙公報の分析より明らかにする。具体的には、選挙公報に含まれるテキストから被災地で訴えられてきた政

策の特徴を析出し、どのような政策分野が論じられてきたのかを県別・時期別に明らかにし、政策関心の特徴の時系列的な変化について検討することにしたい。

2　選挙公約に対する姿勢

　本章では、選挙公約に対する筆者の立場県議の選挙公約をデータ化したうえで、テキスト分析を用い、「地方議員がどのような政策を志向しているのか」「県レベルでまとめた場合、自治体としてどのような政策の実現を望んでいるといえるのか」、これらの問いを実証的に明らかにする。ただ、分析を行う前に、選挙公報に対する筆者の姿勢を記述しておくことにしたい。

　政治学ではしばしば「政治家は再選を目指す存在」と位置付けられる（Mayhew 1974）。政治家には、昇進を目指す誘因や自身が望む政策を実現する誘因が存在するものの（Fenno 1973）、再選されなければそれを実現することはできない。政治家が、「まず再選目標の実現に向かって政治活動に従事する存在」と考えられるのは、このためである。本論でも、議員行動の先行研究にのっとり、「政治家の行動や政策選好は再選戦略の一環である」と理解する。

　そのように理解した場合、政治家にとって選挙公約は、どのような意味を持つのか。政治家は、選挙公報の作成・公開を通じ、自身が当選後に実現したい政策や、現職議員としてこれまで取り組んできた実績を有権者に示すことができる。またそれを通じ、他の議員との関係性や自身の人間性、経歴などをアピールすることもできる。こうした事実から、選挙公約は、政治家の政策選好を測定する上で貴重な情報源とみなすことができる。

　過去の先行研究も、上述した選挙公約の機能に着目し、政治家の政策位置を測定する手段として政治家（候補者）の選挙公約を分析してきた。政治家の選挙公約を先駆けて分析してきた日本政治研究においても、国会議員の選挙公約の内容分析を通じて政治家の政策選好を定量化し、議員の再

選戦略や政策的立場の推定が行われてきた。また政治家の政策選好と議員個人の属性との関係性についても明らかにされてきた（品田 2001; Catalinac 2016）。分析の対象とする地方政治家の選挙公約について、本章も先行研究と同様の立場を採る。すなわち、先行研究と同様、選挙公約を各議員の政策選好の表明したものの 1 つと捉えるのである。

　繰り返しとなるが、東日本大震災で甚大な被害を受けた岩手県・宮城県・福島県の議員が、「過去 3 回の選挙で何を重要課題として認識していたのか」を本章では選挙公約を分析することで明らかにする。そして、「どのような争点が存在していたのか」、自治体別・時期別の観点から分析する。これらの分析を通じ、上述した先行研究の課題を克服するだけでなく、これまで見過ごされてきた地方自治体の政策活動のあり方について指摘することが可能になると思われる。

3　データと分析手法

3.1　データ

　使用するデータは、岩手県、宮城県、福島県の県議のデータを扱う。時期については、東日本大震災が発生した 2011 年から 2019 年までの、合計 3 回の選挙とする[2]。

　本章の分析では、都道府県・年・所属政党を軸とするグラフを作成し、「東北 3 県の県議会議員選挙の候補者が訴える政策内容は、都道府県・年・所属政党によってどう異なるのか」を明らかにする。そのため、所属政党など各候補者の個人属性に関する指標として「所属政党」や候補者の氏名・選挙区情報が必要となる。これに関しては、すべて朝日新聞データベース「聞蔵Ⅱ」から入手し、それを元にデータセットを作成した。

　なお、先行研究は、「泡沫候補」と呼ばれる得票の少ない候補者の影響を排除しサンプルの質を確保するため、本章の分析では、当選人の資格を

---

2)　なお今回の分析では、補欠選挙等の結果は含んでいない。

得るために最低限必要となる「法定得票数[3]」を上回った者のみを対象としてきた。しかし、本章では、サンプル量を確保するため、全候補者を対象とする。そのため、本章で用いるサンプルサイズ（扱う議員数＝選挙公報の数）は 596 となる。

3.2　分析手法

　政治家の関心を選挙公約から推定するにあたって、公約の文字情報を判読し、機械処理できる形にする作業が必要となる。本章の分析では、対象となる全候補者の選挙公報の内容をテキストとして打ち出し、それらを元にテキスト情報の集合である「コーパス」を構築した。言い換えるならば、ここで用いるコーパスは、分析対象となる 596 名の候補者の選挙公約をまとめた文書によって構成されている。本章での分析は、このコーパスに含まれるテキストを解析することとなる。

　コーパスが完成したら、対象言語が日本語であることを考慮し、統計パッケージ R に内蔵されている分析のためのパッケージ quanteda を使い、日本語のトークン化を実施した。このトークン化によって文書を文字や数字に分解し、文字情報を整理する。そしてこの整理によって、それぞれの文書（各候補者の選挙公約）に各単語が登場する頻度をまとめた「文書行列」が作成される。この文書行列を使うことで、各単語がどの程度の頻度で出現するのかを分析できる。

　なお、本章の分析は、「Bag-of-Words」と呼ばれる、文中の語の順を考慮しない方法によって分析している。文章内の単語の順番を無視することで文書データを簡潔にし、議員個人の選挙公約内での単語の出現頻度を高度なコンピュータを使わずに計算することができるからである（カタリナック・渡辺 2019）。また本章の分析では、選挙公報の特徴を考慮して、選挙区や都道府県名など特定の地名、また「衆議院議員」や「議会」、政党・会派名や支援団体・組織名など、公約の性質上頻出しやすい単語を事前に除外しており、候補者の政策関心に特化した分析を可能とした。

　ところで、本章が明らかにするのは、議員・地方政党組織の単語の「重

3)　法定得票数については、公職選挙法第 95 条を参照。

要度」である。本章の分析では、この重要度を示す指標として TF・IDF を用いる。TF・IDF は、単語出現頻度（TF: Term Frequency）と逆文書頻度[4]（IDF: Inverse Document Frequency）を掛け合わせて算出されるものであり、近年、この指標は、各公約の中でどの単語が重要視されていたのかをより適切に析出すると、活用される傾向にある。この指標は、「ある単語の1つの文書の中での重要度が、その文書を含む文書のコレクションの中での重要度と比べてどれだけ高いかを示すための統計量」として定義される（Slige and Robinson 2017=2018）。この値は、議員ごとに算出され、そこからどの程度議員が当該単語を重要視しているか、判断することができる。すなわち、TF・IDF とは、単に議員の公約に含まれる単語の頻出回数を求めるだけではなく、その単語が他の議員の公約にどの程度用いられているのかを条件づけた上で、その単語の重要度を示す指標なのである（Ramos 2003）[5]。

　以上の点を踏まえ、本章の分析では、各議員の中から算出された単語の TF・IDF を自治体・年・ごとにまとめ、それをもって自治体・時期・党派の政策関心と捉える。その上で、自治体・時期で重要と認識されている政策にどのような違いがあるのかについて、以下、検討していくこととする。

4　分析の結果

　それでは、分析結果を見ていくこととしたい。

　まず、図表 10.1 である。この図表は、時期・年・政党に関わらず、全体を通してもっとも出現回数が多かった単語（右）と、もっとも TF・IDF が高かった単語の上位 10（左）を図示したグラフである。先ほど説

---

4)　逆文書頻度とは、登場する全単語がすべての文書のうちどの程度の文書に出現するのかを表す割合の逆数である。そのため、より多くの文書に登場する単語ほど値が小さくなることになる。
5)　TF・IDF については、第8章も参照されたい。

明したように、各公約で出現した単語がその公約ごとでどれだけ重要であったのか、TF・IDF で得点化した上で、全時期を通じてまとめている。

　この結果から、TF・IDF が高かった単語は、「若者」や「責任」、「暮らし」であることが確認できる。「暮らしの確保」「安心して暮らせる」などといった使われ方があったことが容易に推測される。東日本大震災の被災地では、大規模な津波によって住まいが流されたり、福島第一原発の事故によって住み慣れた地域からの避難を余儀なくされたりする住民が数多く生じた。それが、各議員の選挙公報に反映されたと解釈することができる。暮らしに関係する単語のあとに続くのは、「世代」「若者」「子供」といった将来世代を想定させる単語、そして「震災」のような東日本大震災に関連する単語である。これらの単語は、復興と強く結びついた単語である。

　単語の出現回数に目を向けると、上位には「企業」「向上」「被災」「強い」が挙がった。これらの単語は暮らしに結びつく単語といえ、TF・IDF と同様の傾向があることが確認できる。更に、被災自治体を復活させる意味で使われやすい「強い」「向上」や、東日本大震災に関連する「被災」といった単語が頻繁に用いられていることが確認でき、復興が選挙公約に強く反映されていることを示唆している。

　図表 10.2 は、各単語の TF・IDF を、時期や所属政党の違いは考慮せず、対象とする被災 3 県の岩手県、宮城県、福島県ごとにまとめ、グラフ化したものである。この図表を見ると、各県の置かれている状況によって、地

図表 10.1　全時期・全自治体の上位単語 10

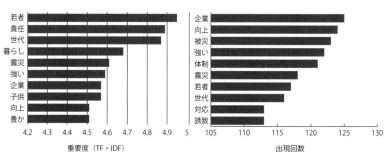

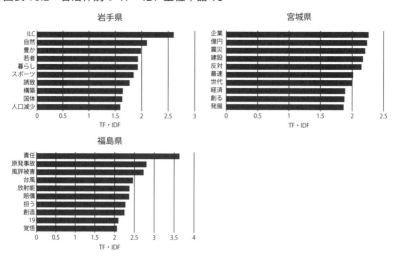

図表 10.2　自治体別の TF・IDF 上位単語 10

方政治家たちが注目する政策に違いがあることが確認できる。たとえば、岩手県では「ILC」（International Linear Collider, 国際リニアコライダー）を重要語として取り上げる候補者が多かった。[6]国際リニアコライダーの誘致候補地として岩手が取り上げられていたため、多くの候補者が重要政策として言及していたと想定される。またその後は「自然」「豊か」「若者」「人口減少」、「スポーツ」「国体」などが挙がっており、彼らが定住人口の拡大を目指す政策、またスポーツに関連する政策を重要視していたと解釈できる。

　宮城県では、「企業」「億円」「建設」「経済」「発展」のように、被災後の経済再生や再開発を想起させるような単語が上位に並んでいる。宮城県は東北の経済の中心地であることから、多くの地方政治家が経済・産業の復興をより重視し、選挙にて訴えていたことがうかがえる。また将来を見据えた「世代」「創る」のような単語も上位にきており、将来の宮城を意識していたことが確認できる。

　福島県では、「責任」「原発事故」「風評被害」「放射能」「賠償」など、

6)　ただ、ILC 誘致には世論形成などに大きな課題がある（河村・伊藤 2021b）。

福島第一原発事故を想起させる単語が重要語として採りあげる傾向があった。時期に関わらず、選挙のつど、多くの候補者が原発事故からの復興を重要争点と位置づけ、公約の中で言及してきたといえるだろう。また「覚悟」「創造」など、福島再生を想起させる単語も挙げられていることも指摘できる。

　被災3県としばしば一括りに認識されがちであるが、地方政治家が重要課題として認識し選挙公約で採りあげる政策は、各県ごとで異なっていたといってよい。

　図表10.3は、選挙年別に各単語のTF・IDFをまとめ、それぞれのTF・IDF上位単語10をグラフ化したものである。このグラフを見ると、2011年では「放射能」「震災」「被災」「原発事故」のような東日本大震災で発生した災害に関連する単語が上位を占めているが、2015年になると「地方創生」「創造」「女性」「戦争法」など、当時の安倍晋三内閣が推進していた政策と関連する単語が上位に挙がるようになり、さらに2019年になると「若者」「世代」「活力」のように将来を見据えた単語が上位となっている。

　図表10.3で示した時系列的変化を、自治体別でも見ておこう。図表10.4は、岩手県における時系列的変化をまとめたものである。2011年では、「大震災」「再建」「被害」など、震災に関連する単語が上位を占める。ただし、「農林」「地域医療」「漁業」など地域の生業に関連する単語の重要度も多い。岩手県の内陸部では震災による被害は少なく、そのため2011年の県議選であったとしても、選挙公約が「復興一色」とはならなかったのであろう。2015年になると、先ほど言及した「ILC」や「国体」など、復興を目指すシンボル（ハコモノやイベント誘致）に関連する単語が上位に挙がってくる。また「地方創生」「人口減少」「医療費」など、国政の争点が上位に食い込むようになった。2019年では、「ILC」や「誘致」、「人口減少」が上位に挙がっているが、「子供」や「育て」のような平時の選挙でしばしば登場する単語も上位に挙がっている。このことは、2019年岩手県議選では、復興が全県的な争点ではなくなりつつあったことを示唆している。

図表 10.3　選挙年別の TF・IDF 上位単語 10

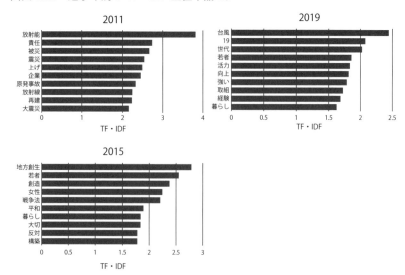

図表 10.4　岩手県・選挙年別の TF・IDF 上位単語 10

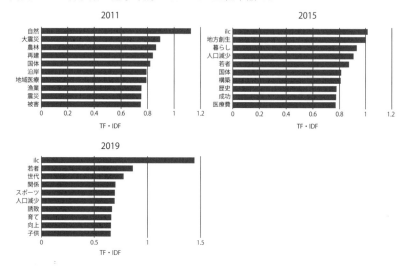

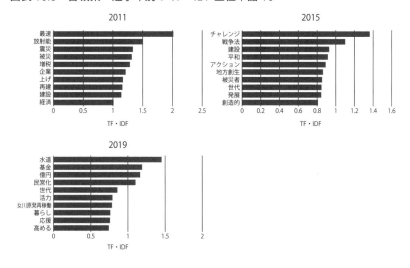

図表 10.5　宮城県・選挙年別の TF・IDF 上位単語 10

　図表 10.5 は、宮城県における時系列変化をまとめたものである。宮城県でも、2011 年は「放射能」「震災」「被災」「再建」など、東日本大震災による災害や復興・再建を意味する単語が上位に並んでいる。ただし、当時の野田佳彦内閣が進めていた「増税」、経済・産業に関連する「企業」「経済」なども上位にきており、経済の復興を重視する候補者が相当程度いたことをうかがわせる。2015 年の選挙では、岩手県と同様、「戦争法」「平和」「地方創生」などが上位にきており、宮城県でも中央の争点が県議選に持ち込まれたことが確認できる。ただ、「発展」「創造的」など復興を意味する単語も重要視されていることが確認でき、「被災者」など東日本大震災の被災者支援に触れる候補者も一定数存在していたことが図表からうかがえる。2019 年になると、水道の民営化など、村井嘉浩知事が進めた創造的復興策を連想させる単語が挙がるようになる。また、「女川原発再稼働」も上位にきている。

　この結果は、与野党の垣根を越えて復興に取り組む時期が終わり、自民党出身の村井嘉浩知事の政治信条や彼が進める政策に対し、自公が賛成し

野党が強く反発する選挙戦だったことを示唆しているといえるだろう[7]。

　図表 10.6 は、福島県の時系列変化をまとめたものである。2011 年は、容易に想像されるように、「放射能」「原発事故」「賠償」「風評被害」「放射線」など原発事故に関連する単語が重要な単語となっている。2015 年になると、岩手・宮城両県と同様、「創造」「支え」「担う」など復興をイメージさせる単語が上位にくるものの、「戦争法」など国政争点に関連する単語が上位に来るようになる。2019 年は、「台風」「19」「被害」「見舞い」といったように、2019 年秋の令和元年台風を連想させる単語が上位に来る一方で、将来を見据えた「時代」「減災」も上位の言及となっている。

　以上から、東日本大震災発災直後の 2011 年秋の選挙では災害に関連する単語が多く挙がっているが、2015 年になると復興を連想するものが残るものの、選挙戦に国政争点が加わるようになり、2019 年になると東日本大震災に関連する単語はそう多く挙がらなくなる傾向は 3 県に共通しているようである。また、どの県でも「世代」「活力」「人口減少」が重要視される傾向があることが確認でき、このことは被災地からの人口流出が重要な地域課題の 1 つとして地方政治家が認識していることを示す証左といえる。河村と伊藤は、その著書の中で「選挙で震災が風化する（河村・伊藤 2017）」と述べているが、本章の結果は、彼らの指摘が妥当であることを数値的に明らかにしているといえるだろう。

　最後に、候補者の所属党派別の TF・IDF を確認しておこう。図表 10.7 および図表 10.8 は、自民党・旧民主党別に分類したものである。なお旧民主党は、2019 年時点で立憲民主党・国民民主党に分かれているが、今回は旧民主党ということで統一している[8]。

　まず、図表 10. 7 から見てみよう。これを見ると、自民党の候補者たち

---

7)　2019 年の宮城県議会議員選挙および福島県議会議員選挙の公約分析を行うにあたっては、令和元年台風がもたらした影響にも留意する必要がある（河村・伊藤 2019）。

8)　東北地方では、いわゆる「第三極」と呼ばれたみんなの党や維新の会は一定の勢力を築くことができなかった（河村・伊藤 2017）。

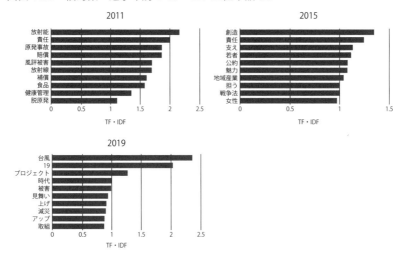

図表 10.6　福島県・選挙年別の TF・IDF 上位単語 10

は、一貫して、被災地の復興に関連する単語を掲げてきたことがわかる。2011 年では「整備促進」「経済」、2015 年には「企業誘致」、2019 年には「成長」「活力」など復興を見据えた単語が上位にきている。

　図表 10.8 は、旧民主党系候補者の分析結果である。2011 年を見ると、「震災」「放射能」「被害」など東日本大震災関連の単語が挙がっているが、2015 年になると、「安保法制」「平和」など国政レベルに関する政策への言及や、「戦争法」「女性」など支持団体への言及が重要視される傾向が確認される。2019 年では「賃金」「保育」「出産」など働く人・若者を念頭に置いた政策をイメージさせる単語が多く挙がっている。旧民主党から出馬した候補者たちは、発災直後の選挙では復興を掲げたものの、2015 年の選挙では「地元の復興よりも国政の対立争点を重視した」ということは数値的にいえるのである。[9]

---

9)　地方に中央の政党対立を持ち込むことに拒絶反応を示す有権者は少なくない。東北大学大学院情報科学研究科政治情報学研究室が、2020 年に実施された第 578 回日本リサーチセンターのオムニバスサーベイを利用した実施して回答結果によると、回答者の 33.4％が「地方政治に中央の政党対決を持ち込むべきではない」という意

図表 10.7　自民党所属・年別の TF・IDF 上位単語 10

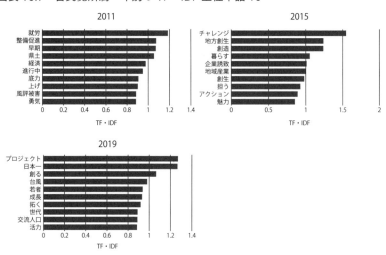

図表 10.8　旧民主党系所属・年別の TF・IDF 上位単語 10

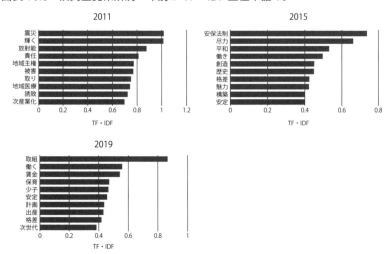

図表 10.9　注目単語の時系列変化

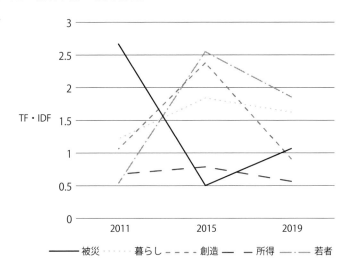

　最後に、「被災」「暮らし」「創造」「所得」「若者」の単語を取り上げ、各単語が 3 回の選挙にわたってどのように取り上げられてきたのかを確認しておくことにしよう。

　図表 10.9 は、各単語の TF・IDF の時系列変化を表したものである。この図表を見ると、5 つの単語のうちもっとも TF・IDF が高かった「被災」という単語が、2015 年には急激に減少していることが確認できる。一方、2011 年には相対的に少ない「若者」「創造」という単語が大きく増加している。これは、被災直後の 2011 年には被災に関する言及に政治家の注目が集まっていたが、震災から一定程度経過することによって、復興のあり方をめぐる「創造的復興」に関する議論や復興の担い手として期待されていた「若者」へ注目が変化したことを示していると思われる。また全体を

見に対し、「同意する（同意すると回答した者と、どちらかといえば同意すると回答する者の合算）」と答えている（河村・伊藤 2021a）。こうした傾向を考えると、旧民主党の候補者が 2015 年の被災地における県議選で国政争点を持ち込んだことが、選挙戦略上プラスであったかは疑問である。

通して出現度が高かった「暮らし」については、どの時期においても多く言及される傾向にある。その一方で、比較的被災者の関心を集めやすいとされる「所得」については、実はそこまで多く言及されてはいない。この図表は、単語、すなわち候補者の政策に対する注目度が、被災状況や復興プロセスの経過に対応する形で変化しうることを明示している。

5 本章のまとめ

　本章では、地方議会に関するオープンデータの1つである選挙公報に注目し、それを分析することを通じ、「岩手・宮城・福島の県議選候補者たちがどのような政策を重視していたのか」、「彼らの重視する政策はどう変化していったのか」を、テキスト分析によって明らかにしようと試みた。分析結果をまとめると、次のようになろう。

　まず、震災直後の2011年は災害に関連する単語が多かった。これは、災害に関連する被災者支援や産業や経済への応急的な対応に関する課題の重要度が高かったことを反映した結果と考えられる。2015年になると、「創造的復興」を想起させるような「創る」や「創造」が多く出現するようになり、これは、より多くの候補者が被災地の創造的な復興を重要課題として認識していたことを示唆している。2019年になると、各自治体の政策課題への言及が増加する一方で、震災に対する言及が相対的に減少した。この結果から、発災から8年以上経過した時点の地方政治家は、被災地の新たな課題解決に向けて取り組もうと考えていたことが想像できる。また「若者」に関連する単語が選挙公報に出現するようになり、ここからは労働力・人口流出に悩む被災地の姿を読み取ることができる。言い換えれば、復興の最重要課題である「生業再生」を支えるための労働力が不足していること、それに伴って被災地の政治家が後継者不足への対処を強く迫られている地域の姿を、選挙公報が鑑として映しているのである。

　ところで、被災3県を事例に選挙公報のテキスト分析を行った本章は、地方自治体でのオープンデータ化が進めば、より地方政治研究が進むこと

も示唆している。オープンデータを新しい分析手法によって検討することによって、見えづらかった地方自治の一端を垣間見ることができる可能性が高まる。地方自治、とりわけ地方政治に関するデータ分析は、多くのサンプルを扱う必要があるため、データ化の作業や資料収集の面で多大なコストがかかる。

　地方政治のオープンデータ化の進展は、地方政治の特徴や地方行政の課題を発見できる「宝の山」を生み出すことといえる、と筆者らは思う。オープンデータの取り組みによって「国民参加・官民協働の推進を通じた諸課題の解決、経済活性化、行政の高度化・効率化[10]」などの効果を生み出されることが期待されているが、地方政治研究者にとっても、オープンデータ推進は研究環境の改善という点で意義ある取り組みと評価できるのである。

【謝辞】

　本研究は、日本公共政策学会 2021 年度研究大会企画委員会セッション「選挙民主主義の下での復旧・復興を考える」での吐合の報告論文を、吐合・河村の両名で加筆・修正したものである。報告にコメントをいただいた福井英次郎先生にこの場を借りて感謝申し上げたい。加えて、岩手・宮城・福島の各県選管事務局よりデータ提供等の協力をいただいた。併せて御礼申し上げる。

　なお、本章は、日本学術振興会科学研究費補助金・若手研究「地方選挙と政党政治：地方レベルの選挙制度が政党の政策形成に与える影響の分析」（研究課題 / 領域番号 20K13420）の成果の 1 つでもある。

参考文献

Catalinac, Amy: Electoral Reform and National Security in Japan: From Pork to Foreign Policy, p.268, Cambridge University Press, Cambridge (2016).

10) https://cio.go.jp/policy-opendata（参照 2021 08 12）

Fenno, Richard F.: Congressmen in Committees. p.302, Little, Brown, Boston (1973).

Mayhew, David R.: Congress: The Electoral Connection, p.194, Yale University Press, New Haven (1974).

Ramos, Juan: Using tf-idf to determine word relevance in document queries, Proceedings of the first instructional conference on machine learning, 242 (1), pp.29-48 (2003).

Slige, Julia and David Robinson: Text Mining with R: A Tidy Approach, p.196. O'Reilly Media, Sebastopol (2017). (大橋真也［監訳］，長尾高弘［訳］，R によるテキストマイニング：tidytext を活用したデータ分析と可視化の基礎，p.209，オライリー・ジャパン，東京 (2018).)

明るい選挙推進協会：第 19 回統一地方選挙全国意識調査—調査結果の概要 (2019).

カタリナック、エイミー・渡辺耕平：日本語のテキスト分析，早稲田大学高等研究所紀要，(11)，pp.133-143 (2019).

河村和徳・伊藤裕顕：被災地選挙の諸相 現職落選ドミノの衝撃から 2016 年参議院選挙まで，p. 278，河北新報出版センター，仙台 (2017).

河村和徳・伊藤裕顕：被災地選挙の諸相57 注目点満載の選挙－ 2019 年宮城県議会議員選挙，月刊選挙，(2019-12)，pp.44-50 (2019).

河村和徳・伊藤裕顕：被災地選挙の諸相70 サーベイデータからみた地方政治のジェンダーに係る争点と女性地方議員を増やす方策，月刊選挙，(2021-2)，pp.29-36 (2021a).

河村和徳・伊藤裕顕：被災地選挙の諸相71 被災地の事例から考える研究開発拠点の誘致・整備（1），月刊選挙，(2021- 3)，pp.29-34 (2021b).

品田裕：地元利益志向の選挙公約，選挙研究，(16)，pp.39-54 (2001).

曽我謙悟・待鳥聡史：日本の地方政治：二元代表制政府の政策選択，p. 335，名古屋大学出版会，名古屋 (2007).

砂原庸介：地方政府の民主主義：財政資源の制約と地方政府の政策選択，p. 230，有斐閣，東京 (2011).

第11章

ALPS 処理水の海洋放出に対する日韓国民の心理：フレーミングを意識して

遠藤勇哉
河村和徳

1 はじめに

1.1 菅内閣の判断と韓国政府の反応

　2021 年 4 月 13 日、菅義偉内閣は、東京電力福島第一原子力発電所に貯まり続ける放射性物質トリチウムを含む ALPS 処理水の海洋放出とする基本方針を決定した。菅内閣がこのタイミングで意思決定を行った背景には、ALPS 処理水の貯蔵タンクを建設するスペースは限界に近づいていることがある。しかしながら、この菅内閣の意思決定に国内外から批判が浴びせられ、ALPS 処理水の海洋放出は、一気に外交にも影響が及ぶ重要争点となった。

　そもそも、ALPS 処理水の処分は、田川（2021）がまとめているように、原発事故直後から福島において重要な争点であった。ただ、溜まり続ける ALPS 処理水を処理することで生じる漁業者を中心とした反発に配慮する形で先送りされてきた。それが保管タンクの建設用地が限界に近づいてきたことが明白になった 2019 年夏頃から、ALPS 処理水の処理スキーム（図表 11.1）[1] が調整されるようになり、それに伴い、地元漁協を中心に海洋放出に反対する強い意思表明が、福島県浜通り地域だけではなく、漁場が隣

---

1) https://www4.tepco.co.jp/decommission/progress/watertreatment/（参照 2020-10-21）

図表 11.1　検討されている ALPS 処理水の海洋放出の手順

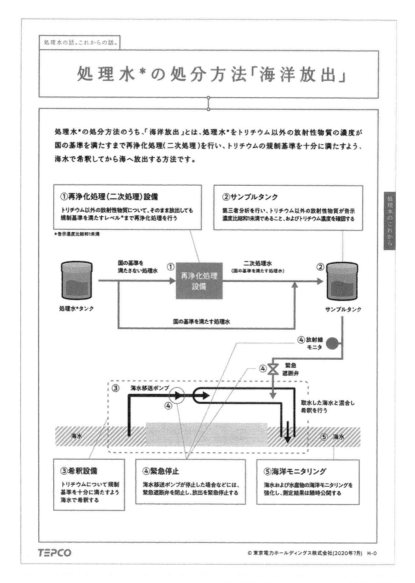

出典：東京電力ホールディングス提供資料

図表 11.2　福島県民意識調査 2020 にみる ALPS 処理水の海洋放出に対する賛否

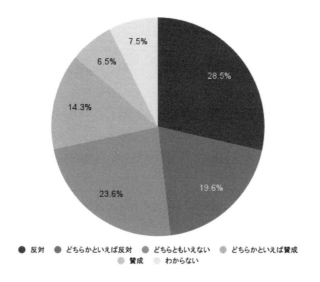

接する宮城県や茨城県などでも示されるようになった。[2]

　菅内閣による意思決定以前から、福島第一原発の ALPS 処理水の海洋放出に対する日本の国民の賛否は割れていた。図表 11.2 は、福島県民を対象にした県民意識調査（福島県民意識調査 2020）の結果[3]、図表 11.3 は、日本リサーチセンター全国個人オムニバス・サーベイ 2020 年 6 月調査（NOS2020 年 6 月調査）[4]の結果である。ALPS 処理水の海洋放出に反対する者（「反対」と「どちらかといえば反対」の合計）は、回答者の約半数であることを示している。[5]

　菅内閣の意思決定は、そうした状況下で行われたものであり、それに反

2)　福島民友，2019 年 9 月 12 日．
3)　調査概要は、河村・岡田・横山（2021）を参照。
4)　調査概要は、河村・伊藤（2020）を参照。
5)　なお、河村・伊藤（2020）によると、福島第一原発に近ければ近いほど反対が多くなり、遠くになればなるほど「どちらともいえない」「わからない」を選ぶ者が増える傾向があるという。

図表 11.3　NOS2020 年 6 月調査にみる ALPS 処理水の海洋放出に対する賛否

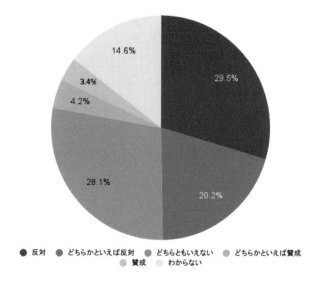

対を表明する者が多数現れるのは当然の帰結であった。とりわけ、福島県
漁協などの漁業関係者は激しく反発した。[6] この決定に批判的な姿勢を示
す国内のマスメディアも見受けられ、海外にも懸念を示す声があった。原
発立地国であり、トリチウム水の海洋放出を行っている韓国政府も、また
菅内閣の意思決定に批判的であった。[7]

　ところが、韓国政府の菅内閣に対する批判は、時間の経過とともにトー
ンダウンしていった。海洋放出の方針決定が伝えられた直後、韓国の文在
寅大統領は国際海洋法裁判所提訴などを検討するよう指示するなど、菅内
閣の意思決定に対する韓国政府の否定的な姿勢は極めて強硬であったのに
も関わらず、2021 年 4 月 19 日、鄭義溶外交部長官が「IAEA の基準に従

---

6)　ただし、福島第一原子力発電所立地自治体の双葉・大熊の両町長は、ALPS 処理水
　　の処分を進める必要性を示している。「海洋放出せずに貯蔵タンクが増えることが
　　復興の足枷になっている」と認識している政治エリートも福島県内にいることに、
　　我々は留意する必要がある。福島民友, 2021 年 4 月 14 日.
7)　中央日報（オンライン日本語版）, 2021 年 4 月 14 日.

うのであれば ALPS 処理水の海洋放出に反対しない」旨を明らかにした
ことに代表されるように、国際的な枠組みに即していれば反対しない姿勢
に急激に方針転換をした[8]。このトーンダウンの背景には、アメリカ政府
などからの賛意を得られなかったことや、韓国政府の政府部署合同タスク
フォースが 2020 年に作成した報告書「福島原発汚染水関連現況」におい
て日本の多核種除去装置（ALPS）の性能を認め、海洋放出が有意な影響
を及ぼさない趣旨が記述されていたことがあると思われる[9]。

　韓国政府の採った行動はマスメディア研究、とりわけ政治学におけるフ
レーミング効果研究の枠組みで捉えることができる。マスメディア研究の
なかには、政治家の選挙キャンペーンやマスメディアによる報道などにお
けるフレームが国民の政治的姿勢に影響を与えることを報告しているもの
が数多くなされており、韓国政府が菅内閣の意思決定に即座にネガティブ
な姿勢を示したのは、韓国の国民の政治意識（たとえば、日本に対する印
象）に干渉することを意図したものとみなすことができ、その後の軌道修
正は、韓国政府にとって不都合な情報が発信されたことに伴うものと解釈
することができる[10]。

　言い換えると、ALPS 処理水の海洋放出という政治争点は、福島県民に
とってみればよく知られた争点ではあるが（田川 2021）、韓国の国民にと
ってみれば、突如表面化した新しい争点である。さらにこの争点は自らの
私的生活空間と、東日本大震災や日韓関係といった政治とが結びつく間接
経験との争点である。フレーミング効果研究の文脈の言い方に即せば、国
民が政治処理するフレームを持たないまま判断を下さねばならない争点は、
政治的エリート（政治家やマスメディア）が国民を操作しやすく、韓国政
府の初動は間接経験しかない韓国の国民の操作を企図したものとみなすこ
とができる。

---

8)　中央日報（オンライン日本語版），2021 年 4 月 20 日.
9)　中央日報（オンライン日本語版），2021 年 4 月 15 日.
10)　菅内閣の意思決定直後の韓国政府の情報発信は、欧米の評価や過去との整合性を吟
　　味しない「政治的ショートカット」による反応だったという解釈も可能である。

1.2 本章の目的と意義

「政府の情報発信やメディア報道によって、国民は影響を受けているのか」、これを日韓の国民を対象に検討することが本章の目的である。本章はこれについて、福島第一原子力発電所の ALPS 処理水の海洋放出に関係する事例を用いて検討する。日本政府が近いうちに意思決定することを見越し、2020 年 12 月に筆者らが実施した日韓の国民に対するオンラインによるサーベイ実験のデータを用いる（調査デザインは後述）。

本章における具体的なリサーチクエスチョンは、次の 2 つである。

1) 原発保有国がトリチウム水を科学的根拠に海洋放出している事実は海洋放出の賛否にどのような影響を与えるのか。
2)「福島第一原発」という言葉が海洋放出の賛否にどのような影響を与えるのか。

清原（2019）などで論じられているように、日韓の国民は、不注意で発せられる「ミスインフォメーション」や意図的な虚偽情報である「ディスインフォメーション[11]」などにさらされている。またそれらは、両国政府の情報発信が日韓関係を冷え込ませる要因にもなっていると考えられる。しかしながら、その効果がどの程度であるか、検討は十分とは言えない。本章は、ALPS 処理水を事例に、政府やマスメディアといった政治的エリートからの情報発信（フレーミング行為）が国民の態度形成に影響を与えているか検討し[12]、その影響を受けやすい層を発見することに挑戦する。

また、本章は、東日本大震災からの復興研究、とりわけ風評被害に係る研究という側面も有している。福島原発の事故が社会にもたらした影響に対する関心は高いものの、2011 年 3 月から時間が経過したこともあり、

---

11) 言葉の定義等については、Google（2019）などを参考とした。
12) フレーミング効果研究では、対象となる政治争点に対して無知な者ばかりではなく、それに関係する争点対立の状況をよく知っているような者もフレーミングの影響を受ける、と指摘されている（稲増 2015）。本章の議論は、どちらかと言えば前者に近い。

復興研究は下火になりつつある。しかしながら、福島原発事故に伴う風評
被害については継続的に研究を行っていく必要がある分野であり、ALPS
処理水の海洋放出は福島にとって喫緊の政治課題である。日本の原子力災
害に係る文献は印象論的なものが少なくなく、原発事故によって避難を余
儀なくされた者に焦点を当てすぎるがあまり、復興ガバナンスに係る視点
が抜け落ちやすい傾向がある[13]。その反面、統計的な分析を試みるものは
少なく、風評被害の形成メカニズムのような個人の心理的変化に焦点を当
てた研究や、被災地に居住する非被災者まで意識した被災自治体の意思決
定に係る研究は限定的である[14]。本章は、後者に属する研究であり、福島
の復興と風評被害を考える貴重な試みと言える。

　本章の構成は次の通りである。まず次節で仮説を提示し、その後、オン
ラインによるサーベイ実験のデザインを説明する。そして、実験の結果を
示し、最後に結論を論じることとしたい。

2　仮説

　マスメディアによる報道や政治的エリートによる意見表明など、政治的
エリートによって発せられたメッセージによって国民の意見が左右される
という指摘はこれまで数多くなされてきた[15]。そのなかには、Chong（1993）
のように、新しく登場した政治争点について、政治的エリートがフレーム
を呈示し、それを国民が受容することによって争点に対する理解が深まる
という指摘を行うものもある。

　本章で取り扱う福島原発の ALPS 処理水の海洋放出は福島以外のほと
んどの日韓の国民にとって新しく登場した政治争点であり、政治的エリー
トが呈示するフレームの影響を受けやすい争点である。また争点研究の文
脈に照らせば、ALPS 処理水の海洋放出は、「平和の維持」や「人種差別

---

13) 関連して、アルドリッチ（2020）を参照。
14) たとえば、三浦・楠見・小倉（2016）、関谷（2016）、河村・岡田・横山（2021）など。
15) フレーミング効果研究のレビューとしては、たとえば稲増（2015）を参照。

の撤廃」などのような印象的でわかりやすい争点とは大きく異なる。「現在の技術では取り除くことができないトリチウムとは何か」「トリチウムを含んだ水はどの程度希釈すれば安全であるか」「ALPS（Advanced Liquid Processing System, 多核種除去設備）はトリチウム以外の放射性物質をきちんと除去できるのか」など、一般の国民が理解しづらい科学技術的内容を含む「むつかしい争点（Carmines and Stimson 1989）」である。すなわち、汚染処理に係る技術的な仕組みなどがよくわからないことに伴う不安によって、情報のショートカットによる判断が行われる可能性が高い。

　こうした前提の下、本章では次の2つの仮説を検証する。

H1：世界における ALPS 処理水（実験ではトリチウム水）の科学的な処理の情報に接触した被験者は、そうでない被験者よりも、トリチウム水の海洋放出に賛成する。

H2：福島原発という単語が記載された情報に接触した被験者は、そうでない被験者よりも、ALPS 処理水（実験ではトリチウム水）の海洋放出に反対する。

　ALPS 処理水の海洋放出は、前述したように、争点を認識し判断するにあたり科学技術的な知見を必要とするむつかしい争点である。そのため、知識の有無が判断の違いに影響を及ぼすと考えられる。それに加え、原子力発電所の立地国が日常的にトリチウム水を海洋放出している事実を多くの国民は知らないと考えられる。もし H1 が支持されれば、この争点の判断に科学的な情報に接触することが重要であると指摘できる。

　一方、H2 は、風評の影響があるのか、測定することを目的とする仮説である。東日本大震災発災以降、「福島（原子力発電の風評を示唆する場合は『フクシマ』と片仮名が用いられることが多い）」という言葉は、風評を想起すると捉えられてきた。また、その風評が福島県民に対し科学的根拠に基づかない差別を生み出しているという指摘もある（関谷 2011; 福田 2012; 河村・伊藤 2017）。すでに述べたように、ALPS 処理水の海洋放出という

政治争点は、間接経験争点であった原発事故を自らの私的生活空間と結びつける争点特性を持っており、『「福島（フクシマ）」イコール「危ない」』というショートカットを生み出しやすいと考えられる。もし、そうであるならば「福島（フクシマ）」という言葉が入った文章を読ませた者（刺激を与えた者）は拒否反応を示し、短絡的にネガティブな反応を示すと予想される。もし H2 が支持されれば、そうした傾向があると判断できる。

3　実験デザイン

　上記の仮説について、オンラインによるサーベイ実験を用いて検証することにする[16)]。

　本サーベイ実験では、日本人 2,000 人（首都圏 1,000 人、九州 1,000 人）、韓国人 1,000 人を対象に、サーベイリサーチセンターを介して調査への協力を依頼した[17)]。日韓両国で行ったのは、ALPS 処理水の海洋放出という政治争点が日韓関係にも影響する争点であること、また福島原発からの空間距離が回答に影響しているか、それとも接している情報の違いが影響しているか、吟味することができるようにするためである。

　この実験では、被験者を次の 3 群にランダムに割り振った。そして、被験者は、それぞれ状況下で ALPS 処理水（トリチウム水）の海洋放出に対する回答を行った[18)]。なお、質問項目と各実験群の被験者呈示する文章は、図表 11.4 の通りである。

---

16) 本章で用いるデータを収集したオンライン・サーベイ実験は、拓殖大学において倫理審査を経て実施した。

17) 18 歳以上を対象。なお、年齢や性別が偏らないよう対象者数の割り付けを行っている。

18) オンラインでサーベイ実験を行う際、いい加減に回答する satisficer の存在に配慮する必要があるが、本章では探索的な調査ということもあり、彼らへの配慮はなされていない。その理由は、satisficer を除いた分析を行っても同じ傾向の結果が得られたためである。

図表 11.4　実験で呈示する質問項目と文章

質問項目
原子力発電所の汚染水からトリチウム以外の放射性物質を取り除いた処理水に関して、あなたの意見にもっとも近いものはどれでしょうか。
処理水を海洋放出することに賛成である 　あてはまらない（1） 　あまりあてはまらない（2） 　どちらともいえない（3） 　ややあてはまる（4） 　あてはまる（5）
統制群　何も見せないで回答させた群
処理水説明群　次の文章を読ませてから上の質問に回答させた群
31 カ国（2019 年 1 月現在）で原子力発電所を建設して発電を行っています。原子力発電は、原子炉の中でウランやプルトニウムが核分裂を持続的に、連鎖反応的に進行させ、その核分裂反応によって水を沸騰させて水蒸気をつくり、それによって蒸気タービンを回転させて発電する方法です。この際、多くの放射性物質が発生しますが、特殊な装置を用いて放射性物質を取り除きます。しかし、現在の技術ではトリチウムという物質を取り除くことが困難です。濃度を基準値以下に水で薄めて海に流すことは国際的に認められているので、日本だけではなく、海外の他の原子力発電所も薄めた処理水を海に放出している場合があります。
福島原発群　次の文章を読ませてから上の質問に回答させた群
2011 年の東日本大震災の影響により、福島第一原子力発電所では、壊れた建屋に地下水や雨水が入り込み、高濃度の放射性物質に汚染した水が 1 日 180 トン（2019 年度）発生しています。東京電力は、特殊な装置を用いてこの汚染した水から放射性物質を取り除いた処理水を、約 123 万トン保管しています。しかし、現在の技術では取り除くことが困難なトリチウムが、処理水の中に残っています。トリチウムの濃度を基準値以下に薄めて海に流すことは国際的に認められており、日本だけではなく、海外の他の原子力発電所も薄めた処理水を海洋放出している場合があります。福島第一原子力発電所の処理水も同様に、水で薄めてから、海に放出する案が挙がっています。

・統制群：何も読まずに海洋放出に関する質問に答える

・処理水説明群（処置群 1）：世界におけるトリチウム水の海洋放出の現状に関する文章を読んでから、海洋放出に関する質問に答える

・福島原発群（処置群 2）：福島原発での実際のトリチウム水の海洋放出に関する文章を読んでから、海洋放出に関する質問に答える

　この実験における結果変数は、「処理水の海洋放出に賛成である」、「処

図表 11.5　実験の記述統計

日本

	平均	標準偏差	最大値	最小値
性別	0.52	0.5	1	0
年齢	46.8	14.32	88	18
イデオロギー	6.28	2.08	11	1

韓国

	平均	標準偏差	最大値	最小値
性別	0.5	0.5	1	0
年齢	45.37	12.3	82	19
イデオロギー	6.09	1.73	11	1

理水を海洋放出するとこによる風評被害の不安」、「処理水を海洋放出するとこによる身体的悪影響の不安」の３つである。いずれの結果変数においても、被験者に対し、「あなたの意見にどの程度近いでしょうか」という問い方をしている。回答の尺度は、「あてはまらない」を１とし、「あてはまる」を５とする５点尺度である。

　続いて、この実験の分析方法について説明する。この実験では、上記で説明したように ALPS 処理水の海洋放出に関する設問を結果変数としており、処置変数は実験の刺激の有無である。それらに共変量として、被験者の「年齢」「性別」「イデオロギー」を加えて重回帰分析を行う。

　図表 11.5 は、この実験における用いる「性別」「年齢」「イデオロギー」の記述統計を示したものである。性別は、「男性」を１としたダミー変数であり、年齢は実年齢を用いた連続変数である。イデオロギーはリベラルから保守までの 11 点尺度であり、数値が高ければ高いほど保守的であることを意味している。

図表 11.6　バランスチェックの結果

グループ	日本	韓国
年齢（統制群 - 処理水説明群）	9.20923	2.38782
年齢（統制群 - 福島原発群）	7.03540	10.79812
年齢（処理水説明群 - 福島原発群）	2.10059	8.51563
性別（統制群 - 処理水説明群）	5.66457	6.89814
性別（統制群 - 福島原発群）	11.60052	0.33580
性別（処理水説明群 - 福島原発群）	5.92599	6.56163
イデオロギー（統制群 - 処理水説明群）	2.92954	5.05196
イデオロギー（統制群 - 福島原発群）	8.47596	3.89861
イデオロギー（処理水説明群 - 福島原発群）	11.40183	1.15364

4　結果

4.1　分析の事前準備

　実験結果を確認する前に、まずはこの実験が十分ランダム化されていたか、バランスチェックの結果を確認しておきたい。

　図表 11.6 は、性別・年齢・支持政党の 3 つの共変量を採りあげて、実験群間の標準化スコアをテストした結果を示している。一般的に社会科学では概ね 10 が基準値とされるが、10 を大幅に上回るものはない。この結果から、この実験ではランダム化が概ねできていると評価できる。

4.2　実験の結果

4.2.1　群間で有意な違いは見られるのか

　図表 11.7 は、実験の結果を図示したものである。このグラフ群は、左から「処理水の海洋放出の賛否」「風評被害の不安」「身体的悪影響の不安」の結果をそれぞれ示している。グラフの縦軸は、各実験群（推定のベースラインは統制群）、横軸は推定値[19]を示している。グラフ中にある、

19）推定値が 0 よりも値が大きければより賛成することを、0 よりも値が小さければよ

図表 11.7　実験の結果

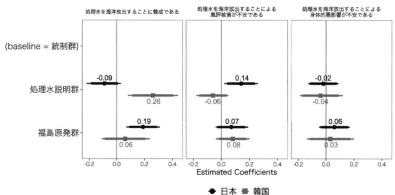

黒色の丸は日本の推定値を、黒色の線は信頼区間[20]を示している。一方、灰色の四角は韓国の推定値を、灰色の線は信頼区間を示している。

　まずは、日本の結果から確認することにしよう。「処理水の海洋放出」の結果を見ると、処理水説明群は統制群と比較して、統計的に有意な差があるとは言えないことが確認できる。この結果は、処理水の海洋放出を原発立地国が一般的に行っているという事実を伝える情報に接しても、被験者は意見を変えないことを意味している。言い換えると、政府やメディアが世界の現状を説明したとしても、日本人は意見を変えるとは言い難いということである。一方、福島原発群は統計的に有意であるという結果が得られた。「福島（フクシマ）」という記述が付記された ALPS 処理水海洋放出の情報を受け取った被験者は、何も情報を受け取らない被験者より海洋放出に賛成するようになる、ということを実験の結果から導き出すことができるのである。

　「風評被害への不安」については、処理水説明群のみが統計的に有意であり、海洋放出の実情に関する情報に接した被験者の方が不評被害に対する不安を抱く傾向が確認された。「身体的悪影響の不安」については、ど

───────────────
り反対することを表している。
20）図中の太い線が 95% 信頼区間、細い線が 90% 信頼区間である。以下、同じ。

ちらの群も統計的に有意という結果は得られなかった。

　続いて、韓国の結果を見ておこう。図を見ると、韓国では処理水説明群と統制群との差が統計的に有意であるという結果が示されている。このことは、世界においてトリチウム水が海洋放出されている現実に接した被験者の方が、相対的に海洋放出に賛成しやすいことを示唆する結果である。他方、福島原発群では統計的に有意ではなかった。ここから「福島（フクシマ）」という風評を想起させる単語に接しても、韓国の被験者は ALPS 処理水の海洋放出に対する意見を変えないと言える。

　一方、「風評被害の不安」「身体的悪影響の不安」については、どちらの群も統計的に有意という結果は得られなかった。これは、韓国の国民の「風評被害についての不安」や「身体的な悪影響に対する不安」は、接する情報によって変化しづらい状況にあることを予想させる。

4.2.2　どのような被験者がより情報の影響を受けるのか

　ところで、ALPS 処理水の海洋放出に係る情報が被験者の海洋放出の賛否に与える影響は、被験者の属性によって変わる可能性がある。より情報の影響を受けるのはどのような被験者だろうか、被験者に与えられた情報（刺激）と被験者の属性の交互作用項を用いて確認する。

　被験者に与えられた情報と被験者の属性を図示したものが、図表11.8、図表11.9、図表11.10 になる。紙幅の関係から、すべての分析結果を説明することはせず、注目すべき点を抜き出し説明することにしたい。

　既存の研究成果から、子育てをする女性層が相対的に原発問題に敏感になりやすいことはわかっている（河村・岡田・横山 2021）。またリベラル勢力が反原発のスタンスを採ってきた経緯があることから（河村・伊藤 2019）、リベラル勢力の方が情報に反応しやすいと考えられる[21]。ただし、これらの言説はあくまでも日本人を前提としたものであり、韓国人では異なる可能性はある。

　日本の被験者の結果から確認していこう。図表11.8 からは性別の違い

21）なお、電力と政治の関係についての考察については、たとえば、町田（2014）や塙（2021）を参照。

図表 11.8　情報と属性の交互作用項を図示した結果（性別）

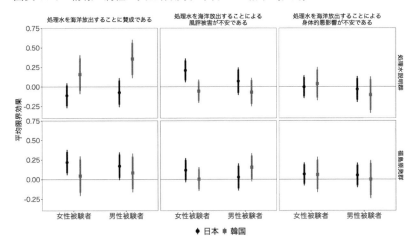

図表 11.9　情報と属性の交互作用項を図示した結果（年齢）

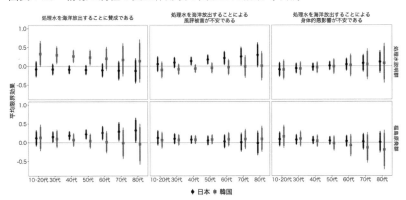

を確認することができるが、図表 11.8 を見る限り、情報の平均限界効果
は性別で有意な差があるということは言えない。図表 11.9 では、年齢に
よって情報がトリチウム水の海洋放出の賛否に与える影響が異なる。ここ
でも情報の平均限界効果の差があるとは言えない。違いを確認することが
できるが、これも同様であった。被験者のイデオロギーによる情報の平均
限界効果の違いもないことが、図表 11.10 より明らかである。以上から、

図表 11.10　情報と属性の交互作用項を図示した結果（イデオロギー）

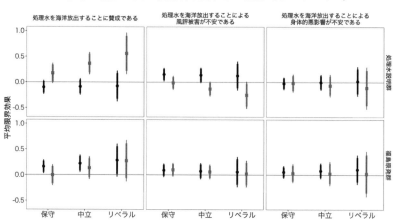

　属性によって受け取る情報（刺激）の影響が異なるということは、日本では言えないということを導き出すことができる。

　それでは、韓国の被験者の結果はどうであろうか。まずは、性別の結果を見る（図表11.8）。図を確認すると、韓国では、処理水説明群でのみ男性被験者と女性被験者の平均限界効果に有意な差があった。このことは、韓国では、世界の海洋放出実態に関する情報を受け取った男性は、処理水の海洋放出に相対的により賛成する方向に傾くが、女性は意見を変えない傾向にあることを示している。すなわち、与えられる情報によって、韓国の男性は意見を変える可能性があるのである。

　年齢の違いはどうであろう。図表11.9を見ると、日本同様、韓国でも情報の平均限界効果の差は確認できなかった。言い換えれば、年齢によって、情報の効果が異なることはないということになる。

　最後に、被験者のイデオロギーについて確認する。図表11.10から、ALPS処理水の海洋放出の賛否において、処理水説明群でのみ被験者のイデオロギーがリベラルになればなるほど平均限界効果が高くなることが確認できる。この結果は、韓国では世界の海洋放出実態に関する情報を受け取った政治的にリベラルな被験者はより賛成の立場を採る傾向にあること

を示唆している。一方、そうした情報に接した政治的に保守の被験者は意見を変えない傾向にあると言える。

5 導き出される結論と議論

　本章では、日韓における ALPS 処理水の海洋放出に対する国民の賛否の実態を確認し、ALPS 処理水に係る説明がどの程度国民意識に影響を与えているか、オンラインによるサーベイ実験を用いて検証した。日本では、科学的な情報に情報に接しても有権者の意識が変わらないことが判明した。一方、韓国の有権者は科学的な情報に接することによって、トリチウム水の海洋放出賛成に傾くことがわかった。また「福島（フクシマ）」という記述が付記された情報を受け取ると、日本ではトリチウム水の海洋放出に賛成となる一方で、韓国では意見が変わらないことも実証した。

　また、属性によって情報（刺激）がもたらす影響は異なるか検証した結果、日本ではそれは否定されたが、韓国では、属性によって情報（刺激）がもたらす影響が存在することが確認された。具体的には、世界の原発立地国におけるトリチウム処理水の海洋放出の実態を示した情報に接した韓国の男性でイデオロギー的にリベラルな被験者は、ALPS 処理水の海洋放出に対して相対的に好意的な姿勢を採りやすいことが確認された。

　本章の実験の結果から、どのような示唆が得られるだろう。

　世界の原発立地国におけるトリチウム処理水の処理実態を示した情報に接した韓国の被験者が、相対的により賛成に傾きやすいという結果は、正確とされる情報を政治的エリート（政府やマスメディア）が発信し、それに触れることができれば、韓国の国民の中で態度を変える者が現れるということにつながる。もちろん、すべての国民が意見を変える訳ではないが、政治的な発信が日韓関係の緊張を和らげる効果につなげる可能性があるとは言えるだろうし、日本政府が幾ら丁寧に情報を発信したとしても、韓国の世論に対して与えるプレゼンスは小さい。彼らに相対的に強い影響を与えることができるのは、韓国政府であり、韓国の政治家であり、韓国のマ

スメディアであることに間違いない。すなわち、韓国の政治的エリートの情報発信について考える上で、本章は有意義と考えられる。

　本章の結果に即せば、菅内閣がALPS処理水の海洋放出に係る意思決定を行った際の韓国政府の初動は、日韓関係の改善にとってマイナスだったと評価できるだろう。なぜなら、福島第一原発で稼働しているALPSなどを評価した報告書を以前に作成している事実を確認し、（韓国も含め）世界の原発立地国がトリチウム処理水の海洋放出を日常的に行っていることなど客観的な事実を発信するという初動を採れば、その後の展開が変わった可能性が高いからである。

　また本章から得られる知見は、「科学的な情報と逸話的な情報のどちらの証拠がより説得力があるか」という学術的な議論とも関連してくる。科学的な情報と逸話的な情報のどちらの証拠がより説得力があるかメタ分析を行ったFreling et al.（2020）によれば、感情移入しやすい状況（たとえば、深刻な脅威を伴う事件が生じた場合や自らの健康に関わる状況、また自らに多大な影響を与えると予想される状況）では、科学的証拠よりも、逸話的証拠の方がより大きな影響力を持つことを指摘している。ALPS処理水の海洋放出において多くの韓国の被験者が反対を示したのは、Frelingらの指摘と整合的である。ALPS処理水の海洋放出という政治争点には、韓国の国民にとって他人ごとであった原子力災害を自分ごとに置き換える側面があり、多くの韓国の被験者の多くが政治的ショートカットから反対と回答した。しかし、世界の原発立地国でトリチウム水が日常的に海洋放出されていることなどの科学的な情報に接した国民は、それらの情報を加味して回答をした。その結果、情報に接した群と接しなかった群で有意な差が生まれた、と解釈できる。

　一方、日本では、処理水の説明をした群と説明をしていない群との間において、統計的有意差を確認することができなかった。日韓で異なる結果が生まれたのはなぜなのか。日本では、毎年、3月11日が近づく度に東日本大震災の復興関連番組が作成され、日本人が数多くの被災地情報に接していることが影響している可能性がある。また福島第一原発内でALPS処理水が溜まり続けていることで、福島に対する同情が生まれている可能

性も否定できない[22]。もちろん、実験手法に課題があった可能性もある。福島原発群に読ませた文章のなかには、原発内に滞留している処理水の量を明記している部分がある。滞留している量を見て、ヒューリスティックな反応があったのかもしれない。このあたりは、今後の研究課題である。

　本章は、日韓両国政府やエリート意識、制度等は考慮せずに議論を行っている。また、政治争点化した2021年春以降の社会情勢の変化や両国政府の政治的な動きに対する定性的な考察は行われていない。そのため、本章の議論には限界がある。政治的な文脈に基づいた議論を今後行う必要があることは間違いない。

　さらに、本章はデータ的な限界も抱えている。今回の調査で回答した日本人は首都圏、九州在住者であり、当事者である被災地の居住者との対比ができていない。調査が日本政府の海洋放出決定前に実施されていることもあわせて考えると、今後改めてALPS処理水を巡る意識調査を行い、より精緻な議論を行う必要がある。

　福島原発の事故の記憶は、今後も、日韓の国民の政治意識や、政治的エリートの情報発信および政治的意思決定に影響を与え続けると予想できる。福島原発のALPS処理水の海洋放出は、ここ数年の日韓関係にも大きな影を落とす政治争点であるのは間違いない。この争点に対する検討は、日韓での共同研究などを通じて深化させていく必要があるのではないか、筆者らはそう考えている。

【謝辞】
　本章は、高麗大学グローバル日本研究院・東北大学大学院情報科学研究科 4.16災害7周忌追悼ラウンドテーブルの報告および日本公共政策学会

---

22) 日本では、福島原発群と統制群の間で統計的な有意差があり、福島原発の説明を読んだ群の方が、説明がない統制群よりも海洋放出により寛容な姿勢を示していた点は貴重な発見である。震災から日が浅い時期に調査をした既存の研究では「福島（フクシマ）」は風評を呼び起こすネガティブ・ワードであると言われていたが（天川2015）、本章の結果は、時間の経過とともにそれが消失しつつ可能性があることを示唆していると考えられる。

第25回研究大会報告を元に作成されている。コメントをいただいたキ
ム・ヨングン先生（高麗大学）、田川寛之先生（筑波大学）に対し記して感
謝申し上げたい。また調査の実験実施にあたり、宋財法先生（関西大学）
の協力をいただいた。被験者の方々とあわせ、御礼申し上げたい。

参考文献

Aldrich, D.P：（2019）Black Wave: How Networks and Governance Shaped Japan's
　3/11 Disasters, P.264, The University of Chicago Press（2019）（[飯塚明子・石田
　祐（訳）]：東日本大震災の教訓－復興におけるネットワークとガバナンスの意義,
　p.296, ミネルヴァ書房, 京都（2021）.)
Carmines, Edward G., and James A. Stimson: Issue Evolution: Race and the
　Transformation of American Politics, p.217, Princeton University Press, New
　Jersey（1989）.
Chong, Dennis: How People Think, Reason, and Feel about Rights and Liberties, 37(3).
　pp. 867-899（1993）.
Freling, T. H., Z. Yang, R. Saini, O. S. Itani, and R. R. Abualsamh: When Poignant
　Stories Outweigh Cold Hard Facts: A Meta-Analysis of the Anecdotal Bias,
　Organizational Behavior and Human Decision Processes, 160, pp.51-67（2020）.
Google: How Google Fights Disinformation（2019）https://www.blog.google/
　documents/37/How_Google_Fights_Disinformation.pdf（参照 2021-06-13）
天川晃：「自治体行政の「非常時」と「平時」」小原隆治・稲継裕昭（編）『震災後の自
　治体ガバナンス, p352, 東洋経済新報社, 東京, pp.23-47（2015）.
稲増一憲：政治を語るフレーム―乖離する有権者、政治家、メディア, p.232, 東京大
　学出版会, 東京（2015）.
河村和徳・伊藤裕顕：被災地の諸相 現職落選ドミノ衝撃から二〇一六年参議院選挙まで,
　p.278, 河北新報出版センター, 仙台（2017）.
河村和徳・伊藤裕顕：被災地の諸相 II 選挙を通じて考える被災地復興の光と影, p.286,
　河北新報出版センター, 仙台（2019）.
河村和徳・伊藤裕顕：被災地選挙の諸相 68　政治争点としての原発処理水の海洋放出,
　月刊選挙,（2020-11）, pp.30-39（2020）.
河村和徳・岡田陽介・横山智哉[編著]：東日本大震災からの復興過程と住民意識－民
　主制下における復旧・復興の課題, 木鐸社, 東京（2021）.
清原聖子[編著]：フェイクニュースに震撼する民主主義－日米韓の国際比較研究, p.210,
　大学教育出版, 岡山（2019）.
関谷直也：風評被害―そのメカニズムを考える, p.210, 光文社新書, 東京（2011）.

関谷直也：東京電力福島第一原子力発電所事故後の放射性物質汚染に関する有権者心理の調査研究—福島における農業の再生，風評被害払拭のための要因分析，地域安全学会論文集，(29)，pp.143-153（2016）.

田川寛之：決めることができるのは誰か？—ALPS 処理水海洋放出をめぐる政治意識調査と政治過程，河村和徳・岡田陽介・横山智哉 [編著]，東日本大震災からの復興過程と住民意識−民主制下における復旧・復興の課題，木鐸社，東京（2021）.

墹和也：原子力と政治—ポスト三一一の政策過程，p.204，白水社，東京（2021）.

福田充 [編]：大震災とメディア—東日本大震災の教訓，p.182，北樹出版，東京（2012）.

町田徹：電力と震災—東北復興「電力」物語，p.304，日経 BP 社，東京（2014）.

三浦麻子・楠見孝・小倉加奈代：福島第一原発事故による放射線災害地域の食品に対する態度を規定する要因：4 波パネル調査による検討，社会心理学研究，32（1），pp.10-21（2016）.

民主制下における情報公開・オープンデータ化と
情報セキュリティとの交錯に関する研究
全国市区町村アンケート調査コードブック（N=832）

自治体公報に関する質問

問1．貴自治体の首長は、定例記者会見を行っていますか。（該当するもの1つに○）

1．行っている	49.4%
2．行っていないが、不定期では記者会見を行っている	3.5%
3．行っておらず、記者会見は災害発生等、特別な機会がない限り行わない	44.2%
4．その他（　　　　　　　　　　　　　　　　　　　　）	2.4%
無回答	0.5%

問2．貴自治体が発行している広報紙は、現在、貴自治体のサイト上で閲覧できますか。
（該当するもの1つに○）

1．閲覧できる	99.2%
2．閲覧できない	0.7%
無回答	0.1%

問3．貴自治体のサイト上で公開されている広報紙は、文字検索可能なPDF形式ですか。
（該当するもの1つに○）

1．文字検索ができるPDF形式で公開されている	82.0%
2．文字検索ができないPDF形式で公開されている　⇒問3－1へ	15.3%
3．サイト上で広報は公開していない　⇒問3－1へ	0.4%
4．その他（　　　　　　　　　　　　　　　　　　　　）	1.1%
無回答	1.3%

（問3で「2」「3」を選択した方にお伺いします。）
問3-1．貴自治体に業者より広報紙が納入される際、文字検索可能なPDFも納入されますか。
（該当するもの1つに○）（N=130）

1．納入される	7.7%
2．納入されない	91.5%
無回答	0.8%

問 4. 貴自治体には Facebook 及び Twitter の公式アカウントがありますか。
（それぞれ該当するもの 1 つに○）
Facebook

1. ある	73.1%
2. ない	26.3%
無回答	0.6%

Twitter

1. ある	50.5%
2. ない	48.0%
無回答	1.6%

問 5. 貴自治体の首長は、Facebook 及び Twitter の私的アカウントを有していますか。
（それぞれ該当するもの 1 つに○）
Facebook

1. ある	37.9%
2. ない	34.7%
3. 把握していない	26.6%
無回答	0.8%

Twitter

1. ある	13.0%
2. ない	50.0%
3. 把握していない	36.1%
無回答	1.0%

問 6. 貴自治体には、自治体広報専従の職員を配置していますか。（該当するもの 1 つに○）

1. 配置している	48.1%
2. 配置していない	51.3%
無回答	0.6%

オープンデータに関する質問

問 7. 貴自治体は、オープンデータ政策に取り組んでいますか。（該当するもの 1 つに○）

1. 専門の部署を設置して取り組んでいる　⇒問 8 ～ 10 へ	38.6%
2. 検討の段階に留まっている　⇒問 11 へ	29.7%
3. 取り組んでいない　⇒問 11 へ	30.9%
無回答	0.8%

（問8〜問10は、問7で「1」を選択した方にお伺いします。）
問8　オープンデータを担当している部署名を、教えてください。
（　　　　　　　　　　　　　　　　　　　　　）課

問9　貴自治体（⇒議会に変更可能）では、オープンデータ政策専従の職員を配置していますか。
（該当するものすべてに○）（N=321）

1. 課長級の専従者がいる	0.9%
2. 係長級の専従者がいる	2.5%
3. 主務・主幹級以下の専従者がいる	9.0%
4. その他（　　　　　　　　　　　　　　　　　　）	0.3%
5. 専従者はいない	88.8%
無回答	-

問10　貴自治体には、オープンデータポータルサイト（入口となるサイト）がありますか。
（該当するもの1つに○）（N=321）

1. ある　　⇒サイトのアドレス（　　　　　　　　　　　　）	63.9%
2. ない	35.8%
無回答	0.3%

情報システムに関する質問

問11. 将来を見据え、地方自治体の業務プロセスの標準化やAI・ロボティクス活用を検討する動きがありますが、貴自治体ではそうした動きはありますか。（該当するもの1つに○）

1. 実際にプロジェクトチーム等を立ち上げ、具体的な検討に入ってる⇒問11-1へ	19.8%
2. 具体的な組織はないが、検討しようと動き出している	45.3%
3. そうした動きはない	34.1%
無回答	0.7%

（問11で「1」を選択した方にお伺いします。）
問11-1. 現時点で、自治体全体（議会事務局や選挙管理委員会事務局も含め）の文書形式の標準化について議論がなされていますか。（該当するもの1つに○）（N=165）

1. 担当部署が具体的な議論を行っている	17.6%
2. 担当部署が具体的な議論をしようと検討は始めている	13.3%
3. 議論はしていない	67.9%
無回答	1.2%

問 12. 貴自治体は、自治体クラウドを導入されていますか。（該当するもの 1 つに〇）

1. 自治体内で完結する自治体クラウドを導入している	22.4%
2. 他自治体と連携した自治体クラウド環境を構築している	29.9%
3. 検討しているが、導入には至っていない	35.0%
4. 導入はしておらず、導入の検討も今のところない	8.3%
無回答	4.4%

問 13. 無線通信を利用した公の情報をやりとりできる情報システムの構築は、貴自治体のセキュリティポリシーに照らして可能ですか。（該当するもの 1 つに〇）

1. 可能であり、すでに無線通信を利用したシステムを導入済みである	19.5%
2. セキュリティポリシー上は可能だが、無線通信を利用したシステムは導入していない	47.1%
3. セキュリティポリシー上、無線通信を利用したシステムを構築することは難しい又は不可能である	22.4%
4. その他（　　　　　　　　　　　　　　　　　　　　　）	6.7%
無回答	4.3%

災害時における情報発信に関する質問

問 14. 大規模災害に向け、貴自治体には次のものが準備されていますか。
（①〜③のそれぞれについて、該当するもの 1 つに〇）

①事業継続計画（BCP）

1. 準備している	73.0%
2. 準備していないが、策定中である	17.5%
3. 準備しておらず、策定の計画もない	8.1%
無回答	1.4%

②危機管理マニュアル・要綱

1. 準備している	67.1%
2. 準備していないが、策定中である	9.6%
3. 準備しておらず、策定の計画もない	21.2%
無回答	2.2%

③災害時の広報マニュアル

1. 準備している	45.2%
2. 準備していないが、策定中である	11.4%
3. 準備しておらず、策定の計画もない	40.9%
無回答	2.5%

問 15. 貴自治体には、コミュニティ FM がありますか。（該当するもの 1 つに○）

1. 災害協定を締結したコミュニティ FM がある	28.8%
2. 災害協定は締結していないが、コミュニティ FM はある	3.4%
3. ない	67.2%
無回答	0.6%

問 16. 貴自治体には、自治体が出資するケーブルテレビ局がありますか。（該当するもの 1 つに○）

1. ある	30.4%
2. ない	69.4%
無回答	0.2%

問 17. 貴自治体では、スマートフォン向けの防災アプリを開発していますか。（該当するもの 1 つに○）

1. 開発して配付している	9.5%
2. 現在はないが、検討・作成中である	15.1%
3. 開発しておらず、開発の計画もない	74.8%
無回答	0.6%

問 18. 貴自治体は、防災行政無線の戸別受信機を住民（一部の住民の場合も含む）に配付する事業を行っていますか。（該当するもの 1 つに○）

1. 行っている	64.9%
2. 行っていないが、現在検討中である	11.5%
3. 行っておらず、検討もしていない	23.3%
無回答	0.2%

議会に関わる情報発信に関する質問

問 19. 公文書・議事録上での議長、議員の通称（選挙での届出名、芸名等）の使用はしていますか。（該当するもの 1 つに○）

1. マニュアルに従い、議事録で議長、議員の通称を使用することはない	12.7%
2. 慣習的に、議事録で議長、議員の通称を使用することない	58.2%
3. 議事録レベルで通称・芸名を使用することはある	13.7%
4. その他（　　　　　　　　　　　　　　　　　　　）	14.4%
無回答	1.0%

問 20. 貴自治体の議会は、テキスト処理できる次のものをホームページ上で公開していますか。
（該当するものすべてに○）

1. 本会議（定例会・臨時会）の議事録	74.5%
2. 全員協議会の議事録	8.1%
3. 常任委員会の議事録	25.0%
4. 議会だより（議会の広報紙）　⇒問 20 － 1 へ	83.8%
5. 議員名の一覧　⇒問 20 － 2 へ	83.4%
無回答	5.8%

（問 20 で「4」を選択した方にお伺いします。）
問 20-1. 貴自治体のサイト上で公開されている議会だより（議会の広報紙）は、文字検索が可能な PDF 形式ですか。（該当するもの 1 つに○）（N=697）

1. 文字検索ができる PDF 形式で公開している	69.3%
2. 文字検索ができない PDF 形式で公開している	28.1%
3. サイト上での広報公開はしていない	0.9%
4. その他（　　　　　　　　　　　　　　　　）	1.3%
無回答	0.4%

（問 20 で「5」を選択した方にお伺いします。）
問 20-2. ホームページ上に掲載されている議員名は通称・芸名（選挙時の届出名を含む）ですか。
（該当するもの 1 つに○）（N=694）

1. 通称・芸名で掲載している（届出名を含む）	21.3%
2. 通称・芸名ではなく、本名で掲載している※※機種依存文字を置換しているだけに留まっている場合は、「2」に○をしてください。	78.2%
無回答	0.4%

問 21. 貴自治体の議会の本会議（定例会・臨時会）議事録には、出席議員以外の登壇者の一覧リストを記載していますか。（該当するものすべてに○）

1. 出席議員以外の登壇書一覧リストを記載している	61.1%
2. 出席議員の一覧リストは記載しているが、それ以外の出席者の一覧リストはしていない	17.8%
3. その他（　　　　　　　　　　　　　　　　）	19.0%
無回答	2.4%

問 22. 貴自治体の地方議会は、本会議の TV 中継もしくはインターネット中継、録画配信を実施していますか。（該当するもの 1 つに○）

1. 実施している	74.2%
2. 実施していない	24.9%
無回答	1.0%

問 23. 貴自治体の地方議会には、議員倫理条例や議員の服装に関する規定など「議会の品位」に関連する明文化された条例・規定が存在しますか。（該当するもの 1 つに○）

1. 明文化された条例・規定があり、そのなかには議会の外に公開されているものもある	55.9%
2. 申し合わせなど議会内での取り決めはあるが、議会の外に公開されているものはない	22.0%
3. ない	20.4%
無回答	1.7%

選挙における情報発信に関する質問

問 24. 貴自治体では、貴自治体の首長の選挙及び地方議員の選挙の投票結果や開票結果をホームページ上で公開していますか。（該当するもの 1 つに○）

1. オープンデータサイトで公開している	33.8%
2. 選挙管理委員会独自のサイトで公開している	51.0%
3. 公開していない	13.7%
無回答	1.6%

問 25. 貴自治体では、貴自治体の首長の選挙及び地方議員の選挙の選挙公報をホームページ上で公開していますか。（それぞれ該当するもの 1 つに○）

首長の選挙

1. 選挙期間中のみ公開している	34.4%
2. 選挙期間が終了しても選挙公報のデータを公開している	15.0%
3. 紙媒体の選挙公報は発行しているが、ホームページ上では公開していない	22.0%
4. その他（　　　　　　　　　　　　　　　　　　　）	4.0%
5. そもそも選挙公報は発行していない	23.7%
無回答	1.0%

地方議員の選挙

1. 選挙期間中のみ公開している	34.7%
2. 選挙期間が終了しても選挙公報のデータを公開している	16.2%
3. 紙媒体の選挙公報は発行しているが、ホームページ上では公開していない	21.5%
4. その他（　　　　　　　　　　　　　　　　　　　　　　　）	2.4%
5. そもそも選挙公報は発行していない	23.3%
無回答	1.8%

問 26. 過去 5 年の間に、首長の選挙及び地方議員の選挙でかつて立候補された方から、ホームページに掲載されている選挙結果から自身の名前を消去するよう要請を受けたことがありますか。（該当するもの 1 つに○）

1. 要請があり、要請に従い削除した	-
2. 要請はあったが、削除はしなかった	-
3. 選挙結果はホームページに掲載しているが、そのような要請は受けていない	86.8%
4. そもそもホームページに選挙結果を掲載していない	12.0%
無回答	1.1%

問 27. 問 26 に関連した質問です。現時点（2019 年 10 月時点）で、貴自治体の選挙管理委員会に落選した候補者から自身の名前を削除するよう要請があった場合、貴自治体ではどのような対応を採られますか。（該当するもの 1 つに○）

1. 取り決めやマニュアル等に従い、要請に基づき削除する	0.7%
2. 取り決めやマニュアル等に従い、要請には応えない（削除しない）	1.0%
3. 取り決めやマニュアルがないので、要請が出た段階で議論することになると思う	80.2%
4. そもそもホームページに選挙結果を掲載していない	10.0%
5. その他（　　　　　　　　　　　　　　　　　　　　　　　）	1.8%
6. わからない	4.8%
無回答	1.6%

問 28. 貴自治体では、視覚障害者が選挙公報の内容を音声で理解できるような取り組み（音声ファイルをダウンロードできるようにする、読み上げソフトに対応できるようテキスト判読できるファイルをダウンロードできるようにするなど）を行っていますか。（該当するもの１つに○）

1. 行っている	16.5%
2. 行っていないが、実施に向けて検討している	8.8%
3. 行っておらず、検討もしていない	53.2%
4. その他（ ）	1.2%
5. そもそも選挙公報は発行していない	19.8%
無回答	0.5%

［執筆者一覧］

木村 泰知（きむら・やすとも）＊はじめに、第 5 章、第 9 章
　　小樽商科大学商学部社会情報学科教授
　　2004 年　北海道大学大学院工学研究科電子情報工学専攻 修了 博士（工学）
　　ウェブサイト：http://local-politics.jp
　　Overview of the NTCIR-15 QA Lab-PoliInfo-2 Task（共著）, Proceedings of The 15th NTCIR
　　Conference 2020 年、Creating Japanese Political Corpus from Local Assembly Minutes of 47
　　Prefectures（共著）, Proceedings of the 12th Workshop on Asian Language Resources (ALR12),
　　The COLING 2016 Organizing Committee, 2016 年

本田 正美（ほんだ・まさみ）＊第 1 章、第 2 章
　　関東学院大学経済経営研究所客員研究員
　　2013 年 東京大学大学院学際情報学府博士課程単位取得退学 修士（社会情報学）
　　『市民が主役の自治リノベーション－電子自治体 2.0』（共著）ぎょうせい　2007 年、『地域
　　研究ハンドブック』（共著）勁草書房　2021 年

河村 和徳（かわむら・かずのり）＊第 3 章、第 4 章、第 10 章、第 11 章
　　東北大学大学院情報科学研究科准教授
　　1998 年 慶應義塾大学大学院法学研究科博士課程単位取得退学 博士（情報科学）
　　『電子投票と日本の選挙ガバナンス－デジタル社会の投票権保障』(ISBN：978-4-7664-
　　2765-3) 慶應義塾大学出版会、2021 年、『東日本大震災からの復興過程と住民意識－民主制
　　下における復旧・復興の課題』（共編著）(ISBN：978-4-8332-2547-2) 木鐸社、2021 年

高丸 圭一（たかまる・けいいち）＊第 5 章、第 7 章
　　宇都宮共和大学シティライフ学部教授
　　2012 年 明海大学大学院応用言語学研究科博士後期課程修了 博士（応用言語学）
　　ウェブサイト：http://www.takamaruzemi.com/
　　「地方議会におけるオノマトペの使用分布」『感性の方言学』（分担執筆）(ISBN 978-4-
　　89476-898-7) ひつじ書房、2018 年、「Extraction of the Argument Structure of Tokyo Metropolitan
　　Assembly Minutes: Segmentation of Question-and-Answer Sets」『Proceedings of The 12th
　　Language Resources and Evaluation Conference (LREC2020)』（共著）(ISBN: 979-10-95546-
　　34-4) 2020 年

内田 ゆず（うちだ・ゆず）＊第 8 章
　　北海学園大学工学部電子情報工学科教授
　　2010 年　北海道大学大学院情報科学研究科博士後期課程 修了 博士（情報科学）
　　ウェブサイト：https://sites.google.com/a/hgu.jp/yuzu-uchida/
　　対数尤度比と政治語彙度を用いた議員の議会活動の可視化（共著）、知能と情報（日本知能
　　情報ファジィ学会誌）、2019 年、クラスタ分析を用いた商品レビューに含まれるオノマトペ
　　に基づく商品カテゴリの類型化（共著）、人工知能学会論文誌、2015 年

乙武 北斗（おとたけ・ほくと）＊第 6 章
　　福岡大学工学部助教
　　2010 年　北海道大学大学院情報科学研究科博士後期課程 修了　博士（情報科学）
　　BERT による周辺文脈を考慮したオノマトペの語義分類手法の提案（共著）知能と情報
　　2020 年、Web-based system for Japanese local political documents（共著）International Journal
　　of Web Information Systems 2018 年

吐合 大祐（はきあい・だいすけ）＊第 10 章
　（公財）ひょうご震災記念 21 世紀研究機構 研究調査部 主任研究員
　2019 年 神戸大学大学院法学研究科博士後期課程修了　博士（政治学）
　「政治学における議員行動研究－「議員行動論」は何を明らかにしてきたのか？」（単著）
　六甲台論集 法学政治学編 2021 年、「選挙区定数と議員の再選戦略：日本の都道府県議会議
　員の委員会所属に注目して」（単著）年報政治学 2018-1 2018 年

遠藤 勇哉（えんどう・ゆうや）＊第 11 章
　日本学術振興会特別研究員（DC2）東北大学大学院情報科学研究科博士後期課程在学中
　2020 年 早稲田大学大学院政治学研究科修士課程修了 修士（政治学）
　「被災地の有権者意識に見られるジェンダーギャップ」『東日本大震災からの復興過程と住
　民意識－民主制下における復旧・復興の課題』（分担執筆）（ISBN：978-4-8332-2547-2）木
　鐸社、2021 年

自治体 DX 推進とオープンデータの活用

2021 年 12 月 31 日　第 1 刷発行

定価（本体 2700 円 + 税）

編　者　木　村　泰　知

発 行 者　柿　﨑　　　均

発 行 所　㍿日 本 経 済 評 論 社

〒101-0062　東京都千代田区神田駿河台 1-7-7
電話 03-5577-7286　FAX 03-5577-2803
E-mail: info8188@nikkeihyo.co.jp
組版・印刷・製本・装幀＊閏月社

内田和浩著

シリーズ　社会・経済を学ぶ

自 治 と 教 育 の 地 域 づ く り

新・地域社会論Ⅱ　　　　　　　　　　　　　　　A5判上　3000円

地域住民の主体形成のために重要な「地域づくり教育」とは何か。北海道内の先進自治体の事例と住民リーダーの役割を紹介・分析する、新しい地域社会論のテキスト。

内田和浩著

シリーズ　社会・経済を学ぶ

参 加 に よ る 自 治 と 創 造

新・地域社会論　　　　　　　　　　　　　　　　A5判並　2800円

いま、共同体として見直しが進む「地域社会」とは何か。現代に至るまでの地域社会の歴史と構造を学び、高齢者、エスニック、女性、ボランティア等々、多様な住民の地域への参加を考える。

村木厚子著

大妻ブックレット

働 く こ と を 通 し て 考 え る 共 生 社 会

A5判並　1300円

女性が働き成長すること。誰もがいきいきと暮らせる共生社会の実現すること。長年、厚生労働省で働き事務次官になった著者が、いま自身の経験から学生に伝えたいこと。

野田遊著

シリーズ政治の現在

自 治 の ど こ に 問 題 が あ る の か

実学の地方自治論　　　　　　　　　　　　　　　A5判並　3000円

無関心は地域を滅ぼす。税の使用を任せた自治体を民主的かつ効率的に運営する地方自治論。議会・行政・市民・協働の本質、行政編成の将来について、実学と先端研究を展開

松元雅和著

シリーズ政治の現在

公 共 の 利 益 と は 何 か

公と私をつなぐ政治学　　　　　　　　　　　　　A5判並　3000円

政治とは何か。古代ギリシア以来の問いを「公共の利益」の実現という観点から捉えつつ、自由主義や民主主義の理念、選挙や政党の仕組み、中央と地方の関係など政治学の基礎から解説。

（価格は税抜き）

日本経済評論社